U0670865

国家社科基金项目"现代服务业发展质量评价对省区经济差异的影响研究"（13CJL060）

|国|研|文|库|

现代服务业发展对
省区经济差异的影响研究

胡艳君 —————— 著

光明日报出版社

图书在版编目（CIP）数据

现代服务业发展对省区经济差异的影响研究 / 胡艳
君著． －－北京：光明日报出版社，2021.5

ISBN 978 － 7 － 5194 － 5940 － 6

Ⅰ. ①现… Ⅱ. ①胡… Ⅲ. ①服务业—产业发展—影
响—区域经济—经济发展—研究—中国 Ⅳ. ①F127

中国版本图书馆 CIP 数据核字（2021）第 066814 号

现代服务业发展对省区经济差异的影响研究
XIANDAI FUWUYE FAZHAN DUI SHENGQU JINGJI CHAYI DE YINGXIANG
YANJIU

著　　者：胡艳君

责任编辑：黄　莺　　　　　　　责任校对：李小蒙
封面设计：中联华文　　　　　　责任印制：曹　净

出版发行：光明日报出版社

地　　址：北京市西城区永安路 106 号，100050

电　　话：010 － 63169890（咨询），010 － 63131930（邮购）

传　　真：010 － 63131930

网　　址：http：//book. gmw. cn

E － mail：huangying@ gmw. cn

法律顾问：北京德恒律师事务所龚柳方律师

印　　刷：三河市华东印刷有限公司

装　　订：三河市华东印刷有限公司

本书如有破损、缺页、装订错误，请与本社联系调换，电话：010 － 63131930

开　　本：170mm ×240mm

字　　数：253 千字　　　　　　印　　张：15.5

版　　次：2021 年 5 月第 1 版　　印　　次：2021 年 5 月第 1 次印刷

书　　号：ISBN 978 － 7 － 5194 － 5940 － 6

定　　价：95.00 元

版权所有　　翻印必究

序

　　区域经济差异是世界各国经济发展过程中存在的一个普遍性问题。自20世纪90年代起我国就把缩小地区差距、实现区域经济协调发展，作为地区经济发展的主要任务之一。目前，我国社会主要矛盾已经由人民日益增长的物质文化需要同落后的社会生产之间的矛盾，转变为人民日益增长的美好生活需要同不平衡不充分的发展之间的矛盾。如何解决不同地区之间经济发展不平衡、不同群体之间收入差距问题，就需要分析造成不平衡的原因，从而找到合理的途径，制定有效的方案和措施，而作为服务业重要组成部分的依托于信息技术和现代管理理念发展起来的现代服务业在经济发展中扮演着越来越重要的作用。现代服务业在经济发展中扮演着越来越重要的角色，但由于我国地区经济发展不平衡，现代服务业在不同地区的发展水平不同，对地区经济发展的促进作用也有很大的差别。现代服务业必然成为影响地区经济差异的重要因素之一。本研究将内容锁定在我国现代服务业发展质量的评价及对省区经济差异的研究，具有一定的理论价值和现实意义。

　　本研究主要完成了以下几方面的工作。第一，提出了"产业发展质量"的概念，并在此基础上构建了包括产业规模与效率、产业结构与体系、产业功能与创新、产业基础与环境等4个维度、9个一级指标评价方向、25个二级指标的现代服务业发展质量评价指标体系。从7大区（华东、华南、华中、华北、西北、西南、东北）和全国31个省区市两个地理层面对各省区市现代服务业发展质量进行了分项和综合评价，并进行了比较研究。第二，运用绝对经济差异指标和相对差异指标对我国31个省区市之间和东中西部内部各省区市之间2003—2016年间的经济差异、收入差异和城乡差异的变动情况进行了分析。第三，采用计量经济学方法，运用一个经典的经济增长模型从全国31个省区市和东中西部地区内部两个地理层面分析了产业发展质量所包括的产业规模与效率、产业结构与体系、产业功能与创新以及产业基础与环境等 4 方面的因素对地区经济差异的影响。第四，从现代服务业发展质量提升、建立现代服务业发展质量跟踪机制以及如何促进地区经济协调发展方面提出政策建议。

　　本研究的完成要衷心感谢国内外区域经济、现代服务业等研究领域的各位专家、学者的前期相关研究为我们的研究提供了研究的基础、思路、视角和启示，也希望未来可以继续进行地区经济差异方面的研究。

目 录
CONTENTS

第一章

绪　论

第一节　研究背景

区域经济差异是世界各国经济发展过程中存在的一个普遍性问题，由于不同国家和地区在自然资源、经济发展基础、社会制度、历史文化等各方面差异的客观性决定了区域经济差异的存在是一种难以避免的现象。这种差异的大小如何衡量？变化趋势如何？这些差异是由哪些原因引起的？该采取哪些措施来缩小这种差距，使世界经济和国家经济稳定和谐发展，从 20 世纪 50 年代区域经济学诞生起就成为其研究的核心问题之一。其中发达国家与发展中国家的差异、世界性的经济组织内部的差异（如欧盟成员国之间）、一国内部各区域之间差异的变动趋势及形成的原因是学者们研究和关注的重点。

改革开放以来，我国的国民经济快速发展，综合国力显著增强，人民生活水平不断提高，与世界发达国家之间的差距也在逐步缩小。但同时，由于区域经济政策由均衡发展战略转变为非均衡发展战略，区域之间的经济发展差距（沿海与内地、东中西三大地带之间）也逐步显著，并引起了中央以及地方各级政府的广泛关注。因此，"八五"计划期间（1990—1995 年），国家把缩小地区差距作为地区经济发展的主要任务之一；1996 年 3 月，第八届人大四次会议批准通过的《国民经济和社会发展"九五"计划和 2010 年远景目标纲要》，把"坚持区域经济协调发展，逐步缩小地区经济发展差距"作为我国今后 15 年国民经济和社会发展的重要指导方针；1999 年 9 月，党的十五届四中全会正式提出了西部大开发战略；2003 年 10 月，党的第十六届三中全会通过的《中共中央关于完善社会主义市场经济体制若干问题的决定》中提出振兴东北老工业基地；2005 年 3 月在第十届全国人民代表大会第三次会议上温家宝所做的政府工作报告中提出要 "抓紧研究制定促进中部地区崛起的规划和措施，充分发挥中部地区的区位优势和综合经济优势"。这一系列战略的不断推出表明国家已经把区域政策转向以注重公平为重心的发展阶段。2006 年 3 月通过的《中华人民共和国国民经济和社会发展第十一个五年规划纲要》中关于区域发展的总体战略为："坚持实施推进西部大开发，振兴东北地区等老工业基地，促进中部地区崛起，鼓励东部地区率先发展的区域发展总体战略，健全区域协调互动机制，形成合理的区域发展格局。"2011 年 3 月 16 日通过的《中华人民共和国国民经济和社会发展第十二个五年规划纲要》中提出："充分发挥不同地区比较优势，促进生产要素合理流动，深化区域合作，推进区域良性互动发展，逐步缩小区域发展差距。"2016 年 3 月 16 日通过的《中华人民共和国国民经济和社会发展第十二个五年规划纲要》中提出："深入实施西部开发、东北振兴、中部崛起和东部率先的区域发展总体战略，创新区域发展政策，完善区域发展机制，促进区域协调、协同、共同发展，努力缩小区域发展差距。""十二五"规划和"十三五"规划都明确把"缩小区域发展差距"作为我国区域发展的重要战略目标之一。

20 世纪 90 年代以来，在政府对区域发展差异给予高度重视的同时，国内外的经济学及相关领域的学者和专家也对这一问题从不同的角度、采用不同的方法对我国沿海与内地之间、东中西三大地带之间以及城乡之间的经济差异和空间差异问题做了大量的研究，对形成差异的原因从要素、资源、产业、基础设施、发展战略、政府政策等方面做了多角度的分析。其中第三产业（服务业）的发展、现代服务业的发展对地区经济差异的影响成了近些年该领域的研究热点之一。

现代服务业的发展是世界经济从工业经济向服务经济和体验经济迈进的必然结果。从我国经济发展的实际情况来看，目前我国经济已进入工业化中期阶段，经济现代化也正在进入一个新的阶段。根据国家统计局公布的数据：2018 年我国第三产业占 GDP 的比重是 52.2%，第三产业对 GDP 增长的贡献率达 59.7%。事实表明服务业已经成为促进我国经济发展的重要推动力，而作为服务业重要组成部分的现代服务业在经济发展中扮演着越来越重要的作用。1997 年党的十五大报告中我国首次提出 "现代服务业" 的概念；2002 年党的十六大报告中关于现代服务业的表述为"加快发展现代服务业,提高第三产业在国民经济中的比重";2007 年党的十七大报告中提出"发展现代服务业,提高服务业比重和水平";2012 年党的十八大报告中则提出"推动服务业特别是现代服务业发展壮大";2017 年党的十九大报告中的提法更加明确了现代服务业发展目标及其重要性:"支持传统产业优化升级,加快发展现代服务业,瞄准国际标准提高水平。"现代服务业在经济发展中扮演着越来越重要的角色,但由于我国地区经济发展不平衡,现代服务业在不同地区的发展水平不同,对地区经济发展的促进作用也有很大的差别。现代服务业必然成为影响地区经济差异的重要因素之一。

第二节 研究意义

首先,发展现代服务业是深入贯彻落实科学发展观、产业结构优化升级和实现经济、资源、环境和谐发展的必然要求。近些年,全国各地尤其是经济发达地区的雾霾天气在不断提醒我们环境保护的重要性,而现代服务业作为具有"三新"和"三高三低"特性的产业,一方面能够促进产业结构升级从而有利于经济增长,另一方面能够在很大程度上减少对环境的损害和对自然资源的过度依赖从而提高国民经济的运行质量。因此,现代服务业发展质量对全国及各地经济发展增长方式的转变至关重要。

其次,充分发挥各地发展现代服务业的比较优势,经济发展更多依靠现代服务业的带动是缩小地区经济发展差异、促进区域协调发展的重要途径之一。通过研究现代服务业对地区经济差异的影响,明确各地现代服务业发展的比较优势和不足之处,并提出相关的政策建议,对于缩小地区经济差异具有重要的参考价值。

再次,本研究具有一定的理论价值。探讨现代服务业发展质量评价指标体系的构建,分析现代服务业的发展对地区经济差异的影响,从理论层面上讲,或许可以扩展产业经济学、区域经济学的研究思路。

第三节　研究思路、方法和主要内容

一、研究思路

本研究在国内外已有相关研究的基础上，提出了产业发展质量的新概念，运用在此基础上构建的现代服务业发展质量评价指标体系对全国 31 个省区市现代服务业发展质量进行评价分析，并把评价指标作为分析现代服务业发展对省区市经济差异影响的重要变量，结合分析经济差异形成的省级面板数据，构建相应的模型进行实证分析，以期为缩小地区经济差异从现代服务业发展的角度提出合理布局现代服务业、各地制定符合比较优势的现代服务业发展规划等方面的政策建议。

二、研究方法

本研究运用区域经济学、产业经济学的相关理论，采用归纳、实证和比较等方法，力图做到定量分析与定性分析相统一、比较分析和历史分析相结合，以系统运筹的思维方式，探求从现代服务业发展角度缩小地区经济差异的政策措施。具体来讲：（1）结合因子分析法和层次分析法来构建评价模型，评价结果进行同一省区市的纵向比较和不同省区市的纵向比较；（2）运用计量经济学方法基于面板数据构建相关模型分析现代服务业发展质量对省区经济差异的影响。

三、主要内容

本研究共分八章展开论述。

第一章介绍本书的研究背景、研究意义以及研究思路、研究方法和主要内容。

第二章对国内外相关研究进行文献的整理和评述。主要包括三个方面：一是关于现代服务业发展质量评价的文献综述，包括评价指标体系的构建、评价内容和评价方法；二是关于地区经济差异的文献综述，包括地区经济差异的变动趋势和形成原因的研究；三是关于现代服务业发展对地区经济差异影响的已有文献的分析。

第三章界定产业发展质量和现代服务业的基本概念和现代服务业的统计范围，并在此基础上构建现代服务业发展质量评价指标体系。

第四章从现代服务业发展规模、发展效率、产业地位、产业结构、专业化水平、产业区域贡献等方面分析我国各省区市现代服务业发展概况，并运用构建的评价指标体系从全国 31 个省区市和全国 7 大区两个地理层面对各省区市的现代服务业进行分项和综合评价并进行横向和纵向的比较分析。

第五章主要对区域和差异的相关概念进行界定，梳理区域经济差异的相关理论和分析方法，作为地区经济差异实证分析的理论基础。

第六章主要从我国 31 个省区市和东中西部两个地区层面分析 2003—2016 年各省区市经济差异的变化过程，包括经济差异、收入差异和城乡差异。

第七章运用空间计量经济学的方法以现代服务业发展质量评价的各个指标作为控制变量，分析这些因素对地区经济差异的影响，从而找到与现代服务业相关的可以缩小地区间经济差异所需具备的条件和途径。

第八章根据实证研究结果，从如何提升我国现代服务业发展质量、建立现代服务业发展质量跟踪机制、如何缩小地区经济发展差异从而促进地区经济协调发展等几方面提出政策建议。

四、创新之处

本研究的创新主要包括两个方面：一是概念创新：提出了"产业发展质量"这一概念，并给予不同于"产业竞争力"的解释。二是研究内容的创新：第一，运用所构建的评价指标体系对全国 31 个省区市的现代服务业发展质量进行 14 年（2003—2016）的评价，并进行纵向分析和横向比较；第二，研究现代服务业发展质量对全国 31 个省区市经济差异以及东中西部内部省区市的影响。

五、研究的时间范围、地理范围及数据来源说明

本书的时间研究范围为 2003—2016 年，包括现代服务业发展质量评价、地

区经济差异分析及现代服务业发展质量对省区经济差异的影响分析。

本书研究的地理范围如表 1.1 所示。

表 1.1　本书研究的地理范围

地理区域		省区市
全国 31 个省区市		北京市、天津市、河北省、山西省、内蒙古自治区、辽宁省、吉林省、黑龙江省、上海市、江苏省、浙江省、安徽省、福建省、江西省、山东省、河南省、湖北省、湖南省、广东省、广西壮族自治区、海南省、重庆市、四川省、贵州省、云南省、西藏自治区、陕西省、甘肃省、青海省、宁夏回族自治区、新疆维吾尔自治区
三大区	东部（12）	北京市、天津市、河北省、辽宁省、上海市、江苏省、浙江省、福建省、山东省、广东省、广西壮族自治区、海南省
	中部（9）	山西省、内蒙古自治区、吉林省、黑龙江省、安徽省、江西省、河南省、湖北省、湖南省
	西部（10）	重庆市、四川省、贵州省、云南省、西藏自治区、陕西省、甘肃省、青海省、宁夏回族自治区、新疆维吾尔自治区
七大区	华东地区（6）	山东省、江苏省、安徽省、浙江省、福建省、上海市
	华南地区（3）	广东省、广西壮族自治区、海南省
	华中地区（4）	湖北省、湖南省、河南省、江西省
	华北地区（5）	北京市、天津市、河北省、山西省、内蒙古自治区
	西北地区（5）	宁夏回族自治区、新疆维吾尔自治区、青海省、陕西省、甘肃省
	西南地区（5）	四川省、云南省、贵州省、西藏自治区、重庆市
	东北地区（3）	辽宁省、吉林省、黑龙江省

本书所采用的原始数据如没有特殊说明，均来自中国知网中国经济社会大数据研究平台。由于统计口径差异，许多数据都要进行处理后才能保证研究的一致性和可靠性。因此，本书都尽量选取可靠性较高的数据。

第二章

国内外研究进展

本章首先提出了产业发展质量的概念，分析其与产业竞争力的异同。并从本研究最核心的现代服务业发展质量、地区经济差异以及现代服务业发展对地区经济差异的影响三个方面对已有文献进行分析和评述，为后续研究内容的展开奠定了较为扎实的基础。

第一节　产业发展质量及现代服务业发展质量评价研究现状

一、关于产业发展质量的概念

产业发展质量的概念，目前学术界还没有明确的定义。根据产业发展的含义以及本研究的目的和内容，本书认为，产业发展质量是指产业当前的实力、动态的增长能力、未来的发展潜力以及可持续发展能力。具体包括产业结构、产业效益、产业集聚水平、产业创新能力、产业市场潜力、相关产业之间的协调性以及产业资源与环境的协调发展等方面内容。

产业竞争力作为竞争力、国际竞争力的分支，目前相关的研究比较多，但仍然没有统一的概念。根据相关研究成果，目前对产业竞争力概念界定的典型说法有三种。一是国家环境说。代表人物是美国哈佛商学院教授迈克尔·波特（Michael E. Porter）（1990）。他认为国家竞争力的大小决定于产业的竞争力和企业的竞争力，反过来讲，"国家环境"又是决定产业竞争优势和企业竞争优势的重要因素；一国要想在国际市场的竞争中得到优势，关键在于技术创新。二是国内的比较优势和竞争优势说。代表人物是中国社科院学者裴长洪（1998），他认为，竞争力是本地产业的比较优势和市场竞争优势的有效组合。三是"生产力+市场力"说。代表人物是国内学者金焙（1997），他认为，产业竞争力的实质在于生产力和市场能力（赢利能力）而不仅仅是外部环境因素。

从以上分析可以看出：产业发展质量和产业竞争力这两个概念既相互联系又有一定的区别。二者的联系主要表现为：产业发展质量是影响产业竞争力大小的重要因素，衡量产业发展质量的许多方面，如产业效益、产业创新能力、产业市场潜力等都是决定产业竞争力大小的重要因素；反过来讲，产业竞争力的增强也会促进产业发展质量的提高，用来衡量产业竞争力强弱重要指标的产业市场份额以及与之紧密相关的市场拓展能力是衡量产业发展质量的一个重要方面。

产业发展质量与产业竞争力的区别主要有：一是研究问题的角度不同。产业发展质量是研究产业自身在发展演进过程中所表现出的质的特征，而产业竞争力是通过对不同国家或地区同一产业的比较，判断某国或地区该产业是否具有比较优势和竞争优势。二是研究的方法不同。对于产业发展质量的研究，首先要有一个判断质量好坏的标准，然后运用此标准对产业质量做判定。也就是说，既可以通过这个标准判断一个国家或地区产业发展质量的好坏，也可以用来比较不同国家或地区之间产业发展质量的好坏。但是产业竞争力的强弱则必须通过对同一产业在不同国家或地区之间的比较中得出。

二、现代服务业发展质量评价研究综述

关于现代服务业发展质量的评价，经历了由对服务业的评价，如中国人民大学竞争力评价研究中心（2001），到对现代服务业进行评价的过程。相关的专家学者们在界定现代服务业内涵的基础上，根据国家统计指标体系和一定的原则构建评价指标体系并采用各种不同的评价方法及模型对现代服务业发展水平进行评价。本书将对已有文献从现代服务业发展评价指标体系的构建、评价的对象、范围以及评价方法等方面进行评述。

（一）评价指标体系的构建

关于评价指标体系的构建，表2.1、表2.2对我国部分学者对该问题的研究进行了汇总。从中可以总结出以下两方面的特点：第一，根据研究目的的不同，指标选取的侧重点不同。如单晓娅、张冬梅（2005）评价的对象是贵阳市现代服务业发展环境条件，所以选择的指标侧重于产业发展所依赖的区位、资源、要素、市场、社会服务等各方面的条件。郝朔（2011）研究的是现代服务业发展的社会性指标，因此选取的指标是劳动就业、收入水平、健康水平、教育、医疗卫生、社会保险等非经济性指标。大部分的学者都是对现代服务业发展水平进行评价分析，因此选取的部分指标具有共同性，如表示产业发展规模、产业速度、产业效益、产业结构、产业成长能力、产业发展基础、产业环境等方面的指标。第二，根据现代服务业发展的社会经济环境的变化，有一些新的指标被加入指标体系中，如创新、科技、生态、国际因素等方面，使得评价的内容更加丰富，更能客观反映现代服务业的综合发展情况。

表 2.1　我国学者对现代服务业评价指标体系的研究

作者	现代服务业发展评价一级指标
单晓娅、张冬梅（2005）	区位条件、资源和基础、设施条件、经济条件、市场条件、要素条件、社会服务条件
赵慧芳、王冲、闫安、徐晟（2007）	宏观环境、发展规模、增长速度、产业结构、发展潜力
李宝仁、李鲁辉、李晓晨（2008）	发展水平、成长能力、基础条件、公共环境、比较优势
陈金标、彭勇、胡婷婷（2008）	总体水平、基础设施与投入、现代化程度、服务能力
章义、赵惠芳、王冲（2008）	发展基础、发展规模、发展速度、结构层次、产业潜力
任英华、邱碧槐、朱凤梅（2009）	总体现状、各行业水平、发展潜力
时峰、刘辉煌（2009）	投入水平、效益水平、外部环境发展水平
高振（2010）	现代服务业总量水平、现代服务业的成长能力、产业发展的基础建设、产业发展的科技环境、现代服务业的行业状况

作者	现代服务业发展评价一级指标
郝朔（2011）	劳动就业、收入水平、健康水平、教育、医疗卫生、社会保险、消费水平
胡勇、黄新建（2011）	发展基础、发展规模、结构层次、发展速度、创新能力
吕宏康（2011）	现代服务业发展程度、现代服务业重点行业发展水平、现代服务业提供服务的水平、现代服务业发展环境
王青（2012）	发展基础、发展状况、成长能力
曹建云（2012）	规模竞争力、科技竞争力、结构竞争力、环境竞争力、成长竞争力
邓泽霖、胡树华、张文静（2012）	发展水平、增长潜力、基础条件、专业化程度
胡晓伟（2012）	整体规模水平、发展能力、产业发展所依赖的基础建设、产业发展所依赖的科技环境、行业状况
侯守国、杜子芳（2013）	发展潜力、比较优势、国际因素
孙治宇、刘星、樊士德（2013）	产业规模、产业发展、产业效益、产业发展环境
于彭涛（2013）	基础实力、规模实力、发展速度、产业潜力
陈雪梅、梁锦铭（2013）	发展效益、行业结构、创新能力、管理环境、市场规模
陈倩（2014）	总体规模、结构层次、成长能力、发展环境
胡玉霞（2015）	发展规模、发展结构、发展效益、发展速度、发展环境
李玉华（2016）	生态竞争力、体系竞争力
袁峰、陈俊婷（2016）	发展环境、发展规模、发展速度、发展潜力
林晓薇、陈忠（2017）	现代服务业总体状况、现代服务业成长性、现代服务业基础条件

资料来源：根据相关文献整理。

（二）现代服务业发展评价对象、研究范围综述

关于现代服务业发展质量评价的内容，已有文献的研究（表2.2），有以下

几方面的特点：第一，从评价对象看，大多是对现代服务业发展水平的评价。但是不同的学者对现代服务业的评价对象采用了多种不同的提法，主要有"现代服务业发展水平""现代服务业综合实力""现代服务业综合发展水平""现代服务业竞争力""现代服务业综合竞争力""现代服务业核心竞争力""现代服务业发展潜力"。尽管具体提法不同，但在指标的选取上并没有太多实质上的不同。第二，从研究的地域范围看，主要包括对全国各省区市的研究和比较、对某个区域（如中部地区、某几个省区市）、某省市的评价研究等三类。从表2.2可以看出，大部分的学者是对全国范围内31个省区市现代服务业发展情况的评价、分析和比较。第三，从研究的时间范围看，除少数学者外，大部分的研究都只是对单个年份的现代服务业发展水平的评价。

表2.2 现代服务业发展评价内容、方法汇总

作者	评价对象	研究的地域范围	评价方法	时间范围
单晓娅、张冬梅（2005）	现代服务业发展环境条件	贵阳市	因子分析法	某一年的数据
赵慧芳、王冲、闫安、徐晟（2007）	现代服务业发展水平	全国31个省区市	主成分分析法	某一年的数据
陈金标、彭勇、胡婷婷（2008）	现代服务业发展水平	厦门市（全国直辖市、副省级城市）	功效系数法、聚类分析法	某一年的数据
章义、赵惠芳、王冲（2008）	现代服务业发展水平	全国31个省区市	主成分分析法	某一年的数据
李宝仁、李鲁辉、李晓晨（2008）	现代服务业综合实力	全国31个省区市	层次分析法、因子分析法	某一年的数据
任英华、邱碧槐、朱凤梅（2009）	现代服务业发展水平	湖南省	模糊数学模型	某一年的数据
时峰、刘辉煌（2009）	现代服务业综合发展水平	全国31个省区市	因子分析法	某一年的数据

续表

作者	评价对象	研究的地域范围	评价方法	时间范围
高振（2010）	现代服务业综合实力	辽宁省	主成分分析法	某一年的数据
吕宏康（2011）	现代服务业发展水平	北京、辽宁、上海、江苏、山东、广东、安徽、湖南等8个省区市	因子分析法、层次分析法	某一年的数据
郝朔（2011）	现代服务业发展水平的社会性方面	北京、沈阳、武汉、重庆、贵阳、杭州	人工神经网络	某一年的数据
胡勇、黄新建（2011）	现代服务业竞争力	中部四省	主成分分析法	某一年的数据
邓泽霖、胡树华、张文静（2012）	现代服务业发展水平	全国31个省区市	因子分析法	某一年的数据
胡晓伟（2012）	现代服务业综合评价	全国31个省区市	主成分分析法	某一年的数据
王青（2012）	现代服务业竞争力	全国31个省区市	因子分析法	某一年的数据
曹建云（2012）	现代服务业竞争力	全国31个省区市	主成分分析法	某一年的数据
孙治宇、刘星、樊士德（2013）	现代服务业发展综合竞争力	江苏省	熵值法	2005—2011年
于彭涛（2013）	现代服务业综合评价	江苏省13个城市	因子分析法	某一年的数据
陈雪梅、梁锦铭（2013）	现代服务业竞争力	全国31个省区市	主成分分析和支持向量机	某一年的数据
侯守国、杜子芳（2013）	现代服务业发展水平	全国	综合评价指数模型	2005—2009年

作者	评价对象	研究的地域范围	评价方法	时间范围
陈倩（2014）	现代服务业竞争力	福建省	全局熵值法	2009—2011年
胡玉霞（2015）	现代服务业发展水平	全国31个省区市	主成分分析法	2008年、2012年
袁峰、陈俊婷（2016）	现代服务业发展水平	全国	突变级数法	面板数据
李玉华（2016）	现代服务业核心竞争力	全国省会城市、直辖市	因子分析法	某一年的数据
林晓薇、陈忠（2017）	现代服务业发展潜力	全国31个省区市	TOPSIS法、密度估计以及马尔科夫链方法	2011—2015年

资料来源：根据相关文献整理。

（三）现代服务业发展评价方法综述

构建了指标体系之后，就需要选择采用一定的数学方法进行评价才能得出研究所需要的结论。目前，国内外提出的评价方法有几十种，传统的方法主要有多元统计评价法、熵值法、层次分析法、模糊综合评价法、效用函数综合评价法、数据包络分析法、灰色系统综合评价法、人工神经网络评价法等。从已有文献（表2.2）可以看到，大部分的学者采用的是传统多元统计分析方法中的因子分析法、主成分分析法、聚类分析法、层次分析法等，研究结果表明采用传统的较为简单的传统评价方法可以得出相对客观的评价结论。近些年来，有部分学者采用了较为先进的一些评价方法，如郝朔（2011）就采用了人工神经网络评价法对北京、重庆、杭州、沈阳、武汉、贵阳等6座城市现代服务业发展的社会性指标进行了评价。林晓薇、陈忠（2017）采用TOPSIS法、密度估计以及马尔科夫链方法对全国31个省区市2011—2015年现代服务业发展潜力进行了评价分析。

第二节　地区经济差异及其影响因素的研究现状

一、地区经济差异及其变动趋势分析

对于地区经济差异及其变动趋势的分析，最早的研究来自美国著名经济学家西蒙·库兹涅茨（Kuznets，1955）对美、英、德等西方发达国家 19 世纪到 20 世纪五六十年代 100 多年历史的考察中所提出的著名的收入分配倒"U"形假说；以及美国经济学家威廉姆逊（Williamson，1965）利用 10 个国家的时间序列数据和 24 个国家的截面数据分别进行分析后提出了倒"U"形理论。他认为一个国家或地区的经济活动的空间集聚是经济发展的必经阶段，截面分析和时间序列分析都表明发展阶段和区域经济差异两者之间是倒"U"形的关系。随着地区经济发展水平的提高和成熟，地区经济差异会最终消失。

我国的学者通过对不同时期全国各省区经济差异及其变动趋势的考察，也得出了类似的结论。如杨开忠（1994）通过对全国各省区 1952—1990 年间人均国民收入和年均增长速度的变异系数的分析，得出省区经济差距呈先减后增的"U"形趋势的结论，并且拐点出现在 1978 年；林毅夫、刘培林（2003）通过分析 1978—1999 年间人均 GDP 和劳均 GDP 的基尼系数的变动趋势，得出我国地区经济差距呈现出先减后增的"U"形趋势的结论，拐点出现在 1990 年；石磊、高帆（2006）通过对 1978—2004 年间 31 个省份人均 GDP 和劳均 GDP 的洛仑兹曲线、基尼系数和变异系数的变动趋势，得出"以 1990 年为拐点，地区经济差距有一个先缩减、后增加的'U'型变化轨迹"的结论；魏后凯（1997），覃成林、李二玲（2002），胡鞍钢（2003），陈秀山（2004），罗守贵、高汝熹（2005）等也都对我国省区经济差异及其变动趋势做过相关研究，结果表明我国省区间经济差距呈现出一定的阶段性；吴三忙、李善同（2010）的研究表明中国地区经济差距总体上呈现"U"形变化，并且以 1990 年为拐点，但是 2003 年后差距又呈现出缩小的趋势；张平（1998），万广华（1998），李实、赵人伟（1999）则专门研究了 20 世纪 80 年代初到 90 年代中期我国省区间农民收入差

距问题，得出收入差距在不断扩大的结论。

二、地区经济差异的成因分析

对于区域经济差异的成因分析，总结不同学者的分析方法，主要分为两大类：一是单因素分析。专门分析区域经济差异与某一种因素之间的关系或者他们认为最重要的因素；二是多因素分析，尽可能地考虑到造成区域经济差异的各种因素，并讨论每种因素对总体差异作用程度的大小。

关于国外学者的相关研究，Dilling - Hansen，Petersen & Smith（1994）研究了二战以来丹麦县域人均收入的增长情况，发现具有较强的收敛性，作者运用"追赶"（Catch up）理论解释了经济差异的缩小，并且认为主要是由于县域之间产业结构和教育水平差异的减小带来的。Coulombe & Lee（1995）研究了20世纪60年代以来加拿大省域之间人均收入和产出差异的变动情况，并且发现主要是税收、政府转移支付以及省域间贸易情况决定了经济差异的缩小。Jian，Sachs 和 Warner（1996）的研究表明，1978年前后中国实行的缩小地区经济差距的政策效果不同，1978年之前的政策没有带来预期的效果，而1978年之后由于改革开放、市场化进程以及农村经济体制改革的推进，使得中国省域人均收入增长表现出较为显著的收敛。Chen 和 Fleisher（1996）运用经典的索罗经济增长模型对1978—1993年中国省域层面人均 GDP 增长的收敛性进行了分析，研究表明该时期外商直接投资、人力资本投资、就业增加以及物质资本分享等作为控制变量时，中国省域人均 GDP 增长存在条件收敛。Barro，Sala - i - Martin（1997）提出了发展的技术扩展模型，该模型认为经济系统之间之所以会产生收敛，一个重要的原因在于知识技术的跟随者可以以较低的成本对领导者的技术进行模仿，而收敛速度的关键则取决于经济系统的开放程度。

2000年以来，区域经济差异的成因问题已成为我国学者研究的热点。具体的研究如表2.3所示。

表 2.3　2000 年以来我国学者对区域经济差异成因的分析

类别	作者	时间	影响因素
单因素分析	刘强	2001	大规模劳动力的迁移
	王成岐、张建华、安辉	2002	外商直接投资
	李国平、范红忠	2003	生产和人口集中
	范剑勇、张涛	2003	地区结构转型
	林毅夫、刘培林	2003	经济发展战略
	陆铭、陈钊	2004	城市化、城市倾向的经济政策
	张晏、龚六堂	2004	财政分权
	范剑勇	2004	市场一体化
	戴广	2004	政府规模
	徐现祥、李郇	2005	市场一体化
	彭国华	2005	部门（产业）
	徐现祥、李郇	2005	社会基础设施
	管卫华、林振山、顾朝林	2006	生产要素投入
	石磊、高帆	2006	经济结构转变
	李茹兰、张晶	2008	货币政策区域效应
	尹宗成、丁日佳	2008	地区金融发展水平
	田伟、田红云	2009	地方官员晋升
	张光南、张海辉、杨全发	2011	交通基础设施
	孙靓	2012	区域就业结构
	严浩坤、徐朝晖	2018	农村劳动力流动
多因素分析	刘木平、舒元	2000	市场化程度、实际利用外资、技术进步、出口、政府支出、固定资产投资效益、经济外向依存度、地理优势等 8 个方面
	章奇	2001	对外贸易规模、国有化的程度、中央宏观调控能力的高低、财政分权以及发展战略的演变

续表

类别	作者	时间	影响因素
多因素分析	沈坤荣、马俊	2002	人力资本投资、对外贸易开放度、工业发展水平、体制方面的因素
	李善同等	2004	要素条件、产业结构和产业组织、市场潜力、经济体制、区位因素、政策因素、文化因素等
	王小鲁、樊纲	2004	资本、劳动力、人力资本等生产要素以及制度变革、结构变化等因素
	陈秀山、徐瑛	2004	投入要素的量和质、要素使用效率、要素配置效率、空间格局变动
	董先安	2004	人力与物质资本、农业生产结构、城乡差距、产业结构、产权结构、政府规模、企业规模、户口结构等
	郭庆旺、贾俊雪	2006	劳动力市场表现、物质资本投资、人力资本投资、中央财政支出
	彭朝晖、杨开忠	2006	人力资本形成、交易成本、迁移成本
	徐晓虹	2006	区位因素、政策因素、市场化改革、结构转换因素、人力资源因素和城乡二元特征
	许召元、李善同	2006	固定资产投资率、各地区的受教育程度、基础设施发展水平、市场化程度、城市化水平等因素
	郭玉清、杨栋	2007	人力资本门槛、创新互动能力
	陈良文、杨开忠	2007	要素流动、集聚经济
	石风光、李宗植	2009	要素投入、全要素生产率
	石书德、高建	2009	知识流动、创业活动

资料来源：根据相关文献整理。

单因素的研究主要从以下几个角度进行：

第一，要素变动对地区经济差异的影响。如刘强（2001）的研究表明大规模劳动力的区际迁移是缩小地区经济差异的一种解决办法；王成岐、张建华、安辉（2002）研究了外商直接投资与地区经济差异之间的关系；严浩坤、徐朝晖（2018）研究了农村劳动力流动对地区经济差异的影响；管卫华、林振山、顾朝林（2006）从不同尺度分析了生产要素投入差异和区域差异之间的关系；孙靓（2012）则从区域就业结构的角度研究了其对地区经济差异的影响。

第二，产业发展、经济结构变动等对地区经济差异的影响。如李国平、范红忠（2003）则分析了生产集中、人口分布对地区经济差异的影响；范剑勇、张涛（2003）则认为地区经济差距的缩小主要依赖于地区结构转型，包括产业结构趋同和工资趋同；彭国华（2005）对于我国地区经济增长和差异的研究则是从部门角度展开的，研究表明，地区差距的87%来源于工业和其他第三产业；石磊、高帆（2006）基于结构转变在经济增长中的作用，研究了经济结构转变对地区经济差距的影响；尹宗成、丁日佳（2008）研究了地区金融发展水平对地区经济差异的影响。

第三，基础设施建设对地区经济差异的影响。如徐现祥、李郁（2005）实证分析各省区内生的社会基础设施（由制度、政策等构成）的差异在省区经济差距中的作用；张光南、张海辉、杨全发（2011）实证分析了我国"交通扶贫"政策的实施对地区经济差异的影响，研究表明该政策的实施在一定程度上达到了其缩小地区经济差距的既定目标。

第四，国家发展战略、政策体制等对地区经济差异的影响。如林毅夫、刘培林（2003）把我国各省区市之间经济发展水平的差距归结于企业缺乏自生能力，而这种能力的缺乏主要是由于我国重工业优先发展的赶超战略，该战略的实施导致生产要素存量的配置结构与许多省区市要素禀赋形成的比较优势并不一致，甚至是相违背的；陆铭、陈钊（2004）则重点分析了城市化、城市倾向的经济政策（包括人口户籍转换、经济开放、非国有化和政府对经济活动的参与、政府财政支出的结构等）对城乡收入差距的影响；张晏、龚六堂（2004）则研究了政府的财政政策包括最优公共支出政策、最优税收政策和最优转移支付政策对缩小地区经济差距的作用；范剑勇（2004）和徐现祥、李郁（2005）都专门研究了市场一体化对地区经济差距的影响；戴广（2004）通过建立一个不同地方政府（落后及发达地区的政府）和中央政府的增长模型来考察政府规模对一国区域经济收敛的影响；李茹兰、张晶（2008）则研究了货币政策区域效应对地区经济差异的影响；田伟、田红云（2009）则从一个独特的视角研究了地方官员晋升制度和地方官员的行为对地区经济差异的影响。

　　而多因素分析则是综合考虑要素、产业、政策、体制等多方面的因素研究这些因素对地区经济差异的影响。如刘木平、舒元（2000）分析了市场化程度、实际利用外资、技术进步、出口、政府支出、固定资产投资效益、经济外向依存度、地理优势等8个方面对地区经济差异的影响；章奇（2001）则认为影响地区之间发展水平差异的因素包括对外贸易规模、国有化的程度、中央宏观调控能力的高低、财政分权以及发展战略的演变；沈坤荣、马俊（2002）分析了人力资本投资、对外贸易开放度、工业发展水平、体制方面（经济组织形式的效率、市场化程度等）的因素对地区经济差异的影响，结果表明地区经济增长之所以收敛主要是由于各地区工业化水平和产业结构的差异带来的；李善同、侯永志、冯杰、何建武、宣晓伟（2004）的研究则表明我国地区经济差距形成的原因有以下几个方面：主要包括市场潜力、经济体制、产业结构和产业组织、区位因素、要素条件、政策因素、文化因素等；王小鲁、樊纲（2004）则分析了资本、劳动力、人力资本等生产要素以及制度变革（市场化程度）、结构变化（城市化和农村工业化发展水平）等因素对地区经济差异变化的影响；陈秀山、徐瑛（2004）认为影响区域差距的因素主要有投入要素的量和质、要素配置效率、要素使用效率、空间格局变动等4个方面，而且这4种因素在不同时期有不同的重要性；董先安（2004）使用弹性分析与条件收敛分析检验了人力与物质资本、农业生产结构、城乡差距、产业结构、产权结构、政府规模、企业规模、户口结构等多组解释变量对经济增长与收敛的影响，并估计了其影响力。

　　郭庆旺、贾俊雪（2006）利用趋同核算分析框架和时变参数模型考察了各种因素对1978—2004年间我国区域经济趋同与差异的贡献。分析表明，引发我国区域经济差异增大的主要因素按其重要性的先后次序可排列为劳动力市场表现、物质资本投资、人力资本投资、中央财政支出；彭朝晖、杨开忠（2006）则通过构建包含交易成本、人力资本形成及迁移成本等变量的空间均衡模型模拟了我国区域经济差异的演化过程，探讨了这些因素对地区经济差异的影响；徐晓虹（2006）认为影响中国区域经济发展差距的主要因素有区位因素、政策因素、市场化改革、结构转换因素、人力资源因素和城乡二元特征；许召元、李善同（2006）则分析了固定资产投资率、各地区的受教育程度（各地区初中以上文化程度的人口占 6 岁以上人口的水平）、基础设施发展水平（公路密度和铁路密度）、市场化程度（国有工业总产值占全部工业总产值的比重）、城市化水平（非农业人口占总人口的比重）等因素在地区经济差异形成过程中的作用及影响程度。

本书通过对地区经济差异方面文献的分析发现，2006 年之后相关的研究越来越少，2007—2009 年的几篇文献，如郭玉清、杨栋（2007），陈良文、杨开忠（2007），石书德、高建（2009）的研究角度相对都比较独特，如人力资本门槛、创新互动能力、集聚经济、知识流动、创业活动等方面。因此，也可以从另一个侧面说明尽管地区经济差异问题目前仍然是我国经济社会发展中的一个重要方面，但理论上的研究近些年没有太多新的视角和研究成果。

三、地区经济差异研究方法综述

地区经济发展差异问题一直是区域经济学研究的核心问题之一，所以各国学者也对这一问题进行了大量的实证研究，随着经济理论的不断发展（新增长理论和新经济地理学理论），相关的研究方法也取得了一些新的进展。主要表现在以下两个方面：

一是传统指数法。在 20 世纪六七十年代，各国学者主要是利用极差、极比、标准差、加权标准差、变异系数、加权变异系数、基尼系数、广义熵指数和泰尔指数等统计方法，分析不同国家或一国内部各地区差异的大小、变动趋势及演变过程，总结变化规律性；20 世纪八九十年代，学者们开始分析地区经济差异形成和变动的原因，主要运用产业分解和地区分解的方法，包括运用加权变异系数对地区差异进行产业或部门构成的分解；对基尼系数进行分解；运用锡尔系数和广义熵指数，对地区差异进行地理构成的分解等①。

二是增长回归法。从动态方面研究地区经济差异，以经济增长理论为指导，建立回归分析模型，对地区经济差异的收敛性进行检验和比较研究。近年来，

---

① 吴玉鸣. 中国经济增长与收入分配差异的空间计量经济分析［M］. 北京：经济科学出版社，2005：10.

取得最大进展的是对经济差异收敛性的统计检验方法方面，从截面数据分析、时间序列分析到面板数据分析、马尔可夫链分析，再到目前以新经济地理学为基础的空间统计和空间计量学的截面方法模型。在研究过程中，不断地将更多的因素加入模型中（吴玉鸣，2005）。

第三节 服务业、现代服务业发展对地区经济差异影响研究现状

目前，服务业（第三产业）、现代服务业已经成为全国以及各省区市优化产业结构的重要内容，而且必将成为影响经济差异形成的重要因素。目前，对这个问题的研究还比较少。

一、服务业（第三产业）发展对地区经济差异的影响研究

已有文献中，胡霞、胡伟（2008）从产业结构演变特别是服务业发展差异的角度进行分析，实证分析结果表明：服务业的增长速度远远大于第一、二产业，服务业对地区经济增长的贡献也大于第一、二产业；服务业已经成为地区经济发展差异最大的产业，因此服务业已经成为地区经济差异形成的重要因素之一；吴三忙、李善同（2010）对我国地区经济差异的形成原因进行了产业分解。研究表明：长期以来第二产业对我国地区经济差异形成的贡献率在50%以上，但从总体趋势上看，贡献率是在不断下降的；第三产业逐渐成为地区经济差异形成的主要因素。

陈立泰、张祖妞（2011）从劳动生产率视角，运用空间计量经济学方法研究服务业集聚如何影响地区经济差异，这里用就业密度、人力资本集聚度和物质资本集聚度来度量服务业集聚水平的高低。研究结果表明：各地区劳动生产率提高表现出较为显著的空间自相关性；就业密度和人力资源集聚对地区劳动生产率的影响不明显，而物质资本集聚的影响则较为显著。

二、现代服务业发展对地区经济差异的影响研究

关于现代服务业发展对地区经济差异的研究，近几年才逐渐开始被学者们

关注，目前查到的文献有两篇，一是刘婷（2017）运用 2005—2015 年我国 31 个省区市的面板数据分东中西部研究了现代服务业对地区经济发展的影响，并详细分析了现代服务业的 7 个子行业对东中西部地区经济发展的影响。研究表明：现代服务业的发展水平与地区经济发展水平呈正相关关系，东部地区经济最发达，现代服务业发展水平也最高，现代服务业的发展对经济增长表现出绝对的促进作用，尤其是金融业、信息传输、计算机服务和软件业等行业发展具有显著优势；中部地区经济发展相对落后，部分现代服务业对地区经济发展的促进作用比较大，如房地产业、租赁和商务服务业等行业；西部经济发展落后，现代服务业发展水平也比较低，对地区经济增长的影响也比较小；二是徐丽兰（2018）对福建省现代服务业集聚与区域经济发展差异的相关研究，作者运用福建省各地级市 2003—2016 年的面板数据，对福建省现代服务业集聚水平对地区经济发展水平的影响进行了实证检验，研究结果表明：从全省总体角度看，现代服务业集聚对地区经济发展起到了正向的促进作用；但分各地级市看，现代服务业集聚对地区经济发展的影响程度不同。

第四节　简要述评

以上主要从现代服务业发展质量评价及地区经济差异的成因两个方面进行了文献的整理和分析。下面也将从这两个方面进行简要述评。

一、关于现代服务业发展质量评价

上述研究都对如何评价现代服务业发展状况或质量做出了很大贡献，但仔细分析可以发现，首先，很多评价都是针对某一年的，无法反映出所研究地区现代服务业随时间发展变化的情况；其次，所构建的指标体系不完整、不全面的问题，有些重要的指标没有加入指标体系中去；最后，指标体系的构建大多是从产业发展水平、产业综合发展水平、产业竞争力、产业核心竞争力等角度提出的，没有从产业发展质量角度出发去考虑更多的与产业发展环境、发展功能、发展基础等方面相关的因素。因此，需要建立一套较为科学、完善的衡量现代服务业发展质量的指标体系。

二、关于地区经济差异分析

通过对已有文献的分析发现，关于地区经济差异的研究，无论是单因素分析还是多因素分析，目前的分析角度已经非常丰富，但是对于每个不同角度的分析还可以在内容上进一步深入，在方法上进一步创新。关于现代服务业对地区经济差异的影响，目前的研究还比较少。因此，本书把研究主题界定为现代服务业发展质量对地区经济差异的影响具有一定的理论价值和新颖性。

第三章

现代服务业发展质量指标体系的构建

本章提出了产业发展质量的概念，对已有文献关于"现代服务业"的概念进行梳理，并对实证研究中现代服务业的统计范围进行了界定。在此基础上从产业规模与效率、产业结构与体系、产业功能与创新、产业基础与环境等 4 个方面构建了现代服务业发展质量评价指标体系并对选取的各项指标进行了说明。

第一节　基本概念界定

一、产业发展质量概念的提出

产业发展质量的概念，目前学术界还没有明确的定义。根据产业发展的含义以及本研究的目的和内容，本书认为，产业发展质量是指产业当前的实力、动态的增长能力、未来的发展潜力以及可持续发展能力。具体包括产业结构、产业效益、产业集聚水平、产业创新能力、产业市场潜力、相关产业之间的协调性以及产业资源与环境的协调发展等方面内容。

二、现代服务业的概念界定

1973 年美国学者丹尼尔·贝尔（Daniel Bell）在《后工业化社会的来临——对社会预测的一项探索》一书中明确指出，在农业社会，生产效率低、剩余劳动力多且素质差，所以服务业主要以个人服务和家庭服务为主；在工业社会，服务业则主要围绕商品生产中的辅助性活动展开，以商业服务和运输服务为主；到了后工业化社会，服务业则以技术性、知识性的服务和公共服务为主，即以现代服务业为主。依据丹尼尔·贝尔的理论观点，现在理论上通常把服务业划分为现代服务业和传统服务业①。

目前，据可查阅到的文献和专家学者的观点，我国最早提到"现代服务业"是1997年9月召开的十五大的报告中，报告在讲"社会主义初级阶段的基本路线和纲领"时有这样的表述："社会主义初级阶段……是由农业人口占很大比重、主要依靠手工劳动的农业国，逐步转变为非农业人口占多数、包含现代农业和现代服务业的工业化国家的历史阶段……"；2002年11月召开的十六大的报告中两次提到"现代服务业"，一是在分析"国民经济持续快速健康发展"时，提到"经济结构战略性调整取得成效……高新技术产业和现代服务业加速发展"；二是在分析"推进产业结构优化升级"时，提到"加快发展现代服务业，提高第三产业在国民经济中的比重"。我国的相关学者对于"现代服务业"概念比较有代表性的界定，时间集中在2002—2006年之间，主要观点如表3.1所示。

表3.1　我国部分学者对"现代服务业"概念的界定

学者	年份	对"现代服务业"概念的界定
黄繁华	2002	我国现代服务业包括现代生产性服务业和现代消费性服务业，其中现代生产性服务是指应用现代科技和满足生产中间需求的各项服务，如现代物流、电子商务、金融保险、信息服务、技术研究与开发、企业经营管理服务等；现代消费性服务是指主要为满足个人生活质量和能力扩展所需要的服务，如旅游、房地产、教育、医疗、娱乐、社区服务等
徐国祥	2004	现代服务业是在工业化高度发展阶段产生的，主要依托电子信息技术和现代管理理念而发展起来的知识密集型的生产性服务业
朱晓青	2004	现代服务业是传统服务业的对称；与传统服务业相比，它具有高技术性、知识性、新兴性三大基本属性
刘重	2004	服务业本质是利用现代信息技术进行更为精细的专业化分工，把传统上由企业内部组织进行的服务活动外置出来提高服务效率，降低交易成本

① 朱晓青，寇静. 北京现代服务业的现状与发展路径研究［M］. 北京：经济管理出版社，2013：4.

学者	年份	对"现代服务业"概念的界定
来有为	2004	现代服务业就是现代生产性服务业,指为生产商务活动和政府管理而非直接为最终消费提供的服务,主要包括金融业、保险业、不动产业(房地产业)、咨询业、信息服务、科技开发、商务服务和教育培训等行业
朱春明	2004	现代服务业是指与现代技术密集产业分工深化和经济社会发展相伴的信息服务、研发服务、人力资源服务、现代物流、市场营销服务等,但主要是为生产者服务的商业服务业
周振华	2005	现代服务业必须依赖若干特定的基础条件实现发展:一是制造业高度发展呈现"服务化"趋势;二是社会专业化程度以及与其相关的市场化程度不断提高,从而使大量服务内部化转变为服务外部化,带来服务活动独立化;三是现代信息技术的运用及其网络化改造了服务活动的部分属性,促进了服务活动泛化与独立化
庞毅	2005	现代服务业是指依托电子信息和其他新兴高技术以及现代经营方式和组织而发展起来的服务业,既包括新兴服务业,也包括对传统服务业的技术改造和升级,其本质是实现服务业的现代化
刘志彪	2005	现代服务业是那些依靠高新技术和现代管理方法、经营方式及组织形式发展起来的、主要为生产者提供中间投入的知识技术信息密集型服务的部门,如金融服务、商务服务、信息技术与网络通信服务、教育培训与卫生保健服务、第三方物流服务,以及一部分被新技术改造过的传统服务等
荣晓华	2006	现代服务业又称新兴第三产业,一般包括金融保险业、信息服务业、旅游业、物流业、房地产及社区服务业等,是现代经济的重要组成部分
王瑞丹	2006	高技术型现代服务业,是指以网络技术、信息通信技术等高新技术为支撑、以服务为表现形态,服务手段更先进、服务内容更新颖、科技含量和附加值更高的新兴服务业

资料来源:作者根据相关文献整理。

　　从我国部分学者对"现代服务业"概念的界定来看，这些概念主要包括现代服务业的具体行业构成、特征等方面的内容。综合以上观点，本书认为，现代服务业并不是一个固定的概念，它具有动态性，其涵盖的产业范围在不断变化，主要包括两大类：一是在工业化发展到一定阶段依托信息技术而不断发展起来的高知识含量的产业，我们称之为"知识型服务业"；二是随着社会分工的不断细化而形成的一些专业的、新兴的服务行业，我们称之为"新兴服务业"。

　　2017年4月，科技部印发的《"十三五"现代服务业科技创新专项规划》中也对现代服务业的概念进行了界定，表述如下"现代服务业是指在工业化比较发达的阶段产生的、主要依托信息技术和现代管理理念发展起来的、信息和知识相对密集的服务业，包括传统服务业通过技术改造升级和经营模式更新而形成的服务业，以及伴随信息网络技术发展而产生的新兴服务业"。本书认为，这一界定相对权威。

三、现代服务业的规律和特征

（一）地位

　　随着工业化进程的推进，经济发展逐步迈入了更高级的阶段，产业结构不断升级和优化，服务业尤其是依托现代信息网络技术、现代经营管理理念发展起来的现代服务业在一个国家或地区经济中所占的比重越来越大，对经济发展的贡献率也在不断提高，在城市综合实力的竞争中越来越占主导地位。

（二）趋势——融合性

　　现代服务业是一种以运用智力资源为主的服务业，对其他行业具有高度渗透性。最显著的表现是现代服务业和制造业在企业内部、产业链以及区域内部的多层面融合。

（三）核心——生产性服务

　　从服务对象的角度讲，现代服务业可以分为三类，一是以企业为服务对象的生产性服务业，二是以居民为服务对象的生活性服务业，三是以公务员为服务对象的政务性服务业。但专业性的生产性服务业无疑是现代服务业的核心。这也决定了优先发展生产性服务业是发展现代服务业的重要策略之一。

（四）功能——延伸性

　　现代服务业是服务业的延伸和发展，它承担着改造提升传统服务业的功能，在一定程度上丰富了传统服务业的内容，扩大了传统服务业的市场，推动着传统服务业创新从而不断向现代服务业转变。

（五）服务——全球化

随着全球市场的开放，现代服务业的全球化表现在几个方面：服务市场全球化、服务主体全球化和产业布局全球化，其中，现代服务业的国际转移已经成为热点问题，产业转移的重点领域如法律、咨询、金融、管理和保险等。

（六）主要特征

现代服务业具有高科技性或高技术性、知识性、高收益性或高附加值性、集聚性或集群性、从业人员高素质性、新兴性等6大特征。

四、现代服务业范围的界定

关于现代服务业范围的界定，目前国家并没有明确的说明。根据国家统计局2013年发布的《三次产业划分规定》的修订说明，修订三次产业划分规定时，首次明确第三产业即为服务业，但对于"现代服务业"的范围界定，直到《国民经济行业分类》（GB/T 4754—2017）中，仍然仅有服务业的范围。第三产业即服务业，包括农、林、牧、渔专业及辅助性活动（A），开采专业及辅助性活动（B），金属制品、机械和设备修理业（C），批发和零售业（F），交通运输、仓储和邮政业（G），住宿和餐饮业（H），信息传输、软件和信息技术服务业（I），金融业（J），房地产业（K），租赁和商务服务业（L），科学研究和技术服务业（M），水利、环境和公共设施管理业（N），居民服务、修理和其他服务业（O），教育（P），卫生和社会工作（Q），文化、体育和娱乐业（R），公共管理、社会保障和社会组织（S），国际组织（T）等门类。

尽管从国家层面没有界定现代服务业的具体门类和大类，但是由于现代服务业已经逐渐成为国家和各地区经济发展的重要支柱，因此基于发展战略的需要，国家相关部门及各地方政府纷纷制定和发布现代服务业发展规划、重点发展领域、产业指导目录等，如科技部2017年4月发布了《"十三五"现代服务业科技创新专项规划》，规划中明确了"十三五"期间我国现代服务业发展的重点领域。

有的省区市发布了现代服务业行业分类目录，如北京市统计局2005年8月印发了《北京市现代制造业、现代服务业统计标准（试行）》的通知，通知中明确了北京市现代服务业行业分类目录，现代服务业包括信息传输、计算机服务和软件业（G），金融业（J），房地产业（K），租赁和商务服务业（L），科学研究、技术服务和地质勘查业（M），水利、环境和公共设施管理业（N），教育（P），卫生、社会保障和社会福利业（Q），文化、体育和娱乐业（R）等9个行业门类。广东省统计局也于2008年8月下发了《关于建立现代服务业增加值核算制度的通知》，通知中明确界定了广东省现代服务业类别为：金融服务业、信息传输、计算机服务和软件业、房地产业、现代物流业、租赁和商务服务业、科学研究、技术服务和地质勘查业、教育业、卫生、社会保障和社会福利业、文化、体育和娱乐业、水利、环境和公共设施管理业、旅游业等行业门类。

有的省区市制定了现代服务业产业指导目录，如江苏省发展改革委2010年9月印发《江苏省现代服务业产业指导目录》的通知，通知中明确了江苏省现代服务业产业包括信息传输、计算机服务和软件业、现代物流业、金融业、科技服务业、商务服务业、商贸流通业、文化产业、旅游业、服务外包、环保服务业、其他服务业等行业。

从以上分析可以看出，尽管目前在理论上对现代服务业有各种分析和讨论，在经济发展实践中各级各类政府也都制定各种政策促进现代服务业的发展，但是在统计上对现代服务业具体包括的门类并没有统一的界定，这就对跨省区的现代服务业的相关实证研究造成了一定的困难。

本研究的主要内容之一就是对我国31个省区市现代服务业发展质量进行评价，因此涉及对现代服务业各项指标的统计，首先要确定的就是现代服务业的统计范围，尽管有的省区市明确了现代服务业的统计范围，但并不统一，而且并不是所有的省区市都对统计范围做了界定。但是本研究需要全国31个省区市的现代服务业的相关统计。因此，本书借鉴了一些学者的处理方法来表示现代服务业的统计范围（表3.2），即用统计年鉴中第三产业增加值减去3个传统服务业交通运输仓储及邮政业、批发和零售业、住宿和餐饮业的增加值之和表示现代服务业增加值，也就是说以金融保险业、房地产业和其他行业增加值之和表示现代服务业增加值。这样计算出的现代服务业增加值可能会大于现代服务业的实际值，但是在对现代服务业没有统一的统计范围界定的情况下，据已有文献的做法，这样的处理方法仍具有一定的合理性。

表 3.2 部分实证研究中现代服务业的统计范围

作者	现代服务业统计范围
赵慧芳、王冲、闫安、徐晟（2007）	现代服务业增加值界定为服务业增加值中扣除交通运输仓储邮政业、批发和零售业、住宿和餐饮业这几类传统服务行业增加值的剩余部分
章义、赵惠芳、王冲（2008）	服务业增加值中扣除交通运输仓储邮政业、批发和零售业、住宿和餐饮业这几类传统服务行业增加值的剩余部分作为现代服务业增加值
高振（2010）	现代服务业增加值，采用第三产业的增加值减去交通运输仓储业增加值、邮电通信业增加值和批发零售贸易及餐饮业增加值三者的和
胡勇、黄新建（2011）	现代服务业增加值中扣除交通运输仓储邮政业、批发和零售业、住宿和餐饮业这几类传统服务行业增加值的剩余部分作为现代服务业增加值
邓泽霖、胡树华、张文静（2012）	根据《中国统计年鉴》，第三产业被细分为6个部分——交通运输仓储及邮政业、批发和零售业、住宿和餐饮业、金融保险业、房地产业和其他行业。本研究将金融保险业、房地产业和其他行业的产值之和作为现代服务业的产值
胡晓伟（2012）	现代服务业增加值：采用各省市第三产业的增加值减去当年所在省市批发和零售业、住宿和餐饮业增加值二者的和
胡玉霞（2015）	按照现代服务业的定义，参考我国统计科目划分方法，可将交通运输、批发零售和住宿餐饮等3项划分为传统服务业，而现代服务业则包括房地产服务、科学研究、金融业、信息计算机等8项
袁峰，陈俊婷（2016）	选取交通运输仓储和邮政业、信息传输、软件和信息技术服务业、金融业、房地产业、租赁和商务服务业、科学研究和技术服务业、教育、文化体育和娱乐业等行业数据代表现代服务业数据

资料来源：作者根据相关文献整理。

第二节　现代服务业发展质量指标体系的构建

一、构建原则

评价指标体系应该从系统的角度进行构建，应该是由能够客观、完整反映研究对象特征的一系列指标构成。本研究认为，构建现代服务业发展质量评价指标体系的原则应该包括以下几个方面。

（一）客观性原则

所谓客观性，是针对评价过程而言，特别是在指标筛选过程中要尽量不受主观因素的影响，能够真正反映现代服务业发展的现状和存在的问题，通过这些指标能够做出相对客观的评价结果。

（二）全面性原则

评价指标的选择要尽可能全面反映现代服务业发展的现状、特征，能从各个方面反映现代服务业发展的实际情况，既包括直接反映现代服务业发展情况的产业规模、产业效率、产业结构、产业体系等指标，也包括反映现代服务业发展的基础、环境以及产业发展所需要的创新方面的指标。

（三）简明性原则

虽然现代服务业发展因受多种因素影响而应尽可能从多角度出发构建指标体系，以免遗漏重要信息，但考虑到我国区域统计工作的现状，在指标体系设置时应尽量选用容易度量和获取的数据，提高指标体系在实际工作中执行和应用的可行性。

（四）行业适用性原则

在选取相关指标时在保证指标全面性、综合性的同时，更重要的是能够反映出现代服务业的行业特征，根据设置的指标做出的评价对于现代服务业的发展真正具有参考价值。

（五）可比性原则

所构建的评价体系所选取的各项具体指标及分项和综合评价结果既要有利

于省区市之间的横向比较，同时又要有利于地区现代服务业发展时间序列上的纵向比较，这样可以更加全面地分析和评估各地区现代服务业发展的现状和存在的问题，并有针对性地提出相关的政策建议。

（六）可操作性原则

对于指标的选取，首要的原则就是指标数据的可获得性，如果没有相关统计数据或者存在数据缺失、不完整的情况，即使理论价值再高也没有可操作性，对于政府各级部门来说也就没有指导意义和价值。另外，对于同一个指标，各地区的统计口径必须保证一致，评价才有可操作性。

（七）动态性原则

指标体系应该能够考查各地区现代服务业发展的过程，对过程变化的考察、评价是反映问题的重要方法，对于客观、科学、全面评价现代服务业的发展具有重要的意义。

二、评价指标体系的基本框架

根据产业发展质量评价指标体系构建的原则，本研究将产业发展质量评价指标体系分为 4 个维度、9 个一级指标评价方向、25 个二级评价指标。具体指标体系见表 3.3 所示。

表 3.3　现代服务业发展质量评价指标体系

指标维度	一级指标	二级指标
产业规模 与效率	规模	现代服务业增加值（亿元）
		现代服务业固定资产投资额（亿元）
	效率	现代服务业全员劳动生产率
产业结构 与体系	产业地位	现代服务业产值占 GDP 的比重（%）
		现代服务业产值占第三产业的比重（%）
	产业结构	金融业占现代服务业的比重（%）
		房地产业占现代服务业的比重（%）
	专业化水平	现代服务业区位熵

指标维度	一级指标	二级指标
产业功能 与创新	区域贡献	现代服务业从业人员数量（万人）
		现代服务业从业人员比重（%）
	创新	每万人拥有专利数量（件）
		技术市场技术合同金额（万元）
		R&D 从业人员比重（%）
		每十万人口高等教育平均在校生人数（人）
		人均教育经费（元）
产业基础 与环境	基础	人均 GDP（元）
		城市化率（%）
		城镇居民人均可支配收入（元）
		城镇居民恩格尔系数（%）
		城镇居民人均消费性支出（元）
		开放程度（%）
	环境	每万人拥有公共交通车辆数（辆/万人）
		人均拥有道路面积（平方米/人）
		互联网普及率（%）
		每百户居民家庭拥有家用电脑（台）

（一）产业规模与效率

规模与效率是评价产业发展质量的基础性指标，本研究主要从产业规模和产业效率两个角度评价产业的综合实力。

1. 现代服务业增加值（亿元）

该指标从产出角度显示产业生产总规模和总水平，反映的是生产总成果。根据关于现代服务业统计范围的说明，本书用统计年鉴中第三产业增加值减去三个传统服务业，交通运输仓储及邮政业、批发和零售业、住宿和餐饮业的增加值之和表示现代服务业增加值，也就是说金融保险业、房地产业和其他行业增加值之和表示现代服务业增加值。

2. 现代服务业固定资产投资额（亿元）

该指标从投入角度显示产业固定资产投入的总规模和总水平。与本书现代服务业的统计范围相一致，现代服务业固定资产投资额用第三产业固定资产投资额减去传统服务业的 3 个行业，交通运输仓储及邮政业、批发和零售业、住宿和餐饮业固定资产投资额之和。

3. 现代服务业全员劳动生产率

该指标反映产业的生产效率和劳动投入的经济效益。用各省区市现代服务业增加值与当年该省区市现代服务业从业人员总数的比值来表示。

（二）产业结构与体系

产业结构与体系是产业部门之间以及各产业部门内部构成的网络集合体，是影响产业能否稳定、健康发展的重要因素。本研究主要从产业地位、产业结构和专业化程度 3 个方面来反映。产业地位选取了现代服务业产值占 GDP 的比重、现代服务业产值占第三产业的比重两个指标；产业结构选取了金融业占现代服务业的比重、房地产业占现代服务业的比重；专业化程度选取的是现代服务业区位熵。

1. 现代服务业产值占 GDP 的比重（%）

现代服务业产值占 GDP 的比重表示现代服务业在一个国家或地区经济中的重要性，可以用来反映该地区产业结构的先进性。该指标用各省区市现代服务业增加值与所在省区市当年 GDP 的比值来表示。

2. 现代服务业产值占第三产业的比重（%）

现代服务业产值占第三产业的比重表示现代服务业在一个国家或地区第三产业中的重要性，可以用来反映该地区产业结构的先进性。该指标用各省区市现代服务业增加值与所在省区市当年第三产业生产总值的比值来表示。

3. 金融业占现代服务业的比重（%）

金融业占现代服务业的比重表示房地产业在一个国家或地区现代服务业中的地位，可以用来反映该地区现代服务业内部的结构。该指标用各省区市金融业增加值占所在省区市现代服务业增加值的比值来表示。

4. 房地产业占现代服务业的比重（%）

房地产业占现代服务业的比重表示金融业在一个国家或地区现代服务业中的地位，可以用来反映该地区现代服务业内部的结构。该指标用各省区市房地产业增加值占所在省区市现代服务业增加值的比值来表示。

5. 现代服务业区位熵

区位熵用来衡量某个地理单元要素或产业的空间分布情况，可以用来反映一个地区所研究产业的专业化程度，所以又叫专业化率。具体计算公式为：现代服务业区位熵＝（某省区市的现代服务业增加值/该省区市GDP）／（全国现代服务业总增加值/全国GDP）。

（三）产业功能与创新

判断产业发展质量的重要标准之一就是从产业对地区经济发展的贡献来反映，比如，对地区就业的贡献、税收的贡献等。由于数据的可得性，本研究仅选取了反映现代服务业对区域就业贡献的两个指标：现代服务业从业人员数量和现代服务业从业人员比重。

创新是推动产业发展的源泉和动力，衡量创新指标需要从投入和产出两方面来进行。投入方面选取了每十万人口高等教育平均在校生人数和人均教育经费两个指标；产出方面选取了每万人拥有专利数量、技术市场技术合同金额和R&D从业人员比重等3个指标。

1. 现代服务业从业人员数量（万人）

现代服务业从业人员数量用来衡量现代服务业对地区就业的贡献。由于现代服务业主要聚集于城市，相关统计资料也仅统计了城镇从业人员，因此本研究用中国经济社会大数据研究平台中各省区市19个行业的城镇单位就业人员总数减去第一产业（农林牧渔业）、第二产业（采矿业，制造业，电力、燃气及水的生产和供应业，建筑业）和传统服务业行业（交通运输储和邮政业，批发和零售业，住宿和餐饮业）的就业人员数来表示现代服务业从业人员数量。尽管通过该方法计算得到的数据比现代服务业实际从业人员数量要小，但也有一定的代表性。

2. 现代服务业从业人员比重（％）

现代服务业从业人员比重可以用来反映一个国家或地区的现代服务业对该区域就业的贡献的大小。该指标用各省区市现代服务业从业人员数量占所在省区市年度总就业人员数量的比值来表示。

3. 每万人拥有专利数量（件/万人）

每万人拥有专利数量可以用来反映一个国家或地区的创新成果。该指标用各省区市国内三种专利申请受理数量与所在省区市年度总人口数量（以万人为单位）的比值来表示。参见相应年份中国经济社会大数据研究平台中"各省区市国内三种专利申请受理数和授权数"中的数据。

4. 技术市场技术合同金额（万元）

指登记认定的技术合同（技术开发、技术转让、技术咨询、技术服务）的合同标的金额。该数据来源于中国经济社会大数据研究平台中"科技与知识产权"部分的数据。该指标反映技术市场规模的准确性不如"技术市场成交额"等"成交类"指标，但为了保证全国 31 个省区市数据的完整性（"技术市场交易额"缺西藏自治区的数据），选用了该指标。它也能在一定程度上反映地区技术市场规模。

5. R&D 从业人员比重（%）

R&D 从业人员比重可以用来表示一个国家或地区从事研发的人力资源情况，人力资源作为生产要素中最有创新能力的资源，该指标在一定程度上可以反映该区域现代服务业发展的潜力。各省区市公有经济企事业单位专业技术人员数量与所在省区市年度就业人口总数量的比值。参见相应年份中国经济社会大数据研究平台中"公有经济企事业单位专业技术人员数（年底数）"中的数据。

6. 每十万人口高等教育平均在校生人数（人）

每十万人口高等教育平均在校生人数表示一个国家或地区居民的受教育程度，可以反映一个国家或地区人力资源的储备情况，是反映该区域现代服务业发展潜力的重要指标之一。

7. 人均教育经费（元）

人均教育经费表示一个国家或地区教育的投入情况，可以间接反映该区域现代服务业对人力资源的投入规模。该指标用各省区市每年用于教育的财政支出与当年人口总量的比值来表示。

（四）产业基础与环境

评价产业发展质量除了考虑当前的发展情况，还要看未来的发展潜力，而影响产业未来可持续发展能力的重要因素就包括产业基础和环境。本研究中产业基础选取了人均 GDP、城市化率、城镇居民人均可支配收入、城镇居民恩格尔系数、城镇居民人均消费性支出和开放程度等 5 个表示地区经济实力、城镇居民消费能力以及对外开放水平的指标；产业环境选取了每万人拥有公共交通车辆数、人均拥有道路面积、互联网普及率和每百户居民家庭拥有家用电脑等 4 个表示交通基础设施建设情况以及信息化水平等方面的指标。

1. 人均 GDP（元）

人均 GDP 是用来表示一个国家或地区经济发展水平、经济实力最基本也是最重要的指标，也是反映现代服务业发展基础最重要的变量。该指标用该区域国内生产总值（GDP）与当期该地区常住人口总数的比值来表示。

2. 城市化率（%）

城市化率用来表示一个国家或地区工业化的进程，是现代服务业发展的重要基础和前提，所以它可以用来反映区域现代服务业发展的基础。该指标用各省区市城镇人口数量与所在省区市年度常住总人口数量的比值来表示。

3. 城镇居民人均可支配收入（元）

城镇居民人均可支配收入是反映一个国家或地区居民消费水平和实力的重要指标，也是现代服务业发展的前提和基础。该指标表示城镇居民可以自由支配的收入。

4. 城镇居民恩格尔系数（%）

恩格尔系数是反映一个国家或地区的居民生活水平和区域富裕程度的重要指标，指的是居民食品支出占消费总支出的比重。恩格尔定律表明，随着家庭收入水平的提高，用来购买食品的支出在总支出中的比重会逐渐下降。同理，对于一个国家也是如此，随着一个国家国民收入的增加，用来购买食物支出所占的比重会逐渐下降。因此该指标可以反映现代服务业的市场基础和未来发展潜力。

5. 城镇居民人均消费性支出（元）

城镇居民人均消费性支出是表示城镇居民当前消费能力的重要指标，可以用来反映各地区现代服务业发展的基础。各省区市城镇居民日常生活消费支出包括食品、衣着、居住、家庭设备用品及服务、医疗保健、交通和通信、教育文化娱乐服务、其他商品和服务等 8 大类。

6. 开放程度（%）

开放程度主要指一个国家或地区市场开放的水平，对外贸易是其重要的组成部分，因此本研究用外贸依存度来表示区域的开放程度。该指标用进出口总额与 GDP 的比值来表示。

7. 每万人拥有公共交通车辆数（辆/万人）

每万人拥有公共交通车辆数是反映一个国家或地区公共交通建设情况的重要指标，可以反映现代服务业发展的基础设施方面所具备的基本条件情况。该指标参见相应年份中国经济社会大数据研究平台"各地区城市设施水平"中的数据。

8. 人均拥有道路面积（平方米/人）

人均拥有道路面积是反映一个国家或地区交通基础设施建设情况的重要指标，而交通基础设施建设是现代服务业发展的最基本的条件之一。该指标参见相应年份中国经济社会大数据研究平台"各地区城市设施水平"中的数据。

9. 互联网普及率（%）

互联网普及率是反映一个国家或地区信息化建设情况的重要指标，而信息化建设是现代服务业发展的最基本的条件之一。该指标用各省区市互联网上网人数与当年人口总量的比值来表示。

10. 每百户居民家庭拥有家用电脑（台）

平均每百户拥有的电脑数量是一个国家和地区居民家庭信息化水平高低的重要指标，可以反映区域现代服务业发展的潜力。

（五）关于指标选取的特别说明

关于本研究所建立的评价指标体系，根据数据资料的可得性，考虑了尽可能多的因素。但是还有一些指标由于数据统计不完整或者选取定量的指标比较困难而未能加入指标体系中去。例如，目前高铁的建设开通对地区产业、经济发展有很大的影响，但由于高铁统计数据的时间短（中国第一条通车的高铁钱是京津城际高铁，2008 年 8 月开通，而本研究的时间范围为 2003—2016 年）而未能成为表示产业发展环境的指标。还有如表示产业贡献的税收指标有的省区市统计指标缺失；表示产业环境的节能减排指标也存在部分省区市统计指标缺失的问题。因此，这也是本研究未来的改善方向，通过进一步完善指标体系，使评价结果更加客观全面。

第四章

我国各省区市现代服务业发展质量评价

本章将从现代服务业发展规模、发展效率、产业地位、产业结构、专业化水平、产业区域贡献等方面分析我国各省区市现代服务业发展概况，在此基础上按照之前构建的现代服务业发展质量评价体系从两个地理层面进行评价，一是全国 31 个省区市的评价比较，二是分全国 7 大区进行评价比较。评价包括产业规模与效率、产业结构与体系、产业功能与创新、产业基础与创新等 4 方面的分项评价以及综合评价；比较包括省区市之间的横向比较，也包括各省区市在时间序列上的纵向比较。

第一节　我国 31 个省区市现代服务业发展概况

一、产业规模

（一）现代服务业增加值

从全国范围来看，2003—2016 年我国现代服务业增加值持续快速增长，由 2003 年的 34956.6 亿元上升至 262321.5 亿元，增长率高达 16.77%（图 4.1）。分省区市来看，北京市、江苏省、浙江省、山东省以及广东省等省份的服务业增加值在 2003—2016 年间稳居前五位，说明这些省份的服务业增加值远超其他省区市；西藏自治区、青海省、宁夏回族自治区、海南省以及甘肃省等省区市的排名则较为落后，说明其服务业增加值在 2003—2016 年的服务业增加值较低。由此可知，作为我国经济发达地区的北京市、江苏省、广东省等省区市的现代服务业规模相对较高，而经济较为落后的西藏自治区、青海省、海南省等省区市的现代服务业规模则较小。通过对比 2003 年和 2016 年的现代服务业增加值相对排名可以看出，河北省、辽宁省、广西壮族自治区以及云南省等省区市的排名有明显上升，说明其现代服务业产业规模的增长速度相对较快（表4.1）。

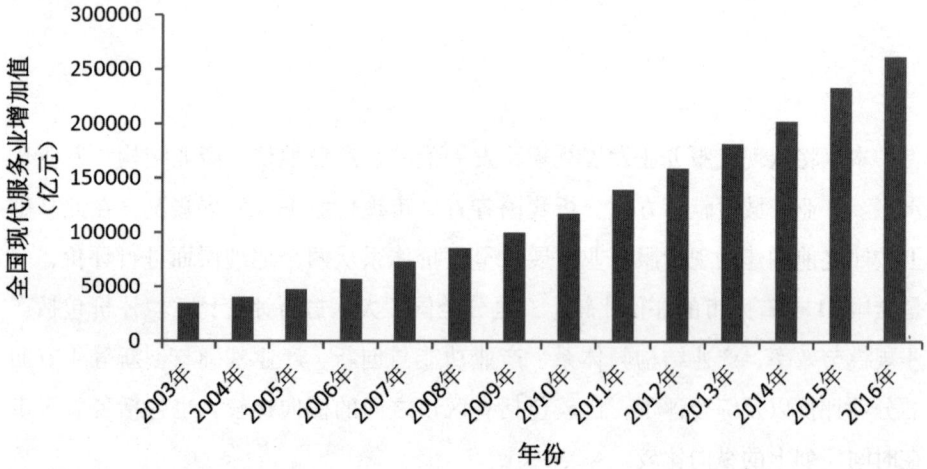

图 4.1　2003—2016 年全国现代服务业增加值变动情况

表 4.1　全国 31 个省区市现代服务业增加值（亿元）

地区	2003		2007		2012		2016	
	指标值	排名	指标值	排名	指标值	排名	指标值	排名
北京市	2405.47	4	5395.41	4	10250.79	4	16651.54	3
天津市	549.87	14	1234.26	14	3472.39	15	6797.36	19
河北省	1273.26	12	2404.37	12	4758.69	12	7806.39	9
山西省	597.79	20	1189.75	20	2544.76	20	4813.93	20
内蒙古自治区	391.87	23	1134.42	23	2595.79	19	4242.93	22
辽宁省	1188.97	15	2510.9	9	5484.26	8	6726.04	7
吉林省	531.84	24	1146.37	24	2461.07	23	4066.32	21
黑龙江省	725.1	19	1445.59	17	3235.08	16	5056.67	15
上海市	2125.08	6	4393.48	6	7713.51	6	13884.14	6

续表

地区	2003		2007		2012		2016	
	指标值	排名	指标值	排名	指标值	排名	指标值	排名
江苏省	2237.5	2	5724.26	2	14415.71	2	26837.2	2
浙江省	2235.8	5	4893.32	5	10062.14	3	15337.73	4
安徽省	931.58	13	1748.79	15	3485.35	14	6813.18	14
福建省	950.51	11	2199.43	13	4639.32	13	7930.14	13
江西省	533.91	18	1073.65	22	2608.72	22	5220.16	24
山东省	2118.55	3	4698.12	3	9912.76	5	18247.82	5
河南省	1180.05	8	2386.08	7	5229.48	9	10660.89	11
湖北省	1049.16	10	2392.84	11	5074.08	11	9624.07	10
湖南省	1164.44	9	2321.19	10	5256.21	10	9961.12	12
广东省	3906.22	1	9028.36	1	16510.2	1	28708.8	1
广西壮族自治区	561.4	21	1306.49	19	2643.07	18	4700.22	16
海南省	141.67	28	288.85	28	806.65	28	1308.92	28
重庆市	650.67	16	1101.43	16	2941.29	24	5806.75	23
四川省	1346.32	7	2445.62	8	5571.15	7	10845.07	8
贵州省	322.97	25	742.02	26	1814.23	26	3040.23	26
云南省	592.51	22	1235.46	21	2617.88	21	4600.08	18
西藏自治区	56.61	31	136.96	31	285.04	31	468.8	31
陕西省	590.23	17	1269.16	18	2913.09	17	5248.3	17
甘肃省	324.74	27	620.81	27	1409.75	27	2617.12	27
青海省	97.6	30	196.32	30	421.59	30	793.25	30
宁夏回族自治区	108.95	29	226.89	29	618.7	29	1017.64	29
新疆维吾尔自治区	453.16	26	824.82	25	1810.24	25	2916.08	25

　　根据现代服务业发展规模情况，可以把全国31个省区市分为三个梯队，如表4.2所示。以2016年为例，除个别省区市外，东部地区基本第一梯队（福建、海南、河北不在第一梯队），中部地区基本属于第二梯队（山西、内蒙古自治区不在第二梯队），西部省区市基本属于第三梯队（四川、陕西不在第三梯队）。2003—2016年，有几个省份发生了所属梯队的变化。如湖北、湖南由第二梯队跻身第一梯队；江西由第三梯队上升到第二梯队；河北由第一梯队落到第二梯队；云南由第二梯队降到第三梯队。

表4.2　现代服务业发展规模三大梯队表

梯队	2003	2007	2012	2016
第一梯队 （10）	山东、河南、江苏、浙江、广东、辽宁、河北、上海、北京、四川	山东、江苏、浙江、广东、辽宁、河北、上海、北京、四川、湖北	山东、河南、江苏、浙江、广东、辽宁、上海、北京、四川、湖南	山东、河南、江苏、浙江、广东、上海、北京、四川、湖北、湖南
第二梯队 （11）	安徽、湖北、湖南、云南、福建、广西壮族自治区、天津、陕西、重庆、山西、黑龙江	安徽、湖南、云南、福建、广西壮族自治区、天津、陕西、山西、黑龙江、河南、吉林	安徽、湖北、云南、福建、广西壮族自治区、天津、陕西、重庆、黑龙江、河北、江西	安徽、福建、广西壮族自治区、天津、陕西、重庆、黑龙江、辽宁、河北、江西
第三梯队 （10）	新疆维吾尔自治区、宁夏回族自治区、西藏自治区、江西、贵州、海南、吉林、青海、甘肃、内蒙古自治区	新疆维吾尔自治区、宁夏回族自治区、西藏自治区、江西、贵州、海南、青海、甘肃、内蒙古自治区、重庆	新疆维吾尔自治区、宁夏回族自治区、西藏自治区、贵州、海南、吉林、青海、甘肃、内蒙古自治区、山西	新疆维吾尔自治区、宁夏回族自治区、西藏自治区、贵州、山西、海南、吉林、青海、甘肃、内蒙古自治区、云南

（二）现代服务业固定资产投资额

全国范围来看现代服务业的固定资产投资额在 2003—2016 年飞速增长，由
2003 年的投资额 21867.37 亿元增长至 276031.26 亿元，增长率高达 21.54%，
说明全国范围的现代服务业规模均在不断增加（图4.2）。从不同省份的角度可
以看出，江苏省、山东省、广东省、浙江省等省区市始终维持在排名前五中，
说明这些经济较为发达的地区现代服务业固定投资额相对较多，在一定程度上
体现出该省区市的产业规模较大；而西藏自治区、青海省、宁夏回族自治区、
海南省等经济较为落后的偏远地区则具有较低的现代服务业固定资产投资额，
说明其产业规模相对较小。通过对比 2003 年与 2016 年的省份排名情况可知，北
京市、辽宁省、上海市、广东省等省区市的排名明显提高，例如，北京市由
2003 年的 18 名上升至第 5 名，说明这些地区的固定资产投资额增长速度较其他
省区市更快，导致产业规模的扩大速度也比较快（表4.3）。

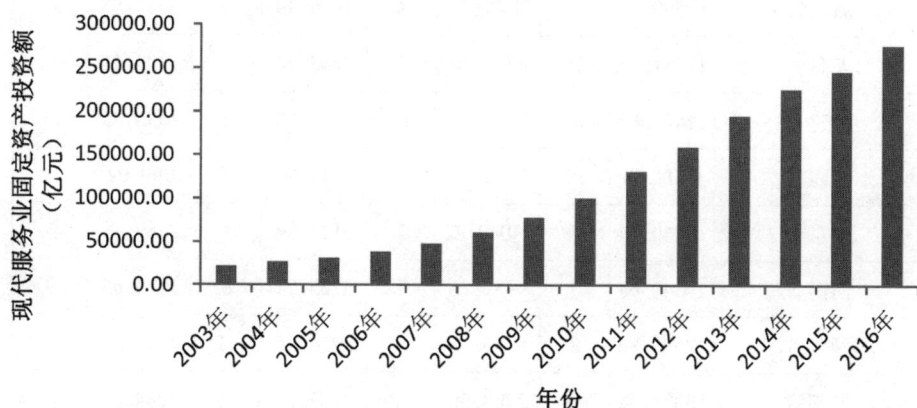

图4.2　2003—2016 年全国现代服务业固定资产投资额变动情况

表4.3　我国 31 个省区市现代服务业固定资产投资额（亿元）

地区	2003		2007		2012		2016	
	指标值	排名	指标值	排名	指标值	排名	指标值	排名
北京市	6802.33	18	5319.83	15	3156.68	10	2341.20	5
天津市	8758.72	14	4690.54	18	1852.53	19	769.85	22

续表

地区	2003		2007		2012		2016	
	指标值	排名	指标值	排名	指标值	排名	指标值	排名
河北省	11239.75	12	7685.22	12	3780.94	7	1358.90	10
山西省	6186.29	20	4574.97	19	1514.44	24	555.50	24
内蒙古自治区	5983.20	21	1805.51	26	2061.77	17	844.65	19
辽宁省	3341.32	27	11187.85	5	4633.49	4	1964.74	6
吉林省	4079.28	24	3140.75	24	1845.25	20	864.66	18
黑龙江省	3763.03	26	4511.80	20	1655.17	23	800.31	21
上海市	4776.56	23	3813.30	23	2599.39	14	1932.12	7
江苏省	19765.20	1	14370.13	1	5992.51	2	3188.07	2
浙江省	17590.49	3	11427.73	4	3975.99	6	2648.55	4
安徽省	11381.58	11	8407.20	9	3562.74	9	1325.41	12
福建省	11405.86	10	7151.82	13	2410.88	15	1330.35	11
江西省	6708.88	19	4080.37	21	1743.94	22	999.92	16
山东省	18940.14	2	14042.22	2	6133.08	1	2789.18	3
河南省	16340.64	5	9951.36	7	3725.27	8	1579.68	9
湖北省	12583.86	8	8740.55	8	2956.45	11	1213.27	15
湖南省	13335.56	7	7787.30	10	2703.60	13	1284.88	13
广东省	17570.93	4	11571.33	3	5606.11	3	3211.10	1
广西壮族自治区	7395.64	17	4940.97	17	1983.45	18	809.73	20
海南省	2765.51	28	1769.61	27	566.06	28	177.44	28
重庆市	8267.54	15	5939.16	14	2313.88	16	1233.92	14
四川省	15138.86	6	10232.02	6	3992.79	5	1887.89	8
贵州省	7779.29	16	4073.35	22	855.25	25	394.80	26
云南省	9494.68	13	5307.65	16	1822.69	21	757.64	23

地区	2003		2007		2012		2016	
	指标值	排名	指标值	排名	指标值	排名	指标值	排名
西藏自治区	677.86	31	364.55	31	124.51	31	82.27	31
陕西省	11590.74	9	7769.71	11	2737.28	12	982.72	17
甘肃省	3858.02	25	1477.82	28	709.32	27	304.56	27
青海省	1519.58	30	856.75	30	199.32	30	86.93	30
宁夏回族自治区	1580.21	29	1144.19	29	314.27	29	174.82	29
新疆维吾尔自治区	5061.34	22	2940.90	25	783.81	26	476.47	25

二、产业效率

全国现代服务业全员劳动生产率在2003—2016年大体上呈现上升趋势，虽然在2013年有所下降，但在2014—2016年全员劳动生产率均在稳步上升（图4.3）。由表4.4可知，分省区市来看我国各省区市的劳动生产率数值大体上呈现逐年下降的趋势，说明我国各省区市的产业效率近年来均有所下降。我国经济较为发达的地区如北京市、上海市等省区市的劳动生产率普遍具有较强优势，特殊的是西藏自治区的劳动生产率持续位居首位且现代服务业全员生产率远高于其他省区市，例如，2016年西藏自治区的指标值为23.32万元/人，说明西藏自治区的现代服务业产业效率是现代服务业产业较为有力的竞争优势。通过对比2003年与2016年的排名情况可知，江苏省、浙江省、安徽省、福建省、江西省、广东省、云南省等省区市的排名明显上升，天津市、内蒙古自治区、吉林省、黑龙江省、海南省等省区市的排名明显下降，其他省区市基本保持不变（表4.4）。

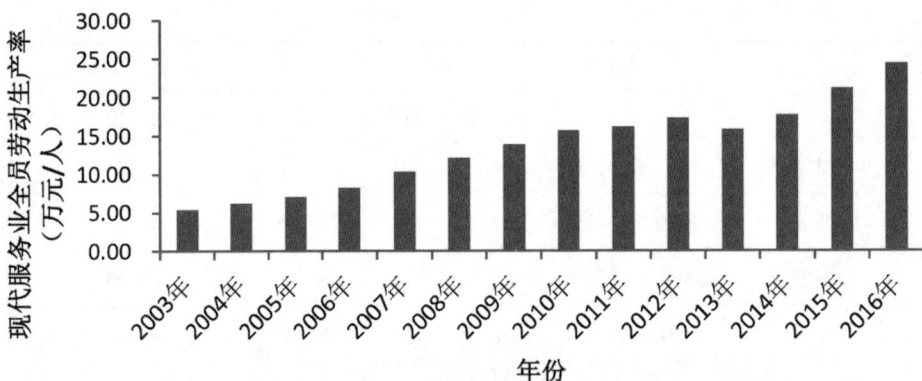

图 4.3　2003—2016 年全国现代服务业全员劳动生产率变动趋势

表 4.4　我国 31 个省区市现代服务业全员劳动生产率（万元/人）

地区	2003		2007		2012		2016	
	指标值	排名	指标值	排名	指标值	排名	指标值	排名
北京市	52.67	2	31.30	2	23.74	2	12.66	3
天津市	38.81	3	17.22	9	13.03	6	5.80	11
河北省	24.05	12	14.01	18	10.50	13	5.36	15
山西省	19.81	26	9.73	30	6.62	29	3.11	30
内蒙古自治区	27.88	8	17.64	6	11.14	9	4.10	22
辽宁省	20.86	23	15.04	14	9.39	19	3.67	27
吉林省	22.89	15	16.17	11	9.83	15	3.90	25
黑龙江省	20.85	24	10.95	28	5.36	31	2.64	31
上海市	37.06	4	19.65	5	21.76	3	16.27	2
江苏省	24.06	11	26.72	3	15.10	5	7.88	7
浙江省	21.25	20	13.12	23	10.96	11	10.22	4
安徽省	22.41	17	14.09	16	11.33	8	6.66	8
福建省	16.76	30	9.55	31	7.85	27	4.64	17

46

续表

地区	2003		2007		2012		2016	
	指标值	排名	指标值	排名	指标值	排名	指标值	排名
江西省	17.78	29	11.11	27	8.84	23	4.34	19
山东省	23.81	13	13.47	20	9.75	16	5.12	16
河南省	14.74	31	10.08	29	7.31	28	3.63	28
湖北省	21.69	19	14.04	17	10.16	14	4.35	18
湖南省	33.59	5	17.07	10	11.60	7	8.27	6
广东省	21.07	21	19.69	4	16.66	4	9.34	5
广西壮族自治区	23.56	14	15.06	13	10.77	12	5.41	14
海南省	29.43	7	17.33	8	8.50	24	3.92	23
重庆市	22.67	16	12.83	24	9.01	20	5.71	13
四川省	25.52	9	15.63	12	9.49	18	5.77	12
贵州省	21.75	18	13.25	22	8.93	22	4.21	20
云南省	21.02	22	11.70	25	8.99	21	6.48	9
西藏自治区	73.94	1	68.85	1	34.86	1	23.32	1
陕西省	18.82	27	13.49	19	8.42	25	3.91	24
甘肃省	20.25	25	14.45	15	8.10	26	3.28	29
青海省	25.21	10	13.34	21	10.97	10	6.17	10
宁夏回族自治区	30.50	6	17.58	7	9.57	17	4.14	21
新疆维吾尔自治区	17.88	28	11.37	26	6.53	30	3.67	26

三、产业地位

(一) 现代服务业产值占 GDP 的比重

2003—2016 年我国现代服务业产值占 GDP 比重呈现波动上升的情况,占比由 2003 年的 25.44% 上升至 2016 年 35.28%,2003—2016 年的增长率为 2.55%,

说明我国现代服务业的产业地位在逐渐缓慢上升（图 4.4）。由表 4.5 可知，北京市现代服务业产值占 GDP 比重相对其他省区市明显较大，例如，2016 年北京市占比 49.47%，远高于其他省区市的比重，说明在北京市现代服务业的产业地位较高，此外，如上海市、西藏自治区的比重相对其他省区市也处于领先地位，说明上海和西藏自治区的现代服务业产业地位较高。在 2003—2016 年排名上升的省区市有河北省、内蒙古自治区、辽宁省、吉林省、安徽省、湖北省、湖南省、广东省、广西壮族自治区、贵州省、云南省、西藏自治区、陕西省、宁夏回族自治区、新疆维吾尔自治区，排名下降的省区市包括天津市、山西省、黑龙江省、江苏省、浙江省、江西省、山东省、河南省、海南省、甘肃省等，其他省区市排名不变。

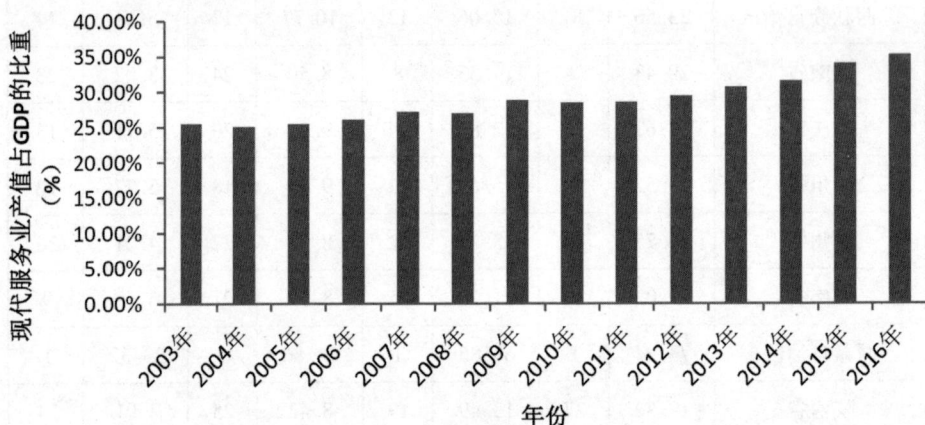

图 4.4　2003—2016 年我国现代服务业产值占 GDP 的比重变动情况

表 4.5　我国 31 个省区市现代服务业产值占 GDP 的比重（%）

地区	2003		2007		2012		2016	
	指标值	排名	指标值	排名	指标值	排名	指标值	排名
北京市	66.88%	1	57.59%	1	55.56%	1	49.47%	1
天津市	38.01%	4	26.95%	7	23.83%	12	21.27%	19
河北省	24.53%	30	17.91%	29	16.96%	30	18.52%	28
山西省	37.24%	5	21.01%	23	19.60%	26	18.68%	25

续表

地区	2003		2007		2012		2016	
	指标值	排名	指标值	排名	指标值	排名	指标值	排名
内蒙古自治区	22.77%	31	16.24%	31	17.39%	29	18.66%	26
辽宁省	30.23%	19	21.86%	22	21.32%	24	22.83%	17
吉林省	27.32%	25	22.51%	20	21.43%	23	20.74%	22
黑龙江省	32.87%	12	23.63%	16	20.24%	25	18.54%	27
上海市	50.55%	2	38.37%	3	34.89%	3	33.16%	3
江苏省	35.27%	8	26.67%	9	22.09%	20	18.83%	24
浙江省	33.00%	11	29.08%	4	26.41%	5	24.13%	13
安徽省	28.25%	22	20.25%	25	22.99%	17	25.20%	8
福建省	27.81%	23	23.55%	17	23.47%	15	20.51%	23
江西省	28.43%	21	20.15%	27	19.55%	27	17.55%	29
山东省	27.23%	26	19.82%	28	18.02%	28	16.68%	30
河南省	26.55%	27	17.54%	30	15.86%	31	16.16%	31
湖北省	29.80%	20	22.80%	19	24.39%	8	22.91%	16
湖南省	31.88%	15	23.73%	15	23.67%	13	26.00%	7
广东省	36.11%	7	28.93%	5	28.16%	4	26.70%	4
广西壮族自治区	25.76%	29	20.28%	24	21.70%	21	20.82%	21
海南省	32.36%	13	28.25%	6	24.03%	9	20.83%	20
重庆市	33.07%	10	25.67%	11	22.26%	19	24.21%	11
四川省	33.19%	9	23.36%	18	23.33%	16	24.38%	10
贵州省	25.91%	28	26.67%	8	25.34%	6	25.11%	9
云南省	30.94%	16	25.39%	12	25.23%	7	24.15%	12
西藏自治区	40.76%	3	40.66%	2	41.93%	2	38.62%	2
陕西省	27.38%	24	20.15%	26	21.70%	22	22.05%	18

地区	2003		2007		2012		2016	
	指标值	排名	指标值	排名	指标值	排名	指标值	排名
甘肃省	36.59%	6	24.95%	13	23.65%	14	23.76%	14
青海省	30.84%	17	22.37%	21	23.90%	11	26.52%	6
宁夏回族自治区	32.31%	14	26.43%	10	23.99%	10	26.61%	5
新疆维吾尔自治区	30.32%	18	24.12%	14	22.28%	18	23.62%	15

（二）现代服务业产值占第三产业的比重

2003—2016 年全国现代服务业产值占第三产业比重大体上呈现上涨趋势，虽然在 2008 年比重有所下降，但在之后的年份中占比稳步回升，截至 2016 年我国现代服务业产值占第三产业的比重已经高达 68.37%（图 4.5）。由表 4.6 可知，北京市、上海市、西藏自治区、青海省的比重均较高，说明这些省区市中现代服务业的产业地位较高，是其发展现代服务业的优势之一。2003—2016 年排名提升较大的省区市包括河北省、辽宁省、浙江省、山东省、贵州省、云南省、新疆维吾尔自治区等地，说明在这些省区市现代服务业的产业地位上升较快；排名下降的省区市包括天津市、山西省、江苏省、江西省等省区市，例如，天津市的排名由 2003 年的第 8 名下降至 2016 年的第 30 名。

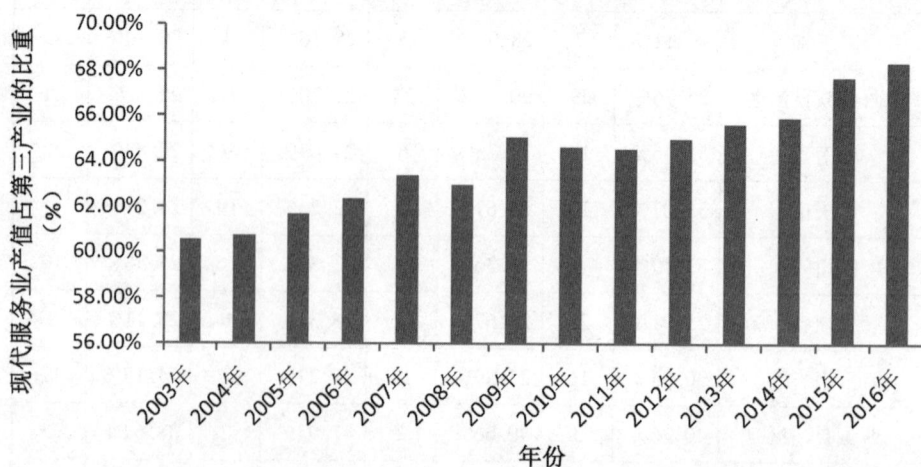

图 4.5　2003—2016 年全国现代服务业产值占第三产业的比重变动情况

表4.6 我国31个省区市现代服务业产值占第三产业的比重（%）

地区	2003		2007		2012		2016	
	指标值	排名	指标值	排名	指标值	排名	指标值	排名
北京市	83.28%	1	74.79%	2	73.40%	2	72.75%	1
天津市	70.38%	8	57.34%	23	62.81%	11	49.12%	30
河北省	58.82%	27	50.86%	29	51.56%	29	56.04%	17
山西省	66.73%	16	53.32%	27	52.70%	28	49.43%	29
内蒙古自治区	53.58%	31	45.73%	31	46.01%	31	44.64%	31
辽宁省	58.71%	28	57.68%	22	56.12%	24	54.35%	20
吉林省	65.19%	19	64.69%	5	56.36%	23	52.90%	22
黑龙江省	60.86%	25	58.34%	19	57.82%	21	52.66%	23
上海市	71.70%	5	63.53%	7	62.31%	12	65.28%	4
江苏省	69.85%	10	61.30%	13	57.51%	22	54.42%	19
浙江省	63.94%	23	64.33%	6	64.41%	9	61.25%	10
安徽省	68.40%	13	61.92%	10	62.93%	10	60.58%	11
福建省	64.37%	22	59.92%	17	58.37%	19	53.54%	21
江西省	70.36%	9	58.23%	20	58.02%	20	50.01%	28
山东省	57.57%	30	49.55%	30	53.78%	26	52.63%	24
河南省	63.36%	24	52.06%	28	53.56%	27	50.81%	26
湖北省	66.66%	17	61.80%	11	61.91%	13	56.29%	16
湖南省	68.71%	12	60.83%	14	59.03%	18	60.33%	13
广东省	69.30%	11	62.22%	9	65.60%	6	60.41%	12
广西壮族自治区	65.05%	20	57.30%	24	60.28%	17	52.44%	25
海南省	59.71%	26	60.24%	16	55.11%	25	50.32%	27
重庆市	68.33%	14	55.32%	26	48.93%	30	59.79%	14

地区	2003		2007		2012		2016	
	指标值	排名	指标值	排名	指标值	排名	指标值	排名
四川省	73.10%	3	59.44%	18	64.44%	8	62.03%	9
贵州省	57.96%	29	55.68%	25	61.35%	14	63.72%	6
云南省	66.96%	15	61.78%	12	64.54%	7	68.60%	3
西藏自治区	76.19%	2	75.44%	1	75.69%	1	68.97%	2
陕西省	64.89%	21	58.08%	21	65.91%	4	55.97%	18
甘肃省	70.92%	7	60.35%	15	60.69%	16	58.28%	15
青海省	72.05%	4	67.79%	3	68.47%	3	63.74%	5
宁夏回族自治区	71.00%	6	62.47%	8	60.89%	15	62.77%	7
新疆维吾尔自治区	66.49%	18	67.00%	4	65.71%	5	62.66%	8

四、产业结构

(一) 金融业占现代服务业的比重

从全国范围来看，金融业占现代服务业的比重在 2003—2016 年基本呈上升趋势，由 17.26% 上升至 23.30%，虽然在 2004 年和 2005 年占比有所下降，但在 2006 年及之后占比均稳步上升（图 4.6）。由表 4.7 可知各省区市金融业占现代服务业比重情况及排名，金融业比重较高的省区市大部分是经济较为发达的地区包括北京市、天津市、上海市、重庆市等，但也有少数如宁夏回族自治区的省区市金融业比重较高，说明在这些省区市的产业结构中金融业占据较重要的地位。在 2003—2016 年排名提升的省区市包括北京市、天津市、河北省、吉林省、江苏省、浙江省、山东省、河南省、湖南省、甘肃省、云南省等，说明金融业在其产业结构中地位有所上升。

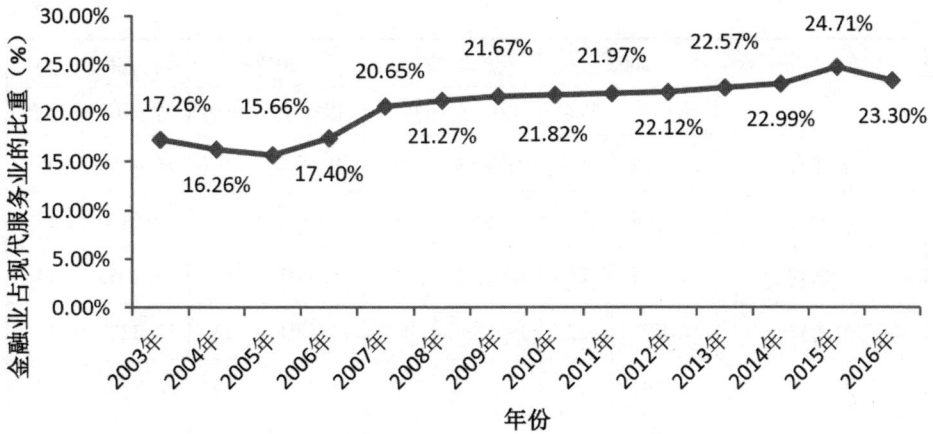

图 4.6　2003—2016 年全国金融业占现代服务业的比重变动趋势

表 4.7　我国 31 个省区市金融业占现代服务业的比重（%）

地区	2003		2007		2012		2016	
	指标值	排名	指标值	排名	指标值	排名	指标值	排名
北京市	25.65%	7	24.75%	7	24.60%	3	23.92%	1
天津市	26.39%	6	28.84%	3	22.68%	5	20.50%	4
河北省	22.18%	18	19.20%	20	15.43%	18	13.28%	16
山西省	25.08%	9	25.13%	6	19.98%	7	16.23%	7
内蒙古自治区	23.38%	14	19.34%	18	14.83%	21	9.85%	25
辽宁省	27.20%	5	17.68%	23	15.48%	17	12.23%	19
吉林省	16.22%	30	9.94%	31	10.69%	28	11.92%	21
黑龙江省	17.81%	29	15.00%	27	10.48%	29	3.66%	31
上海市	34.33%	1	31.77%	1	28.39%	2	22.62%	2
江苏省	22.40%	17	21.76%	10	18.98%	11	15.59%	9
浙江省	19.89%	24	27.45%	4	29.17%	1	18.62%	6
安徽省	21.24%	21	17.72%	22	15.42%	19	7.85%	28

续表

地区	2003		2007		2012		2016	
	指标值	排名	指标值	排名	指标值	排名	指标值	排名
福建省	23.53%	13	21.89%	9	19.59%	8	14.47%	12
江西省	20.24%	23	15.83%	26	9.53%	31	10.69%	23
山东省	18.44%	28	19.53%	16	15.79%	16	13.70%	14
河南省	21.17%	22	19.38%	17	14.42%	22	12.32%	18
湖北省	24.09%	11	17.15%	24	14.22%	23	9.21%	26
湖南省	12.78%	31	11.03%	30	12.15%	27	8.05%	27
广东省	21.34%	20	19.21%	19	19.03%	10	11.96%	20
广西壮族自治区	24.19%	10	21.68%	11	16.30%	15	10.35%	24
海南省	21.54%	19	16.20%	25	13.10%	26	6.77%	29
重庆市	28.29%	3	31.13%	2	23.49%	4	22.10%	3
四川省	25.17%	8	23.40%	8	13.99%	24	15.21%	11
贵州省	22.68%	15	20.17%	13	16.79%	14	14.32%	13
云南省	23.75%	12	20.67%	12	19.33%	9	15.91%	8
西藏自治区	19.85%	25	11.24%	29	13.54%	25	6.35%	30
陕西省	22.51%	16	18.92%	21	18.09%	13	12.87%	17
甘肃省	19.37%	27	13.08%	28	9.68%	30	10.72%	22
青海省	30.99%	2	19.86%	15	15.01%	20	15.37%	10
宁夏回族自治区	27.92%	4	27.07%	5	22.44%	6	19.53%	5
新疆维吾尔自治区	19.67%	26	19.91%	14	18.45%	12	13.47%	15

（二）房地产业占现代服务业的比重

从全国范围内看，2003—2016 年房地产业占现代服务业的比重波动较大，2003—2007 年房地产业比重逐渐上升，但在 2008 年比重骤然下降至 17.12%，在 2009—2011 年上升至顶峰后又有所回落，截至 2016 年房地产业占现代服务业比重为 18.37%，相对于金融业比重较小（图4.7）。由表4.8可知，房地产业占现代服务业比重较高的省份包括上海市、福建省、海南省等，而江西省在2003—2016年中房地产业占比逐年上升，2016年江西省已经由2003年的第15名上升至第1名，说明江西省的产业结构中房地产业比重较高。除北京市、天津市、吉林省、黑龙江省、上海市、江苏省、福建省、江西省、山东省、湖北省、四川省、贵州省、云南省、甘肃省、青海省比重上升外，其他省区市排名均有不同程度的下降。

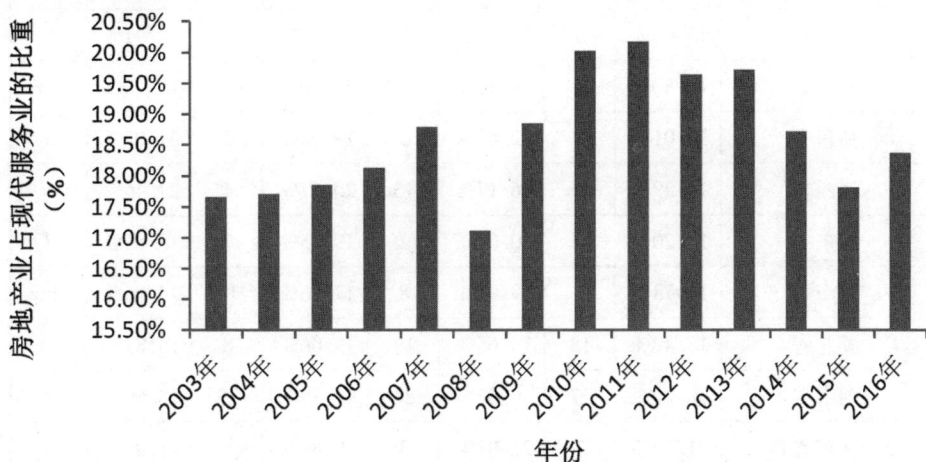

图 4.7　2003—2016 年全国房地产业占现代服务业的比重变动情况

表 4.8　我国 31 个省区市房地产业占现代服务业的比重（%）

地区	2003		2007		2012		2016	
	指标值	排名	指标值	排名	指标值	排名	指标值	排名
北京市	10.05%	25	12.14%	22	13.68%	20	14.61%	21
天津市	11.86%	20	12.95%	20	14.04%	19	15.89%	14
河北省	19.07%	3	20.64%	6	18.84%	10	14.67%	20
山西省	14.51%	14	11.86%	23	11.40%	28	14.00%	24
内蒙古自治区	10.70%	22	14.84%	17	18.50%	13	13.01%	27
辽宁省	15.42%	11	19.15%	10	17.03%	15	13.21%	26

地区	2003		2007		2012		2016	
	指标值	排名	指标值	排名	指标值	排名	指标值	排名
吉林省	11.72%	21	9.79%	27	13.27%	23	15.13%	19
黑龙江省	12.20%	19	16.14%	14	14.44%	18	15.64%	18
上海市	15.31%	12	14.87%	16	18.86%	9	24.61%	2
江苏省	16.00%	8	20.76%	5	23.77%	2	18.91%	6
浙江省	17.00%	5	19.16%	9	18.56%	11	20.91%	5
安徽省	16.50%	6	19.10%	11	21.19%	3	15.70%	16
福建省	16.01%	7	22.41%	2	19.96%	5	21.02%	4
江西省	14.29%	15	16.17%	13	20.57%	4	27.46%	1
山东省	15.20%	13	20.02%	7	19.83%	7	18.89%	7
河南省	17.73%	4	19.90%	8	17.86%	14	17.06%	11
湖北省	13.42%	18	13.65%	19	19.06%	8	15.87%	15
湖南省	8.83%	27	10.82%	24	12.35%	25	13.00%	28
广东省	21.70%	2	22.07%	3	19.86%	6	21.91%	3
广西壮族自治区	15.94%	10	18.52%	12	18.53%	12	17.14%	10
海南省	26.74%	1	29.52%	1	26.47%	1	17.94%	8
重庆市	15.95%	9	21.08%	4	14.82%	17	17.57%	9
四川省	13.98%	17	12.63%	21	15.43%	16	17.00%	12
贵州省	8.20%	28	9.74%	28	11.61%	27	16.21%	13
云南省	6.61%	31	9.28%	29	13.61%	21	15.66%	17
西藏自治区	7.14%	29	7.29%	31	9.11%	30	6.82%	31
陕西省	14.24%	16	15.45%	15	12.18%	26	13.69%	25
甘肃省	9.93%	26	10.38%	26	12.52%	24	14.17%	23
青海省	7.08%	30	7.45%	30	8.20%	31	10.52%	29
宁夏回族自治区	10.08%	24	14.14%	18	13.45%	22	14.54%	22
新疆维吾尔自治区	10.24%	23	10.74%	25	9.63%	29	10.26%	30

五、专业化水平

我国各省区市的区位熵及排名情况，用以判断各省区市的专业化水平，区位熵大于1，说明现代服务业专业化程度较高，区位熵越大专业化水平越高（表4.9）。北京市的专业化水平是我国最高的省区市，说明专业化是北京市现代服务业发展的优势之一，北京市、西藏自治区、上海市等省区市的专业化水平在全国范围内均属于较高水平。在2003—2016年各地的区位熵均呈现下降趋势，说明个省区市的专业化水平相对2003年均有所下降。排名上升的省区市包括内蒙古自治区、安徽省、吉林省、湖北省、湖南省等中部省区市，以及贵州省、云南省、陕西省、青海省、宁夏回族自治区、新疆维吾尔自治区等西部省区市，表明中西部地区现代服务业发展的专业化程度在不断提高；东部地区广东省、广西壮族自治区排名上升；其他省区市排名均有不同程度的下降。

表4.9 我国31个省区市现代服务业区位熵

地区	2003		2007		2012		2016	
	指标值	排名	指标值	排名	指标值	排名	指标值	排名
北京市	2.629	1	2.118	1	1.888	1	1.402	1
天津市	1.494	4	0.991	7	0.810	12	0.603	19
河北省	0.964	30	0.659	29	0.576	30	0.525	28
山西省	1.464	5	0.773	23	0.666	26	0.530	25
内蒙古自治区	0.895	31	0.597	31	0.591	29	0.529	26
辽宁省	1.189	19	0.804	22	0.724	24	0.647	17
吉林省	1.074	25	0.828	20	0.728	23	0.588	22
黑龙江省	1.292	12	0.869	16	0.687	25	0.525	27
上海市	1.987	2	1.411	3	1.185	3	0.940	3
江苏省	1.387	8	0.981	9	0.750	20	0.534	24
浙江省	1.297	11	1.069	4	0.897	5	0.684	13

续表

地区	2003		2007		2012		2016	
	指标值	排名	指标值	排名	指标值	排名	指标值	排名
安徽省	1.111	22	0.745	25	0.781	17	0.714	8
福建省	1.093	23	0.866	17	0.797	15	0.581	23
江西省	1.117	21	0.741	27	0.664	27	0.498	29
山东省	1.071	26	0.729	28	0.612	28	0.473	30
河南省	1.044	27	0.645	30	0.539	31	0.458	31
湖北省	1.171	20	0.839	19	0.829	8	0.649	16
湖南省	1.253	15	0.873	15	0.804	13	0.737	7
广东省	1.419	7	1.064	5	0.957	4	0.757	4
广西壮族自治区	1.013	29	0.746	24	0.737	21	0.590	21
海南省	1.272	13	1.039	6	0.816	9	0.591	20
重庆市	1.300	10	0.944	11	0.756	19	0.686	11
四川省	1.305	9	0.859	18	0.792	16	0.691	10
贵州省	1.019	28	0.981	8	0.861	6	0.712	9
云南省	1.216	16	0.934	12	0.857	7	0.685	12
西藏自治区	1.602	3	1.495	2	1.425	2	1.095	2
陕西省	1.077	24	0.741	26	0.737	22	0.625	18
甘肃省	1.439	6	0.918	13	0.803	14	0.674	14
青海省	1.212	17	0.823	21	0.812	11	0.752	6
宁夏回族自治区	1.270	14	0.972	10	0.815	10	0.754	5
新疆维吾尔自治区	1.192	18	0.887	14	0.757	18	0.670	15

六、产业区域贡献

（一）现代服务业从业人员数量

从全国范围来看，2003—2016年全国现代服务业从业人员数量呈现上升趋势，2003—2013年现代服务业人员数量不断攀升至11557万人，随后逐渐下降至10754.4万人，2003—2016年增长率为3.92%（图4.8）。我国现代服务业产业人员数量较多的省区市包括江苏省、山东省、广东省、河南省等，其中广东省人员数量一直保持首位，截至2016年现代服务业人员数量已达到539.23万人（表4.10）。我国各省区市中现代服务业人员数量排名上升较大的有山西省、辽宁省、黑龙江省、新疆维吾尔自治区。

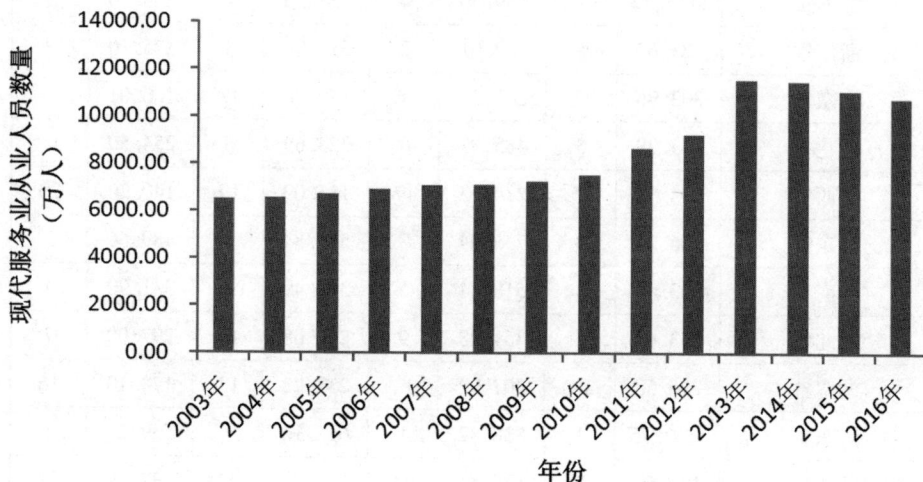

图4.8　2003—2016年全国现代服务业从业人员数量变动情况

表4.10　我国31个省区市现代服务业从业人员数量（万人）

地区	2003		2007		2012		2016	
	指标值	排名	指标值	排名	指标值	排名	指标值	排名
北京市	316.14	12	327.50	12	260.14	11	235.80	12
天津市	175.15	23	201.65	21	124.55	25	115.14	25

续表

地区	2003		2007		2012		2016	
	指标值	排名	指标值	排名	指标值	排名	指标值	排名
河北省	324.59	10	339.75	11	259.65	12	293.63	8
山西省	243.01	18	261.67	15	219.93	15	218.20	13
内蒙古自治区	152.18	25	147.17	25	132.65	24	138.30	21
辽宁省	322.44	11	364.56	8	313.02	8	419.20	3
吉林省	177.64	22	152.18	24	140.14	23	166.10	18
黑龙江省	242.53	19	295.36	14	316.01	7	333.84	6
上海市	374.62	9	392.62	7	228.93	14	166.41	17
江苏省	1115.52	2	539.50	4	453.23	4	358.70	5
浙江省	721.63	5	767.01	2	517.36	3	275.10	9
安徽省	303.96	13	247.33	16	179.70	17	180.01	14
福建省	473.28	6	485.99	6	323.62	6	254.50	11
江西省	293.58	15	234.75	17	155.09	19	140.20	20
山东省	766.26	3	735.94	3	571.84	2	489.60	2
河南省	723.04	4	518.74	5	392.49	5	381.90	4
湖北省	443.63	7	361.28	9	272.08	10	297.00	7
湖南省	296.58	14	307.92	13	237.22	13	178.10	16
广东省	1362.75	1	838.32	1	622.16	1	539.23	1
广西壮族自治区	199.50	21	175.51	22	141.83	22	132.10	22
海南省	44.47	28	46.54	28	42.49	28	43.60	28
重庆市	256.13	17	229.29	18	143.23	20	128.70	23
四川省	425.03	8	356.41	10	309.76	9	269.60	10
贵州省	139.77	26	136.97	26	101.05	26	100.02	27
云南省	218.82	20	223.75	19	159.74	18	114.80	26
西藏自治区	6.34	31	4.14	31	4.75	31	3.65	31
陕西省	278.81	16	215.89	20	188.43	16	179.20	15
甘肃省	129.25	27	97.53	27	92.46	27	122.45	24

续表

地区	2003		2007		2012		2016	
	指标值	排名	指标值	排名	指标值	排名	指标值	排名
青海省	31.47	30	31.61	30	22.19	30	20.04	30
宁夏回族自治区	33.37	29	35.19	29	30.18	29	34.56	29
新疆维吾尔自治区	163.09	24	159.24	23	142.76	21	142.26	19

（二）现代服务业从业人员比重

2003—2016 年我国现代服务业人员比重呈先上升后下降的趋势，与现代服务业人员数量的变化趋势基本吻合，2003—2013 年现代服务业人员比重逐渐上升后在 2014—2016 年开始回落（图 4.9）。由表 4.11 可知北京市、天津市、上海市等经济较发达的省区市现代服务业人员比重较高。北京市、天津市、河北省、辽宁省、海南省等东部省区市以及山西省、内蒙古自治区、吉林省、黑龙江省、宁夏回族自治区、新疆维吾尔自治区等中西部省区市现代服务业人员比重均较 2003 年有所增加，在一定程度上说明其区域贡献增加。2003—2016 年排名上升较明显的省区市有天津市、河北省、辽宁省、海南省等东部省区市以及山西省、内蒙古自治区、吉林省、黑龙江省、宁夏回族自治区、新疆维吾尔自治区等西部省区市，而江苏省、浙江省、福建省、江西省排名明显下降。

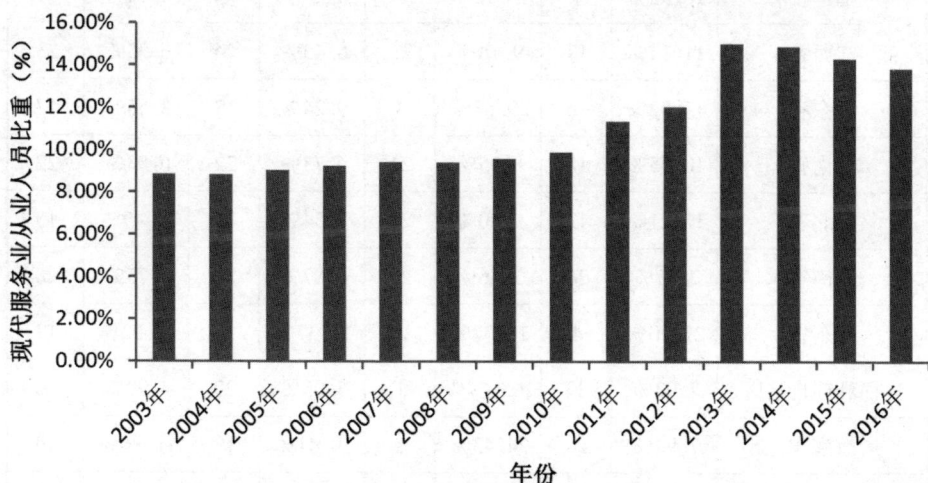

图 4.9 2003—2016 年全国现代服务业从业人员比重变动情况

表 4.11 我国 31 个省区市现代服务业从业人员比重（%）

地区	2003		2007		2012		2016	
	指标值	排名	指标值	排名	指标值	排名	指标值	排名
北京市	26.49%	2	29.58%	5	26.52%	1	27.61%	1
天津市	19.41%	5	25.11%	6	19.24%	3	21.82%	2
河北省	7.68%	25	32.51%	3	6.97%	21	8.35%	18
山西省	12.74%	12	14.62%	13	13.63%	9	14.79%	7
内蒙古自治区	10.32%	19	11.28%	17	12.02%	10	13.48%	9
辽宁省	14.01%	9	15.04%	12	14.24%	7	19.99%	3
吉林省	11.83%	14	11.22%	18	10.94%	12	13.59%	8
黑龙江省	11.68%	15	14.57%	14	17.06%	4	19.86%	4
上海市	27.44%	1	35.20%	2	21.74%	2	17.01%	6
江苏省	23.45%	3	11.34%	16	9.64%	15	7.91%	20
浙江省	19.19%	6	20.78%	8	14.01%	8	9.19%	15
安徽省	6.97%	30	5.88%	30	4.59%	30	4.99%	25
福建省	16.92%	7	18.92%	9	15.56%	6	0.14%	31
江西省	11.13%	17	9.18%	23	6.45%	24	6.33%	23
山东省	11.52%	16	29.83%	4	9.24%	17	8.55%	17
河南省	10.75%	18	8.25%	24	6.73%	22	6.83%	22
湖北省	12.21%	13	9.80%	22	7.54%	19	11.47%	13
湖南省	7.57%	26	7.66%	26	6.07%	26	4.75%	28
广东省	21.70%	4	18.07%	10	11.37%	11	11.52%	12
广西壮族自治区	7.02%	29	105.67%	1	5.05%	29	4.99%	26
海南省	7.97%	24	24.43%	7	10.41%	13	11.86%	10
重庆市	14.91%	8	14.04%	15	9.60%	16	8.75%	16

地区	2003		2007		2012		2016	
	指标值	排名	指标值	排名	指标值	排名	指标值	排名
四川省	8.75%	22	7.43%	28	6.54%	23	5.75%	24
贵州省	7.05%	28	7.50%	27	5.41%	28	4.58%	29
云南省	7.30%	27	7.76%	25	5.96%	27	4.78%	27
西藏自治区	2.49%	31	2.05%	31	2.91%	31	2.66%	30
陕西省	13.45%	11	10.48%	19	9.24%	18	9.23%	14
甘肃省	8.34%	23	6.54%	29	6.39%	25	8.05%	19
青海省	9.55%	20	10.17%	21	7.00%	20	6.90%	21
宁夏回族自治区	9.04%	21	10.21%	20	9.93%	14	11.59%	11
新疆维吾尔自治区	13.56%	10	15.76%	11	16.84%	5	19.11%	5

第二节　我国现代服务业发展质量评价

一、评价方法

本部分基于2003—2016年全国31个省区市的相关数据综合评价各省区市现代服务业发展质量。首先，构建现代服务业发展质量评价指标体系。其次，对现代服务业发展质量进行综合评价。

关于评价方法，传统的方法主要有多元统计评价法、熵值法、层次分析法、模糊综合评价法、效用函数综合评价法、数据包络分析法、灰色系统综合评价法、人工神经网络评价法等。从目前已有文献来看，大部分的学者采用的是传统多元统计分析方法中的因子分析法、主成分分析法、聚类分析法、层次分析法以及熵值法等。其中熵值法是一种较为客观的赋值方法，它利用信息熵工具进行计算。本书的研究需要对现代服务业发展质量进行分项评价和综合评价，因此运用熵值法是更为合适的方法。因此，借鉴孙治宇、刘星和樊士德（2013）的研究运用熵值法对我国31个省区市现代服务业发展质量进行分项和综合评价。

熵值法的具体步骤如下：

第一，样本标准化处理。假定考察指标有 n 个，时间跨度（或省区市）为 m，以 x_{ij} 代表第 j 年（省区市）第 i 个指标的数值，形成原始数据矩阵 $X = \{x_{ij}\}_{m \times n}$。为了消除指标间量纲的影响，需要对原始数据进行标准化处理。

令 $y_{ij} = \dfrac{(x_{ij} - \min x_j)}{(\max x_j - \min x_j)}$，得到 $Y = \{y_{ij}\}_{m \times n}$。其中标准化变换公式为：

$y_{ij} = \dfrac{(y_{ij} - \bar{y_j})}{\sigma_j}$，其中，$\bar{y_j}$ 为第 j 项指标的平均值，σ_j 为第 j 项指标的标准差。进而进行坐标平移消除负数指标值，令 $z_{ij} = y_{ij} + d$，其中 $d = - int(\min(y_{ij}))$。

第二，确定指标权重。

首先，计算选定指标在各年指标值的比重 p_{ij}，公式如下：

$$p_{ij} = \frac{z_{ij}}{\sum_{i=1}^{m} z_{ij}} \tag{4.1}$$

其次，计算第 j 项指标的熵值 e_j，公式如下：

$$e_j = - k \sum_{i=1}^{m} p_{ij} \cdot \ln p_{ij} \tag{4.2}$$

其中，$k > 0, e_j \geq 0$，对给定的 j 来说，若 x_{ij} 全部相等，此时：

$p_{ij} = \dfrac{z_{ij}}{\sum_{i=1}^{m} z_{ij}} = \dfrac{1}{m}$，$e_j$ 取得最大值为1，得到：

$$e_j = - k \sum_{i=1}^{m} \frac{1}{m} \cdot \ln \frac{1}{m} = k \ln m \tag{4.3}$$

设 $k = \dfrac{1}{\ln m}$，则 $0 \leq e_j \leq 1$。

第三，计算第 j 项指标的差异性系数 d_j，其中 $d_j = 1 - e_j$，d_j 越大，表明第 j 项指标越重要。

第四，确定各项指标的权重，公式如下：

$$f_j = \frac{d_j}{\sum_{j=1}^{n} d_j} \tag{4.4}$$

第五，在计算得到各指标权重的基础上计算各年度（省区市）的现代服务业发展综合指数，公式如下：

$$z_i = \sum_{j=1}^{n} f_j \cdot z_{ij} \tag{4.5}$$

z_i 是第 i 年（省区市）现代服务业发展质量综合评价值，如果该值不断增加，则说明该地区现代服务业发展质量在逐步提升。

根据前文已经构建的现代服务业发展质量评价指标体系，包括产业规模与效率、产业结构与体系、产业功能与创新、产业基础与环境 4 个方面共 25 个指标，运用熵值法确定的准则层和指标层的权重如表 4.12 所示。

表 4.12 我国各省区市现代服务业分地区发展质量评价指标体系及权重

指标维度	一级指标	二级指标	指标层权重	准则层权重
产业规模与效率	规模	现代服务业增加值（亿元）	4.1%	12.3%
		现代服务业固定资产投资额（亿元）	4.1%	
	效率	现代服务业全员劳动生产率	4.1%	
产业结构与体系	产业地位	现代服务业产值占 GDP 的比重（%）	4.0%	18.1%
		现代服务业产值占第三产业的比重（%）	4.2%	
	产业结构	金融业占现代服务业的比重（%）	3.1%	
		房地产业占现代服务业的比重（%）	2.6%	
	专业化水平	现代服务业区位熵	4.2%	
产业功能与创新	区域贡献	现代服务业从业人员数量（万人）	4.3%	27.5%
		现代服务业从业人员比重（%）	3.9%	
	创新	每万人拥有专利数量（件）	3.9%	
		技术市场技术合同金额（万元）	3.3%	
		R&D 从业人员数量（万人）	4.3%	
		每十万人口高等教育平均在校生人数（人）	3.9%	
		人均教育经费（元）	3.9%	

指标维度	一级指标	二级指标	指标层权重	准则层权重
产业基础与环境	基础	人均GDP（元）	3.8%	42.1%
		城市化率（%）	4.0%	
		城镇居民人均可支配收入（元）	5.3%	
		城镇居民恩格尔系数（%）	4.5%	
		城镇居民人均消费性支出（元）	4.0%	
		开放程度（%）	4.3%	
	环境	每万人拥有公共交通车辆数（辆/万人）	4.2%	
		人均拥有道路面积（平方米/人）	3.7%	
		互联网普及率（%）	4.3%	
		每百户居民家庭拥有家用电脑（台）	4.0%	

由表4.12可知，产业基础与环境所占权重为42.1%，在一定程度上说明产业基础与环境层面对于现代服务业与质量的影响是最大的，产业功能与创新、产业结构与体系、产业规模与效率占比依次为27.5%、18.1%和12.3%。在产业规模与效率层面，三项指标所占权重较为均衡，基本维持在4.1%左右。在产业结构与体系层面，"现代服务业产值占第三产业的比重"和"现代服务业增加值区位熵"两项指标权重相对较高均为4.2%，意味着产业专业化水平是影响现代服务业质量的重要因素之一。在产业功能及创新层面，"R&D从业人员数量"的权重相对较高为4.3%，意味着创新对于现代服务业质量具有较大影响。在产业基础与环境的层面，"城市化率""城镇居民恩格尔系数""城镇居民人均可支配收入"等指标的权重均较高，其中"城镇居民人均可支配收入"占比最高为5.3%，说明产业基础是影响现代服务业质量的重要因素。

最后，可运用熵值法计算出我国各省区市现代服务业规模与效率、结构与体系、功能与创新、基础与环境4个层面评价得分及综合评价得分。

二、综合评价

由表4.13可知，2003—2016年的产业规模与效率综合评价值在不断上升，说明我国现代服务业的规模不断增大。2003—2016年的产业结构与体系综合评价值基本保持持续上升的态势，虽然在 2008 年有所下降，但在 2009 年之后稳步上升至 8.47。产业功能与创新指标的得分不断上升，由 2003 年的 7.26 变为 2016 年的 13.96，增长率高达 5.15%。我国现代服务业基础与环境指标值较高，并且呈现出不断上升的趋势，表明目前我国现代服务业已经具备了较好的发展基础。从综合评价的方面来看，2003—2016 年综合得分不断提高，说明我国现代服务业发展质量不断加强。

表 4.13　我国现代服务业指标综合评价值

年份	产业规模与效率	产业结构与体系	产业功能与创新	产业基础与环境	综合评价值
2003	2.97	4.96	7.26	7.86	23.06
2004	3.07	5.47	7.41	8.70	24.66
2005	3.13	5.55	7.71	9.22	25.61
2006	3.34	5.76	8.10	9.70	26.89
2007	3.59	6.34	8.49	10.52	28.93
2008	3.82	5.77	8.83	11.39	29.81
2009	4.07	6.64	9.19	11.42	31.33
2010	4.37	6.70	9.65	12.22	32.94
2011	4.65	6.76	10.67	13.04	35.12
2012	4.94	6.80	12.18	13.87	37.80
2013	5.13	7.48	13.47	14.15	40.23
2014	5.49	7.34	13.62	14.72	41.17
2015	5.95	7.81	13.96	15.02	42.74
2016	6.42	8.47	13.96	15.20	44.05

由图 4.10 可知，2003—2016 年全国的综合评价值不断增大，由 2003 年的 21.64 增加到 2016 年的 41.35，年均增长 5.11%，说明我国现代服务业发展总体保持持续上升的态势，现代服务业发展实力在不断增强。虽然部分省区市现

代服务业发展有所起伏，但均保持稳步上升的发展态势。

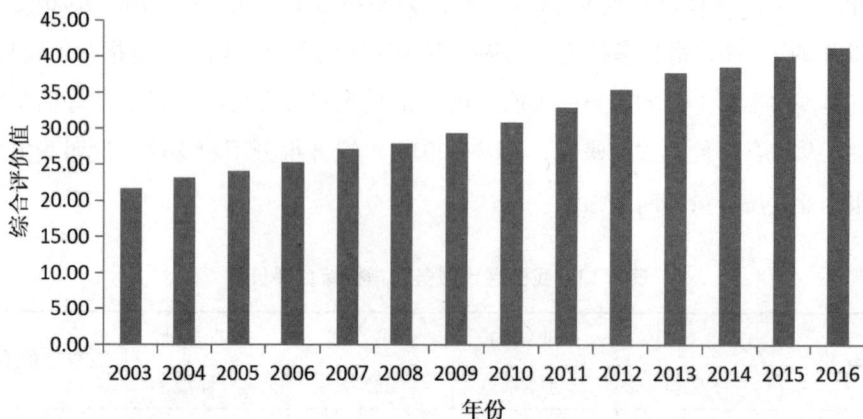

图 4.10　2003—2016 全国现代服务业发展综合评价变动情况

　　总体来看，我国现代服务业发展势态较好，保持着较高的增长速度；从发展质量看，产业规模与效率、产业结构与体系、产业功能与创新、产业基础与环境等 4 方面分项得分都呈上升趋势，表明我国现代服务业发展质量也在不断提升。

第三节　我国 7 大区内部省区市现代服务业发展质量评价

一、华东地区

　　由表 4.14 可知，从产业规模与效率评价结果上看，华东地区各省区市的得分情况比较均衡，没有明显的差距，2003—2016 年，上海市、山东省等省区市的排名没有明显变化，安徽省的排名由第四名至第一名，江苏省则由第三名下降至最后一名；从产业结构与体系评价结果上看，华东地区上海市的得分高于其他省区市，说明上海市相对于华东地区其他省区市具备较好的产业结构和专业化水平，2003—2016 年，上海市的排名持续领先，位居首位，江苏省和安徽省的排名上升，浙江省的排名则由第二名下降至第五名；从产业功能与创新评价结果看，华东地区上海市的分值一直较为领先，说明上海市的创新是推动其现代服务业发展的重要因素，其他省份的分值较为均衡，2003—2006 年，上海市和浙江省一直处于第一梯队，而安徽省一直位于最后一名，其他省份的排名基本没有变动；从产业基础和环境评价来看，华东地区各省份得分比较平均，且得分均在 2003—2016 年先下降后迅速上升，上海市、福建省排名上升，江苏省、浙江省排名下降，其他两省排名不变；从综合评价来看，华东地区从全国范围看属于经济较为发达的地区，各省区市的得分较其他地区普遍较高，其中上海市和浙江省始终处于领先位置，2016 年排名第一的是上海市，综合得分达到 21.69，山东省排名下降，江苏省排名上升，福建、安徽排名保持不变。

表 4.14 华东地区现代服务业分地区质量评价结果

华东地区		2003		2007		2016	
		得分	排名	得分	排名	得分	排名
产业规模与效率	上海市	1.3169	1	1.0525	2	2.37411	2
	江苏省	1.3121	3	1.0527	1	2.37334	6
	浙江省	1.3166	2	1.0522	3	2.37316	5
	安徽省	1.3106	4	1.0518	4	2.37323	1
	福建省	1.3100	6	1.0511	6	2.37289	3
	山东省	1.3102	5	1.0514	5	2.37332	4
产业结构与体系	上海市	3.299	1	2.854	1	4.597	1
	江苏省	2.383	4	2.290	3	3.938	2
	浙江省	2.796	2	2.576	2	3.709	5
	安徽省	2.341	6	2.111	5	3.773	3
	福建省	2.446	3	2.256	4	3.735	4
	山东省	2.343	5	1.877	6	3.370	6
产业功能与创新	上海市	4.833	1	4.494	1	7.124	2
	江苏省	3.616	5	3.094	5	6.083	4
	浙江省	4.052	3	3.580	2	7.113	1
	安徽省	3.028	6	2.477	6	5.450	6
	福建省	3.871	4	3.352	4	6.118	3
	山东省	4.236	2	3.705	3	5.945	5

续表

华东地区		2003		2007		2016	
		得分	排名	得分	排名	得分	排名
产业基础 与环境	上海市	3.853	2	3.188	1	7.591	1
	江苏省	3.727	3	2.982	3	7.435	4
	浙江省	3.976	1	3.025	2	7.500	3
	安徽省	3.651	6	2.791	6	6.755	6
	福建省	3.718	4	2.962	4	7.529	2
	山东省	3.683	5	2.845	5	7.399	5
综合 评价	上海市	13.302	1	11.589	1	21.685	1
	江苏省	11.039	5	9.418	5	19.829	3
	浙江省	12.140	2	10.233	2	20.695	2
	安徽省	10.331	6	8.432	6	18.351	6
	福建省	11.346	4	9.621	3	19.756	4
	山东省	11.573	3	9.477	4	19.087	5

二、华南地区

由表 4.15 可知,从产业规模与效率评价结果上看,华南地区各省区市的得分情况比较均衡,且呈现先下降后上升的趋势,2003—2016 年,三个省区市的排名没有变化,第一名始终是广东省,得分由 2003 年的 1.314 上升至 2016 年的 2.3732;从产业结构与体系评价结果上看,华南地区各省各年份得分均比较均衡,2003—2016 年,广东省的排名始终处于领先地位,而广西壮族自治区的得分增速慢于海南省的增长;从产业功能与创新评价结果看,华南地区各省区市 2016 年的分值均高于 2003 年的分值,说明华南地区的产业创新力均有不同程度的提高,2003—2006 年,广东省的排名由第三名上升至第一名,广西壮族自治区和海南省的排名均下降;从产业基础和环境评价来看,华南地区各省区市得分比较平均且各省排名稳定,排名由高到低分别是广东省、海南省、广西壮族自治区;从综合评价来看,华南地区各省区市得分截至 2016 年有所上升而排名不变,广东省始终是华南地区现代服务业发展最快的省区市。

表 4.15 华南地区现代服务业分地区质量评价结果

华南地区		2003		2007		2016	
		得分	排名	得分	排名	得分	排名
产业规模与效率	广东省	1.314	1	1.053	1	2.3732	1
	广西	1.310	2	1.052	2	2.3733	2
	海南省	1.309	3	1.051	3	2.3736	3
产业结构与体系	广东省	2.92	1	2.53	1	4.07	1
	广西	2.13	2	1.99	2	3.74	3
	海南省	2.04	3	1.94	3	3.94	2
产业功能与创新	广东省	3.29	3	2.74	3	5.98	1
	广西	3.47	2	2.93	2	5.56	3
	海南省	3.75	1	3.17	1	5.80	2
产业基础与环境	广东省	3.80	1	3.12	1	7.58	1
	广西	3.65	3	2.81	3	6.70	3
	海南省	3.67	2	2.88	2	7.47	2
综合评价	广东省	11.32	1	9.44	1	20.00	1
	广西	10.57	3	8.78	3	18.37	3
	海南省	10.77	2	9.04	2	19.59	2

三、华中地区

由表 4.16 可知，从产业规模与效率评价结果上看，华中地区各省区市的得分情况较为均衡且呈现先下降后上升的态势，江西省、湖北省排名上升，湖南省被江西省赶超排名下降至第三名，河南省排名不变；从产业结构与体系评价结果上看，华中地区各省区市得分涨幅不大，2003—2016 年间各省区市的排名均有变动，江西省、湖南省的排名下降，河南省排名有所上升，而湖北省发展最快，截至 2016 年，湖北省在华中地区排名第一；从产业功能与创新评价结果看，华中地区各省区市的分值截至 2016 年均有不同幅度的增加，说明华中地区的产业创新在不断提升，2003—2016 年，江西省的排名由第三名上升至第一名，湖南省、湖北省排名下降，河南省有所上升；从产业基础和环境评价来看，华中地区各省区市得分比较平均，湖北省的排名始终是第一，说明湖北省的现代服务业产业环境在华中地区是最有利于产业发展的；从综合评价来看，华中地区各省区市2016年得分较2003年均有大幅上涨而排名无变化，排名由高到低依次为湖北省、江西省、湖南省和河南省。

表4.16 华中地区现代服务业分地区质量评价结果

华中地区		2003		2007		2016	
		得分	排名	得分	排名	得分	排名
产业规模与效率	江西省	1.3095	2	1.0511	3	2.3739	1
	河南省	1.3086	4	1.0508	4	2.3728	4
	湖北省	1.3092	3	1.0517	2	2.3732	2
	湖南省	1.3120	1	1.0520	1	2.3729	3
产业结构与体系	江西省	2.51	1	1.74	2	3.72	2
	河南省	2.21	4	1.58	4	3.66	3
	湖北省	2.23	3	2.04	1	3.76	1
	湖南省	2.35	2	1.68	3	3.32	4
产业功能与创新	江西省	3.51	3	2.97	3	5.74	1
	河南省	3.34	4	2.79	4	5.57	3
	湖北省	3.93	1	3.34	1	5.66	2
	湖南省	3.53	2	3.00	2	5.56	4
产业基础与环境	江西省	3.65	2	2.81	2	6.95	3
	河南省	3.63	4	2.78	4	6.54	4
	湖北省	3.66	1	2.82	1	7.17	1
	湖南省	3.64	3	2.80	3	7.00	2
综合评价	江西省	10.98	2	8.57	2	18.78	2
	河南省	10.49	4	8.21	4	18.15	4
	湖北省	11.13	1	9.25	1	18.96	1
	湖南省	10.83	3	8.53	3	18.25	3

四、华北地区

由表 4.17 可知，从产业规模与效率评价结果上看，华北地区各省区市的得分情况较为均衡且相较于其他地区增长较快，2003—2016 年，内蒙古自治区排名上升，河北省、天津市的排名均有所下降，山西省排名第三，北京市排名不变位居第一；从产业结构与体系评价结果上看，华北地区各省区市得分涨幅不大且北京市分值长期领先于其他各省区市，2003—2016 年，北京市、天津市、内蒙古自治区的排名均无改变，且北京市和天津市的发展较其他各省区市较快，河北省和山西省排名不变；从产业功能与创新评价结果看，华北地区各省区市的分值截至 2016 年除北京市有所下降外，其他省区市均有不同幅度的增加，2003—2016 年，北京市、河北省、内蒙古自治区的排名不变，天津市被山西省赶超，排名依次为第三名和第二名；从产业基础和环境评价来看，华北地区各省区市 2016 年得分较 2003 年均有较大幅度的上升，说明华北地区产业环境在 2003—2016 年间得到了较大的提升，北京市和天津市的排名不变，分别为第一名、第二名，河北省排名下降，山西省和内蒙古自治区排名上升；从综合评价来看，2003 年北京市得分远高于其他省区市，截至 2016 年差距明显缩小，说明其他各省区市在 2003—2016 年发展迅速，且速度超过北京，华北地区得分前三名依次是北京市、天津市和山西省，且各省区市排名一致保持稳定。

表 4.17 华北地区现代服务业分地区质量评价结果

华北地区		2003		2007		2016	
		得分	排名	得分	排名	得分	排名
产业规模与效率	北京市	1.3162	1	1.0554	1	2.3751	1
	天津市	1.3105	2	1.0520	2	2.3733	4
	河北省	1.3099	3	1.0515	3	2.3731	5
	山西省	1.30837	4	1.0506	5	2.3736	3
	内蒙古自治区	1.30836	5	1.0513	4	2.3742	2

华北地区		2003		2007		2016	
		得分	排名	得分	排名	得分	排名
产业结构 与体系	北京市	3.65	1	3.10	1	4.66	1
	天津市	2.38	2	2.07	2	4.00	2
	河北省	2.19	4	1.74	3	3.60	4
	山西省	2.28	3	1.58	4	3.94	3
	内蒙古自治区	1.87	5	1.44	5	3.24	5
产业功能 与创新	北京市	8.00	1	7.24	1	6.82	1
	天津市	5.88	2	5.23	2	6.30	3
	河北省	3.78	5	3.21	5	5.69	5
	山西省	4.86	3	4.28	3	6.45	2
	内蒙古自治区	4.78	4	4.20	4	6.20	4
产业基础 与环境	北京市	3.84	1	3.23	1	7.60	1
	天津市	3.77	2	3.01	2	7.49	2
	河北省	3.65	3	2.80	5	7.25	5
	山西省	3.64	4	2.84	3	7.41	3
	内蒙古自治区	3.63	5	2.82	4	7.39	4
综合 评价	北京市	16.81	1	14.63	1	21.46	1
	天津市	13.33	2	11.36	2	20.174	2
	河北省	10.92	5	8.80	5	18.91	5
	山西省	12.08	3	9.76	3	20.173	3
	内蒙古自治区	11.59	4	9.50	4	19.20	4

五、西北地区

由表4.18可知，从产业规模与效率评价结果上看，西北地区各省区市的得分情及排名情况各有差异，其中青海、陕西和新疆维吾尔自治区的排名下降，而宁夏回族自治区和甘肃则迅速上升，宁夏更是实现了排名由第四名至第一名的跃升；从产业结构与体系评价结果上看，西北地区各省区市得分均呈现出先

下降后迅速上升的态势，2003—2016 年，甘肃省、青海省排名上升，宁夏回族
自治区、新疆维吾尔自治区排名下降，陕西省基本不变；从产业功能与创新评
价结果看，2003—2006 年，陕西省、甘肃省、青海省排名均有所上升，宁夏回
族自治区排名大幅下降，新疆维吾尔自治区则持续位居首位；从产业基础和环
境评价来看，西北地区各省区市截至 2016 年得分均有大幅提升，说明西北地区
产业环境在 2003—2016 年均得到了较大程度的改善，新疆维吾尔自治区长期位
居第一名，甘肃省、宁夏回族自治区排名下降，陕西省、青海省排名上升；从
综合评价来看，2003—2016 年，各省区市的分值虽略有回落，但之后均呈现稳
步上升的态势，青海省超越宁夏回族自治区位居第一名，说明青海省在 2003—
2016 年的现代服务业发展迅速，陕西省、甘肃省的排名不变。

表 4.18　西北地区现代服务业分地区质量评价结果

西北地区		2003		2007		2016	
		得分	排名	得分	排名	得分	排名
产业规模与效率	陕西省	1.3089	2	1.0510	3	2.3730	4
	甘肃省	1.3082	5	1.0509	4	2.3731	3
	青海省	1.3106	1	1.0517	1	2.3734	2
	宁夏回族自治区	1.30869	4	1.0511	2	2.3737	1
	新疆维吾尔自治区	1.30873	3	1.0507	5	2.3729	5
产业结构与体系	陕西省	2.34	4	1.91	3	3.65	4
	甘肃省	2.31	5	1.63	5	3.70	3
	青海省	2.447	2	1.76	4	3.95	1
	宁夏回族自治区	2.66	1	2.11	1	3.93	2
	新疆维吾尔自治区	2.445	3	1.95	2	3.52	5
产业功能与创新	陕西省	4.00	4	3.44	4	6.20	3
	甘肃省	3.91	5	3.34	5	6.08	4
	青海省	4.38	3	3.84	3	6.22	2
	宁夏回族自治区	5.20	2	4.61	2	6.03	5
	新疆维吾尔自治区	5.27	1	4.63	1	6.32	1

西北地区		2003		2007		2016	
		得分	排名	得分	排名	得分	排名
产业基础与环境	陕西省	3.645	4	2.83	2	7.39	3
	甘肃省	3.646	3	2.77	5	7.03	5
	青海省	3.643	5	2.80	3	7.40	2
	宁夏回族自治区	3.652	2	2.79	4	7.38	4
	新疆维吾尔自治区	3.666	1	2.88	1	7.41	1
综合评价	陕西省	11.30	4	9.24	4	19.61	4
	甘肃省	11.17	5	8.79	5	19.18	5
	青海省	11.78	3	9.46	3	19.95	1
	宁夏回族自治区	12.82	1	10.56	1	19.72	2
	新疆维吾尔自治区	12.69	2	10.51	2	19.62	3

六、西南地区

由表4.19可知，从产业规模与效率评价结果上看，西南地区各省区市的得分情况均呈现先抑后扬的趋势，西藏自治区长期位居第一名，说明西藏自治区的产业规模在西南地区具备较强优势，四川省、云南省排名下降，贵州省排名由第五名升至第二名；从产业结构与体系评价结果上看，西南地区中各省区市得分均呈现出先下降后迅速上升的态势，2003—2016年，四川省、西藏自治区排名上升，贵州省、云南省排名下降，而重庆市排名持续第一，说明重庆市的产业结构在西南地区具有一定的优势；从产业功能与创新评价结果看，西南地区各省区市的分值较为均衡，2003—2016年，西藏自治区位居首位，重庆市、四川省、云南省排名下降，贵州省、西藏自治区排名上升；从产业基础与环境评价来看，西南地区各省区市得分截至2016年均有上升，得分最高的一直是西藏自治区，贵州省、云南省、重庆市、四川省得分紧随其后，云南省、贵州省排名上升，重庆市、四川省排名下降；从综合评价来看，2016年各省区市的分值相较2003年有明显上升，西藏自治区由最后一名越居首位，说明西藏自治区现代服务业的发展在西南地区尤为迅猛，而云南省、贵州省、四川省排名均有所下降，重庆市排名不变。

表 4.19　西南地区现代服务业分地区质量评价结果

西南地区		2003		2007		2016	
		得分	排名	得分	排名	得分	排名
产业规模 与效率	重庆市	1.3094	4	1.05138	2	2.37318	4
	四川省	1.3107	2	1.05136	4	2.37324	3
	贵州省	1.3089	5	1.0511	5	2.3734	2
	云南省	1.3105	3	1.05137	3	2.3731	5
	西藏自治区	1.3219	1	1.0579	1	2.3763	1
产业结构 与体系	重庆市	2.85	1	2.11	1	4.07	1
	四川省	2.66	4	1.94	4	4.02	2
	贵州省	2.67	3	1.90	5	3.30	5
	云南省	2.73	2	2.049	2	3.57	4
	西藏自治区	2.19	5	2.048	3	3.82	3
产业功能 与创新	重庆市	3.41	2	2.81	2	5.82	4
	四川省	3.21	4	2.67	4	5.55	5
	贵州省	3.29	3	2.77	3	5.96	2
	云南省	3.73	1	3.20	1	5.83	3
	西藏自治区	3.18	5	2.65	5	6.24	1
产业基础 与环境	重庆市	3.6527	3	2.82	2	6.88	4
	四川省	3.6528	2	2.79	3	6.86	5
	贵州省	3.632	5	2.74	5	7.31	2
	云南省	3.646	4	2.76	4	7.29	3
	西藏自治区	3.659	1	2.83	1	7.34	1
综合 评价	重庆市	11.22	2	8.79	2	19.14	2
	四川省	10.83	4	8.46	4	18.80	5
	贵州省	10.91	3	8.47	5	18.94	4
	云南省	11.41	1	9.06	1	19.06	3
	西藏自治区	10.35	5	8.59	3	19.77	1

七、东北地区

由表 4.20 可知，从产业规模与效率评价结果上看，东北地区各省区市的得分均有所波动，2016 年辽宁省得分最高，其次依次为吉林省和黑龙江省，截至 2016 年，东北地区的排名均不变；从产业结构与体系评价结果上看，东北地区中各省份得分先下降后上升，辽宁省、黑龙江省排名上升，吉林省排名下降；从产业功能与创新评价结果看，东北地区各省区市的分值均下降后上升并在近几年超过原分值，但排名始终不变；从产业基础与环境评价来看，东北地区各省区市得分截至 2016 年均有不同程度的上涨，排名情况一直未变；从综合评价来看，2003—2016 年，东北地区各省区市的得分均呈现先下降后上升的趋势，排名状况，由高到低依次为辽宁省、吉林省、黑龙江省。

表 4.20　东北地区现代服务业分地区质量评价结果

东北地区		2003		2007		2016	
		得分	排名	得分	排名	得分	排名
产业规模与效率	辽宁省	1.3091	1	1.0512	2	2.37326	1
	吉林省	1.3087	2	1.0513	1	2.37314	2
	黑龙江省	1.3077	3	1.0504	3	2.37313	3
产业结构与体系	辽宁省	2.09	2	1.81	1	3.75	1
	吉林省	2.37	1	1.54	3	3.37	3
	黑龙江省	1.91	3	1.64	2	3.42	2
产业功能与创新	辽宁省	4.88	3	4.27	3	5.92	3
	吉林省	5.21	1	4.59	1	6.10	1
	黑龙江省	4.99	2	4.34	2	6.04	2
产业基础与环境	辽宁省	3.68	1	2.89	1	7.47	1
	吉林省	3.66	2	2.85	2	7.38	2
	黑龙江省	3.65	3	2.81	3	7.36	3
综合评价	辽宁省	11.96	2	10.03	2	19.51	1
	吉林省	12.54	1	10.03	1	19.23	2
	黑龙江省	11.87	3	9.84	3	19.19	3

第四节　现代服务业发展质量的省区市比较及优劣势分析

一、现代服务业发展质量的省区市比较

（一）产业规模与效率

由图4.11和表4.21可知，从产业规模和效率评价结果看，得分最高且遥遥领先的是西藏自治区，其次得分较高的省区市依次为北京市、上海市、浙江省、广东省、湖南省、江苏省，而得分相对较低的省区市包括黑龙江省、甘肃省、河南省等，由此可以看出，除了西藏自治区，其他得分较高的省区市均为经济发达、发展较快的地区且多集中于东南地区，而得分相对较低的省区市则多集中于西北地区。此外，2016年与2003年相比排名上升的有北京市、天津市、河北省、山西省、内蒙古自治区、黑龙江省、吉林省、湖南省、海南省、重庆市、贵州省、甘肃省和宁夏回族自治区；排名下降的有辽宁省、上海市、江苏省、浙江省、安徽省、福建省、江西省、河南省、广东省、四川省、云南省、陕西省和新疆维吾尔自治区；排名不变的有山东省、湖北省、广西壮族自治区、西藏自治区和青海省。

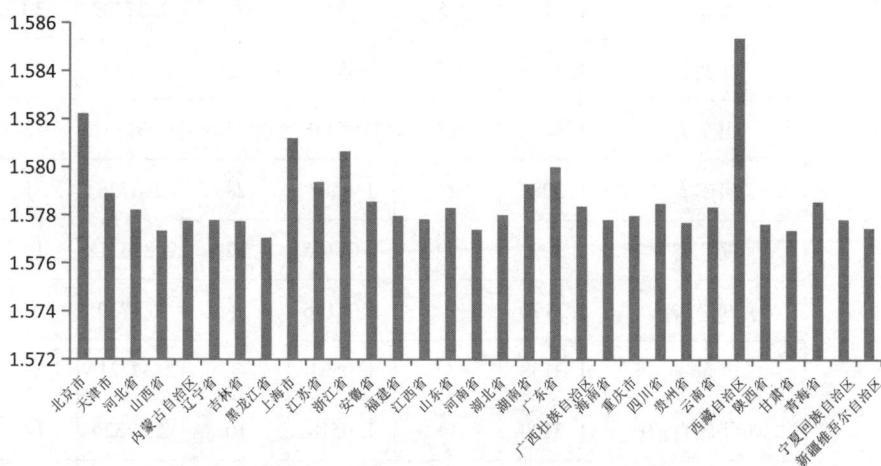

图4.11　全国31个省区市现代服务业分地区产业规模与效率评价得分均值图

表 4.21   全国 31 个省区市现代服务业分地区产业规模与效率层面评价结果

地区		2003		2007		2016	
		得分	排名	得分	排名	得分	排名
产业规模与效率	北京市	1.316	4	1.0554	2	2.3751	2
	天津市	1.3105	12	1.0520	7	2.3742	3
	河北省	1.3099	16	1.0515	13	2.37332	12
	山西省	1.30837	28	1.0506	30	2.37307	26
	内蒙古	1.30836	29	1.05134	18	2.37356	8
	辽宁省	1.3091	20	1.0512	20	2.373132	23
	吉林省	1.3087	26	1.05133	19	2.37326	15
	黑龙江省	1.3077	31	1.0504	31	2.373131	24
	上海市	1.3169	2	1.0525	5	2.3741	4
	江苏省	1.3121	6	1.0527	4	2.37333	11
	浙江省	1.3166	3	1.0522	6	2.373216	20
	安徽省	1.3106	9	1.05185	9	2.37323	17
	福建省	1.3100	15	1.05107	23	2.37289	30
	江西省	1.3095	17	1.05108	22	2.37294	29
	山东省	1.3102	13	1.05138	15	2.37331	13
	河南省	1.3086	27	1.0508	28	2.3728	31
	湖北省	1.3092	19	1.05165	12	2.373218	19
	湖南省	1.3120	7	1.05196	8	2.3739	5
	广东省	1.3138	5	1.0531	3	2.373215	21
	广西壮族自治区	1.3100	14	1.0518	10	2.37329	14
	海南省	1.30886	23	1.0509	26	2.3736	7

续表

地区		2003		2007		2016	
		得分	排名	得分	排名	得分	排名
产业规模与效率	重庆市	1.3094	18	1.05139	14	2.37324	16
	四川省	1.3107	8	1.05136	17	2.3734	9
	贵州省	1.30888	22	1.05105	24	2.37322	18
	云南省	1.3105	11	1.05137	16	2.37314	22
	西藏自治区	1.3219	1	1.0579	1	2.3763	1
	陕西省	1.30889	21	1.0510	25	2.3730	27
	甘肃省	1.3082	30	1.05089	27	2.37309	25
	青海省	1.3106	10	1.0517	11	2.37339	10
	宁夏回族自治区	1.3087	25	1.0511	21	2.3737	6
	新疆维吾尔自治区	1.309	24	1.0507	29	2.37295	28

(二) 产业结构与体系

由图4.12和表4.22可知,从产业结构与体系评价结果看,得分最高的是北京市,说明北京市具备较为完善的产业结构与体系,其次得分较高的省区市依次为上海市、广东省、浙江省、重庆市、宁夏回族自治区、四川省、江苏省等,而得分相对较低的省区市包括内蒙古自治区、黑龙江省、吉林省等,由此可以看出,得分较高的省区市均为经济发达地区且多集中于东南地区,具备一定的产业结构和体系基础,而得分相对较低的省区市则多集中于东北地区。此外,2016年与2003年相比排名上升的有天津市、河北省、山西省、辽宁省、黑龙江省、江苏省、安徽省、河南省、湖北省、海南省、广西壮族自治区、四川省、西藏自治区、甘肃省、青海省;排名下降的有吉林省、浙江省、福建省、江西省、山东省、湖南省、贵州省、云南省、陕西省、宁夏回族自治区和新疆维吾尔自治区;排名不变的有北京市、内蒙古自治区、上海市、重庆市、广东省。

北京市、上海市和广东省长期保持在前三名的位置，说明三者在产业结构与体系上具有较强的领先优势。

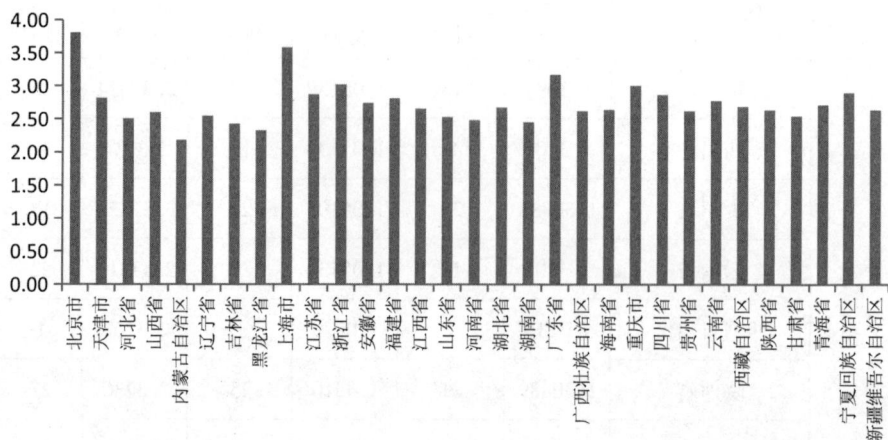

图 4.12 全国 31 个省区市现代服务业分地区产业结构与体系评价得分均值图

表 4.22 我国 31 个省区市现代服务业分地区产业结构与体系层面评价结果

地区		2003		2007		2016	
		得分	排名	得分	排名	得分	排名
产业结构与体系	北京市	3.650	1	3.105	1	4.664	1
	天津市	2.378	15	2.070	10	4.004	6
	河北省	2.186	26	1.737	24	3.600	23
	山西省	2.282	22	1.579	29	3.941	9
	内蒙古	1.866	31	1.435	31	3.243	31
	辽宁省	2.090	28	1.809	21	3.746	15
	吉林省	2.366	16	1.542	30	3.372	27
	黑龙江省	1.914	30	1.639	26	3.422	26
	上海市	3.299	2	2.854	2	4.597	2
	江苏省	2.383	14	2.290	5	3.938	10

续表

地区		2003		2007		2016	
		得分	排名	得分	排名	得分	排名
产业结构与体系	浙江省	2.796	5	2.576	3	3.709	19
	安徽省	2.341	20	2.111	7	3.773	13
	福建省	2.446	12	2.256	6	3.735	17
	江西省	2.507	10	1.739	23	3.722	18
	山东省	2.343	18	1.877	20	3.370	28
	河南省	2.210	24	1.582	28	3.663	21
	湖北省	2.226	23	2.036	13	3.762	14
	湖南省	2.348	17	1.685	25	3.320	29
	广东省	2.921	3	2.531	4	4.070	3
	广西壮族自治区	2.133	27	1.986	14	3.741	16
	海南省	2.038	29	1.944	16	3.944	8
	重庆市	2.846	4	2.108	9	4.068	4
	四川省	2.656	9	1.942	17	4.017	5
	贵州省	2.673	7	1.899	19	3.296	30
	云南省	2.726	6	2.048	12	3.572	24
	西藏治区	2.189	25	2.050	11	3.821	12
	陕西省	2.342	19	1.911	18	3.654	22
	甘肃省	2.313	21	1.627	27	3.700	20
	青海省	2.445	13	1.762	22	3.950	7
	宁夏回族自治区	2.657	8	2.110	8	3.933	11
	新疆维吾尔自治区	2.448	11	1.952	15	3.521	25

（三）产业功能与创新

由图 4.13 和表 4.23 可知，从产业功能与创新评价结果看，平均得分最高且远高于其他省区市的是北京市，说明北京市的产业功能与创新是全国范围内领先的省区市，之后得分较高的省区市依次为天津市、上海市、新疆维吾尔自治区、宁夏回族自治区等，而得分相对较低的省区市包括安徽省、四川省、河南省、河北省等。此外，2016 年与 2003 年相比排名上升的有山西省、内蒙古自治区、上海市、江苏省、浙江省、福建省、广东省、重庆市、贵州省、西藏自治区、陕西省、甘肃省、青海省；排名下降的有北京市、天津市、河北省、辽宁省、吉林省、黑龙江省、江西省、山东省、河南省、湖北省、湖南省、广西壮族自治区、海南省、四川省、云南省、宁夏回族自治区和新疆维吾尔自治区；排名不变的是安徽省。其中上海市、浙江省和西藏自治区的排名增长迅速，说明三地在现代服务业产业功能与创新层面的发展迅猛。

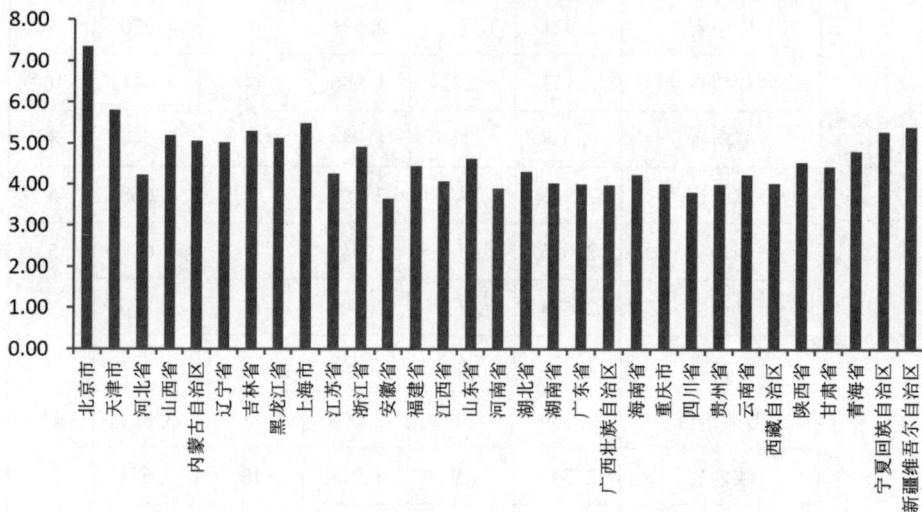

图 4.13 全国 31 个省区市现代服务业分地区产业功能与创新评价得分均值图

表 4.23　我国 31 个省区市现代服务业分地区产业功能与创新层面评价结果

地区		2003		2007		2016	
		得分	排名	得分	排名	得分	排名
产业功能与创新	北京市	8.00	1	7.24	1	6.82	3
	天津市	5.88	2	5.23	2	6.30	6
	河北省	3.78	18	3.21	18	5.69	25
	山西省	4.86	8	4.28	8	6.45	4
	内蒙古自治区	4.78	10	4.20	10	6.197	9
	辽宁省	4.88	7	4.27	9	5.92	20
	吉林省	5.21	4	4.59	5	6.10	12
	黑龙江省	4.99	6	4.34	7	6.04	15
	上海市	4.83	9	4.49	6	7.12	1
	江苏省	3.62	21	3.09	21	6.08	13
	浙江省	4.05	13	3.58	13	7.11	2
	安徽省	3.03	31	2.48	31	5.45	31
	福建省	3.87	17	3.35	15	6.12	11
	江西省	3.51	23	2.97	23	5.74	24
	山东省	4.24	12	3.70	12	5.94	19
	河南省	3.34	26	2.79	26	5.57	27
	湖北省	3.93	15	3.34	16	5.66	26
	湖南省	3.53	22	3.00	22	5.56	28
	广东省	3.29	28	2.74	28	5.98	17
	广西	3.47	24	2.93	24	5.556	29
	海南省	3.75	19	3.17	20	5.80	23
	重庆市	3.41	25	2.81	25	5.82	22
	四川省	3.21	29	2.67	29	5.55	30

地区		2003		2007		2016	
		得分	排名	得分	排名	得分	排名
产业功能与创新	贵州省	3.294	27	2.77	27	5.96	18
	云南省	3.73	20	3.20	19	5.83	21
	西藏	3.18	30	2.65	30	6.24	7
	陕西省	4.00	14	3.44	14	6.195	10
	甘肃省	3.91	16	3.337	17	6.078	14
	青海省	4.38	11	3.84	11	6.22	8
	宁夏回族自治区	5.20	5	4.61	4	6.03	16
	新疆维吾尔自治区	5.27	3	4.63	3	6.32	5

（四）产业基础与环境

由图4.14和表4.24可知，从产业基础与环境评价结果看，截至2016年，全国所有省区市得分均有不同程度的提升，其中得分最高的是北京市，说明北京市的产业基础与环境在全国范围内具有较强的竞争优势，其后得分较高的省区市依次为上海市、广东省、浙江省、福建省等，而得分相对较低的省区市包括河南省、安徽省、广西壮族自治区等。此外，2016年与2003年相比排名上升的有北京市、山西省、内蒙古自治区、福建省、湖南省、广东省、海南省、贵州省、云南省、陕西省、青海省和宁夏回族自治区；排名下降的有天津市、河北省、吉林省、黑龙江省、江苏省、浙江省、安徽省、江西省、山东省、湖北省、广西壮族自治区、重庆市、四川省、西藏自治区和甘肃省；排名不变的有辽宁省、上海市、河南省和新疆维吾尔自治区，其中河南省的排名持续落后，说明在产业基础与环境方面河南省的发展质量并不好。

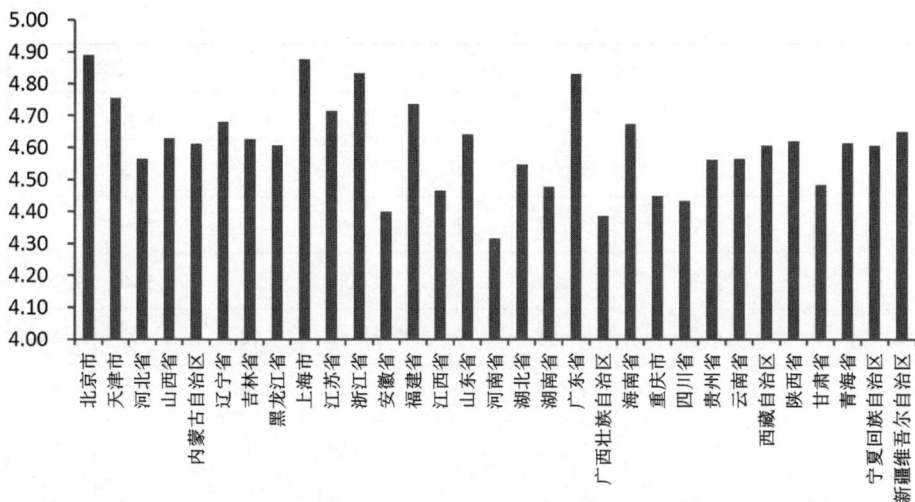

图4.14　全国31个省区市现代服务业分地区产业基础与环境评价得分均值图

表4.24　我国31个省区市现代服务业分地区产业基础与环境层面评价结果

地区		2003		2007		2016	
		得分	排名	得分	排名	得分	排名
产业基础 与环境	北京市	3.842	3	3.232	1	7.599	1
	天津市	3.767	5	3.007	5	7.491	6
	河北省	3.647	21	2.801	23	7.248	22
	山西省	3.639	28	2.842	13	7.408	10
	内蒙古自治区	3.634	29	2.8156	18	7.389	15
	辽宁省	3.684	8	2.890	8	7.472	8
	吉林省	3.656	14	2.847	11	7.381	16
	黑龙江省	3.6519	17	2.815	19	7.357	18
	上海市	3.853	2	3.188	2	7.591	2
	江苏省	3.727	6	2.982	6	7.435	9
	浙江省	3.976	1	3.025	4	7.500	5

续表

地区		2003		2007		2016	
		得分	排名	得分	排名	得分	排名
产业基础与环境	安徽省	3.651	19	2.791	26	6.755	29
	福建省	3.718	7	2.962	7	7.529	4
	江西省	3.6456	24	2.8088	21	6.946	26
	山东省	3.683	9	2.845	12	7.399	13
	河南省	3.629	31	2.785	28	6.537	31
	湖北省	3.658	13	2.819	16	7.168	23
	湖南省	3.640	27	2.796	24	6.999	25
	广东省	3.797	4	3.120	3	7.577	3
	广西壮族自治区	3.648	20	2.8093	20	6.699	30
	海南省	3.673	10	2.882	9	7.473	7
	重庆市	3.6529	15	2.8158	17	6.883	27
	四川省	3.6527	16	2.790	27	6.857	28
	贵州省	3.632	30	2.743	31	7.314	20
	云南省	3.6462	22	2.761	30	7.292	21
	西藏自治区	3.659	12	2.830	14	7.336	19
	陕西省	3.645	25	2.829	15	7.393	14
	甘肃省	3.6457	23	2.774	29	7.032	24
	青海省	3.643	26	2.802	22	7.403	12
	宁夏回族自治区	3.6517	18	2.793	25	7.378	17
	新疆维吾尔自治区	3.666	11	2.880	10	7.407	11

（五）综合评价

由图 4.15 和表 4.25 可知，从综合评价结果看，全国所有省区市得分均有不同程度的上升，其中得分最高的是北京市，说明北京市的现代服务业发展质量在全国范围领先，其后得分较高的省区市依次为上海市、天津市、浙江省等，而得分相对较低的省区市包括河南省、安徽省、湖南省、河北省等。此外，2016 年与 2003 年相比排名上升的有山西省、上海市、江苏省、浙江省、安徽省、福建省、广东省、海南省、西藏自治区、陕西省和青海省；排名下降的有北京市、天津市、河北省、内蒙古自治区、黑龙江省、吉林省、辽宁省、江西省、山东省、河南省、湖北省、湖南省、重庆市、云南省、宁夏回族自治区、新疆维吾尔自治区；排名不变的有广西壮族自治区、四川省、贵州省和甘肃省。其中西藏自治区、海南省、广东省、山西省、江苏省、浙江省等省区市的排名增长迅速，说明近年来其现代服务业的发展速度相对于其他省区市较快。

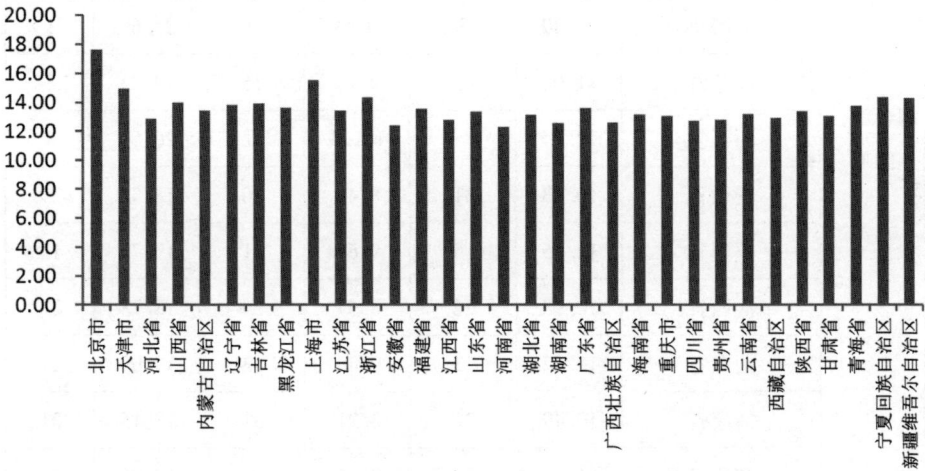

图 4.15 全国 31 个省区市现代服务业分地区综合评价得分均值图

表 4.25 我国 31 个省区市现代服务业分地区综合评价结果

地区		2003		2007		2016	
		得分	排名	得分	排名	得分	排名
综合评价结果	北京市	16.81	1	14.63	1	21.46	2
	天津市	13.33	2	11.36	3	20.17	5
	河北省	10.92	23	8.80	21	18.91	25
	山西省	12.08	8	9.76	10	20.174	4
	内蒙古自治区	11.59	12	9.50	12	19.20	17
	辽宁省	11.96	9	10.03	8	19.51	15
	吉林省	12.54	6	10.03	7	19.23	16
	黑龙江省	11.87	10	9.84	9	19.19	18
	上海市	13.30	3	11.59	2	21.69	1
	江苏省	11.04	21	9.42	16	19.83	8
	浙江省	12.14	7	10.23	6	20.69	3
	安徽省	10.33	31	8.43	30	18.35	29
	福建省	11.35	15	9.62	11	19.76	10
	江西省	10.98	22	8.57	26	18.78	27
	山东省	11.57	13	9.48	13	19.09	21
	河南省	10.49	29	8.21	31	18.15	31
	湖北省	11.13	20	9.25	17	18.96	23
	湖南省	10.83	25	8.53	27	18.25	30
	广东省	11.32	16	9.44	15	20.00	6
	广西壮族自治区	10.57	28	8.78	24	18.37	28
	海南省	10.77	27	9.04	20	19.59	14

续表

地区		2003		2007		2016	
		得分	排名	得分	排名	得分	排名
综合评价结果	重庆市	11.22	18	8.787	23	19.14	20
	四川省	10.826	26	8.46	29	18.80	26
	贵州省	10.91	24	8.47	28	18.94	24
	云南省	11.41	14	9.06	19	19.06	22
	西藏自治区	10.35	30	8.59	25	19.77	9
	陕西省	11.30	17	9.24	18	19.61	13
	甘肃省	11.17	19	8.79	22	19.18	19
	青海省	11.78	11	9.46	14	19.95	7
	宁夏回族自治区	12.82	4	10.56	4	19.72	11
	新疆维吾尔自治区	12.69	5	10.51	5	19.62	12

二、优劣势分析

通过上文的分析可知全国 31 个省区市 2003—2016 年的得分情况，进而分析得出各省区市的优劣势。

北京市、上海市、天津市、江苏省、广东省、浙江省、重庆市等省区市的现代服务业发展水平较高，这些省区市均具有较强的产业创新和产业结构及产业环境方面的优势，但在产业规模方面相较于西藏自治区等地有所欠缺。新疆维吾尔自治区、西藏自治区、贵州省、江西省、山西省、内蒙古自治区具有较大的产业规模和较强的产业创新能力，但在产业结构与体系和产业基础与环境方面则相对较弱。云南省、河北省各方面的得分比较均衡，相对具有优势的方面是具有良好的产业环境，但是产业规模较小，不利于现代服务业的发展。辽宁省在产业环境方面较好，相对缺乏产业创新。陕西省、黑龙江、吉林省的产业创新方面具有一定优势，但缺乏完善的产业结构。宁夏回族自治区、四川省、广西壮族自治区、湖北省、河南省、安徽省具有较大的产业规模和较为完善的产业结构，但是在产业创新和产业环境方面仍存在不足，抑制产业的发展。海南省、湖南省、山东省、福建省具备相对较大的产业规模和良好的产业环境，但缺少合理的产业结构，在产业创新方面也缺少竞争力。青海省、重庆市、甘肃省具有较强的产业创新和完善的产业结构，但产业规模和产业环境不利于现代服务业的进一步发展。

第五节　小结

综合以上对我国31个省区市现代服务业发展概况的分析及发展质量的分项评价和综合评价，可以得出以下几方面的结论。

第一，从现代服务业发展概况来看，总体上讲，东部发展情况好于中西部地区，但也有一些中西部地区在某些方面表现出发展优势。具体来看，以2016年为例，如从现代服务业发展规模方面看，处于西部的四川省跻身第一梯队；从现代服务业固定资产投资额看，东部大于中部，西部最低，处于西部的四川省、陕西省和中部的河南省投资规模处于前列；从产业效率看，中西部一些省区市表现出较强的优势，如中部的安徽省、湖南省，西部的云南省、西藏自治区、青海省、四川省和重庆市；从产业地位看，除北京市、上海市、广东省具有明显优势外，西部地区10个省区市除陕西省外，其余11个省区市均位列前15位，表明西部地区各省区市的现代服务业发展在地区经济发展中占有比较重要的地位；从产业结构看，东北三省金融业发展相对处于弱势，中部地区的山西省、江西省，西部地区的重庆市、云南省、宁夏回族自治区房地产业发展在地区经济发展中占有比较重要的地位。

第二，从分7大区对各省区市现代服务业发展质量评价结果来看，华东地区，上海市具有明显的优势，综合排名第一，是区域发展的核心；华南地区，广东省综合排名第一，是该区域经济发展的核心；华中地区，湖北省综合评价居首位；华北地区，北京市是整个区域的中心，现代服务业发展情况最好，河北省综合评价是该区域最后一位，表明需要加快推进京津冀区域发展规划执行的进程，河北省也需要有正确的产业定位和发展规划，与京津地区错位发展；西北地区综合排名第一的是青海省，而该地区GDP和人均GDP都排名第一的陕西排名第四，表明陕西在现代服务业发展方面在该地区并不具备优势，同时也没有能够承担起地区经济中心的功能和作用；西南地区综合排名第一的是西藏自治区，产业规模最大的四川省排在该区最后一位，表明四川现代服务业发展规模虽然比较大，但是在相对更为重要的产业基础、创新和环境方面还有很大的提升空间；东北地区辽宁省排名第一，作为东北地区唯一的沿海省份，辽宁省现代服务业的发展在该区域具备一定的优势。

第三，从全国 31 个省区市现代服务业发展质量的评价结果看，从总体上看，东部地区发展优于中西部地区，但也有部分中西部地区在某些方面表现出一定的发展优势。从分项评价结果看，产业规模与效率方面，位于前 10 名的中西部省区市有湖南省、内蒙古自治区、西藏自治区、四川省和宁夏回族自治区，位于 20 名以后的东部省区市有辽宁省、福建省和广东省；从产业结构与体系方面看，位于前 10 名的中西部省区市有山西省、四川省、重庆市和青海省，位于 20 名以后的东部省区市有河北省和山东省；从产业功能与创新方面看，位于前 10 名的中西部省区市有山西省、内蒙古自治区、西藏自治区、青海省和新疆维吾尔自治区，位于 20 名以后的东部省区市有河北省和海南省；从产业基础与环境方面看，没有中西部地区的省区市排名前 10 位，位于 20 名以后的东部省区市只有河北省和广西壮族自治区；从综合评价来看，位于前 10 名的中西部省区市有山西省、青海省和西藏自治区，位于 20 名以后的东部省区包括河北省和广西壮族自治区。从以上分析结果可以看出，中西部部分省区市在单项或综合评价方面有一定的优势，是由其产业发展的历史基础决定的，如西藏自治区、新疆维吾尔自治区和青海省等西部省区，其第二产业发展比较落后，在大力发展旅游业、物流业等第三产业的情况下，现代服务业发展在产业结构等方面就会有一定的优势，又由于这些省区人口相对比较少，所以人均教育经费投入就会比较高；又如山西省，综合排名在前 10 位，表明作为一个曾经的资源型省区，在近些年产业转型升级的大背景下，在产业结构调整、产业创新环境的营造等方面取得了一定的进展。在以城市化率、居民收入、开放度以及基础设施建设和信息化建设等指标表示的产业基础和环境方面，中西部地区没有省区市进入前 10 名，说明在这些方面，中西部地区仍然是薄弱环节，需要不断增加交通、信息化等基础设施建设投入，提高城市化率，提高居民收入水平，进一步扩大开放，从而促进中西部地区经济发展，缩小地区经济差异。

第五章

区域经济差异理论和分析方法

本章主要对区域和差异的相关概念进行界定，对区域经济差异的相关理论进行梳理和总结，作为本研究的理论分析基础。同时介绍了本研究用到的区域经济差异分析方法。

第一节　基本概念界定

一、区域

不同的学科对区域有不同的界定。最早将区域作为研究对象的是地理学，地理学把区域作为地球表面具有相对同质性的一个地理单元；政治学认为区域是具有可量性和层次性的国家管理的行政单元；社会学则认为区域是具有同质社会结构特征（共同语言、共同信仰、共同民族特征、共同文化）的人类社会结构单元。

经济学到目前为止还没有对区域的定义形成一致的看法。最早从经济学角度对区域概念做出界定的，是 1922 年全俄中央执行委员会直属经济区划问题委员会给出的："所谓区域应该是国家的一个特殊的经济上尽可能完整的地区。这种地区由于自然特点、以往的文化积累和居民及其生产活动能力的结合而成为国民经济总链条中的一个环节"；《简明不列颠百科全书》对区域的定义是："区域是指有内聚力地区。根据一定标准，区域本身具有同质性，并以同样标准而与相邻诸地区诸区域相区别。区域是一种学术概念，是通过选择与特定问题相关的特征并排除不相关的特征而划定的"；目前影响较大的是 1970 年美国区域经济学家艾德加·M. 胡佛（Edgar M. Hoover）所给出的，他认为"对定义的合适和有用与否取决于其特定的目的"，"所有的定义都把区域概括为一个整体的地理范畴，因而可以从整体上对其进行分析。把区域作为一个集合体可以减少所需处理的数据和事件，这有助于描述区域"，"这一集合体对于管理、计划及公共政策的制定和实施都是必需的。从这一点上至少可以看出，最实用的区域划分应当符合行政区划的疆界"。

尽管对于区域含义有多种不同角度的界定，但综合这些不同的表述，区域具有以下基本特征。

首先，区域是一个空间概念。区域表现为一定的地理单元，是人类进行一切社会经济活动的空间载体。

其次，区域的内聚性和同质性。内聚性主要表现在区域的功能一体化方面，而同质性指的是区域内部的经济、社会、文化、自然等条件表现出均质性。

再次，区域具有一定的范围。它既可以是一个国家、一个省、一个市、一个县，也可以是跨国家的经济圈或经济区，其范围的大小是依据不同的指标体系划分而成的。

为了更好地了解区域的概念，有必要对"区域""地带""地区""地域"等几个概念进行区别，分析它们的异同。它们的共同点都是指具有一定范围的地表空间。英国学者哈里·理查德逊（Harry Richardson）的著作《区域与城市经济学》中分析了它们之间的区别，他认为："区域是表示两维空间任一部分的一般性的词，它对空间经济分析十分有用，如用于表示某一特殊生产者产品销售空间的市场区域概念"；"地带本是一个技术性名词，用来表示从边缘区分割的纬度带"。"地区是一个准确得多的词，是指国民经济中的一个区域，它有相当完整的结构，能够独立发挥功能"；而地域与区域相比，范围较大，且更强调地方性、景观性。

因为本书在分析具体区域时，更多地使用了"地区"，因此这里对"区域"和"地区"的区别做一点更多的解释。首先，"区域"是泛指，而"地区"是特指；其次，从中国的情况而言，"区域"更具有自然的经济含义，界线比较模糊，其经济功能主要是通过经济发展的客观联系发挥，而"地区"还兼有行政区域的含义，界线比较清楚，其经济功能往往通过行政手段和政策功能作用发挥，并且是在历史造就的基础上比较有序地展开①。

本书中与"区域"这一概念相关的几个问题在这里做几点说明：第一，因为本书研究的是我国 31 个省区市，因此，在论文题目中使用了"省区"；第二，本书研究的是具体的"地区"，因此文章中提到具体地区时用"地区""省区市"或"省区"，但如果是泛指时仍用"区域"，如作为本书的理论依据和指导的相关区域经济差异理论；第三，出于实证分析所需要的数据资料收集的可得性和方便性，本书都是以行政区域作为分析的地理单元。

二、区域经济

区域经济泛指一定区域内的人类经济活动。在与国民经济的关系上，区域经济是一个国家经济的空间系统，是具有区域特色的国民经济。具体来讲，它是指在经济上有密切相关性的一定空间范围内，由各种地域构成要素和经济发展要素有机结合、多种经济活动相互作用所形成的、具有特定结构和功能的经济系统。

区域经济具有以下 6 个方面的主要特征：

第一，区域性。这是区域经济最基本、最显著的特征。因为经济的发展，从自然资源、要素到各产业的发展，最终都要落实到一定的区域。

第二，差异性。即不同区域其经济发展条件是不同的，包括自然禀赋的差异，如地理位置、自然资源、生态环境，也包括经济发展的历史基础、社会文化、技术总水平等，这些差异反映了各地区不同的比较优势和不足，这是决定区域经济发展差异的重要因素。

第三，开放性。区域经济是一种开放式经济，它利用各区域在自然资源、生产要素、产业发展、技术水平等方面的不同，充分发挥各自的比较优势，进行要素、产品（服务）的流通，从而形成统一的市场，实现各区域间的协调发展。

第四，综合性和系统性。区域经济是一个包括了微观层面的居民、企业，中观层面的行业、部门以及宏观层面的政府管理部门的有机体系，具有一定的

---

① 叶依广. 区域经济学 [M]. 北京：中国农业出版社，2006：1 - 3.

系统性和综合性。

第五，权益性。区域发展的最终目标都是为了区域社会的进步和居民福利的提升，因此具有权益性。所以区域发展战略的制定应该基于区域的比较优势，激发区域居民和企业的积极性。

第六，社会性。区域经济的实质是构成生产过程各种要素的空间组合，构成社会生产和再生产的各种要素和各个环节的空间分布和再分布。它不仅表现了生产的自然属性，而且表明了生产的社会属性，是两者在空间上的有机综合和辩证统一。

三、差异、差距、非均衡与不平等

目前，在相关研究文献中，我们发现有很多表示差别的词语被使用，包括差距、差异、非均衡、不平等等。其中，"差距"是指被比较对象之间在某个方面或在总体上的差别程度，特指距离某种标准的差别程度；"差异"是用来对经济现象或事物进行比较的，它所反映的是经济现象或事物在数量和质量方面的不同；"非均衡"是反映某个经济系统中具有相互联系的若干组成部分之间、地区之间发展不平衡，指这些部门之间或地区之间的经济技术关系不协调，没有达到合理的状态；"不平等"则是用来表述经济利益主体之间在经济权益方面的不同或不等量。

从上面对这几个词的定义我们可以看出，差距、差异、非均衡、不平等虽然都反映了相关经济事物或现象之间相对于某一标准而存在的差别，但它们所表达的含义还是有所不同、有所侧重的。差距与差异是对经济现象或事物的客观判别，但差距是特指被比较对象之间"量"上的差别程度；非均衡和不平等是依据某个标准或理论认识去衡量客观存在的差异（或差距），它们包括了研究者的价值判断[1]。

本书研究的侧重点之一是对全国 31 个省区市及东中西部内部各省区市之间经济发展水平、居民收入等方面所存在差别的质和量上的客观考察和描述，很少加入作者的价值判断。因此，本研究把全国 31 个省区市之间的差异作为重点

---

① 覃成林. 中国区域经济差异研究 [M]. 北京：中国经济出版社，1997：1 - 2.

问题之一。

四、区域经济差异

关于区域经济差异的概念，目前较为一致的看法是，"区域经济差异是指一定时期内各区域之间人均意义上的经济发展总体水平非均等化现象"。在已有文献的研究中，对于区域经济差异，主要还有以下几种观点：第一，指经济增长总量的差异。包括对国民生产总值（GNP）、国内生产总值（GDP）、国民收入（NI）等指标的考察；第二，指经济增长总量和增长速度的差异。不仅包括具体时点的差异，还包括经济差异变化过程的差异；第三，对经济差异的全面考察。包括增长总量、经济结构、人均经济指标、增长速度以及经济发展条件等方面的差异。

参考学术界对区域经济差异的概念和本书的研究内容，本书所研究的区域经济差异，主要包括两部分，一是对全国 31 个省区市之间、东中西部内部各省区市之间产出指标和收入指标差异的考察；二是对产生这些差异的原因，包括与现代服务业相关的产业规模与效率、产业结构与体系、产业功能与创新、产业基础与环境等 4 方面所存在差异的分析。

五、区域经济协调发展

区域经济协调发展是 20 世纪 90 年代初我国理论界提出的通过解决区域经济发展差异问题而要达到的区域发展目标，但究竟什么是区域经济协调发展，到目前没有统一的界定。鲁凤（2004）关于其内涵的概括相对比较全面，她认为，区域经济协调发展是一个综合性的概念，其基本内涵主要包括 5 个方面：一是各地区发挥比较优势、合理分工，形成优势互补、共同发展的特色区域经济；二是各地区之间生产要素能够自由流动，形成公平竞争的区域统一市场；三是区域城乡居民之间的收入差距和对于基本公共物品享受的人均差距控制在合理的范围内；四是各地区之间形成技术、产业等全方位合作的区域经济关系；五是实现各区域国土资源的统筹规划，实现人口、资源、环境与经济增长的协调发展。

第二节　区域经济差异理论

区域非均衡发展理论和统筹区域发展理论是本研究所依据的主要理论基础，其中区域非均衡发展理论主要包括佩鲁的发展极理论、廖尔达尔的循环累积因果论、赫希曼的不平衡增长理论、弗里德曼的"中心—外围"论、威廉姆逊的倒"U"型理论、区域经济梯度推移理论和新经济增长理论。

一、区域非均衡发展理论①

（一）佩鲁的发展极理论

1955 年，法国经济学家佩鲁（Fansois Perroux）在《略论"发展极"的概念》一文中首次提出"发展极"概念和理论，而在文献中看到的"增长极"是一些英美学者对"发展极"概念的补充和发展。佩鲁发展极理论的核心观点是：在地区经济发展过程中，某些支柱产业或有创新能力的企业在某些地区或大城市集聚，是这些地区优先发展起来，形成资本、技术集中、增长迅速并能对邻近地区产业起到带动和辐射作用的"发展极"，带动周边地区共同发展。

（二）廖尔达尔的循环累积因果论

1957 年，廖尔达尔（Gunnar Myrdal）在《经济理论与不发达区域》一书中提出了"地理上的二元经济"理论，并且利用"扩散效应"和"回流（回波）效应"两个概念②，说明了经济发达地区优先发展对其他落后地区的促进作用和不利影响，提出了要消除发达与落后并存的二元经济结构，一方面要充分发挥发达地区的带动作用，另一方面要采取适当的政策刺激落后地区的发展。

（三）赫希曼的不平衡增长理论

1958 年，赫希曼（Albert Otto Hirschman）在《经济发展战略》一书中提出了不平衡增长理论。该理论中有两个重要的原理，一是"引致投资最大化"原理。赫希曼用一个关于"社会分摊资本"（简称"社会资本"）和"直接性生产

---

① 谭崇台. 发展经济学 [M]. 上海：上海人民出版社，1989：343 - 384.
② 吴殿廷. 区域经济学 [M]. 北京：科学出版社，2004：243 - 260.

活动"之间关系的模型来说明这个原理。他认为应该优先发展直接生产性活动的部门，而且应当优先选择那些能产生最大引致投资的直接生产性活动部门。二是"联系效应"理论。他认为联系效应就是各个产业部门中客观存在的相互影响、相互依存的关联度，这种效应可以用该产业产品的需求价格弹性和收入弹性来度量，因此，优先投资和发展的产业，应该是联系效应最大的产业，也就是该产业产品的需求价格弹性和收入弹性最大的产业，这是不平衡增长理论的核心。

（四）弗里德曼的"中心—外围"论

"中心—外围"理论首先是由劳尔·普雷维什（Raul Prebisch）于20世纪40年代提出的，该理论主要是阐明发达国家与落后国家的"中心—外围"不平等体系以及发展模式与政策主张。20世纪60年代，弗里德曼（John Friedmann）在《极化发展的一般理论》一文中将"中心—外围"理论的概念引入区域经济学。他认为，经济发展是一个不连续但逐步累积的创新过程，而创新起源于区域内的核心区，并由这些中心自上而下、由里向外地朝外围区扩散。核心区处于支配地位，外围区处于依附地位，核心区通过支配效应、信息效应、心理效应、现代化效应、连锁效应和生产效应等6种反馈机制来巩固和强化自身的支配地位。因此，区域发展过程表现为不平衡发展，核心区的增长会扩大它与外围区之间的经济发展差异。但他同时认为，在核心区把自己的机构扩展到外围区的过程中，核心区有可能在某些方面丧失进一步创新的能力，从而导致新的核心区在外围出现。

（五）威廉姆逊的倒"U"型理论

1965年，威廉姆逊（Jeffery G. Willamson）在《区域不平衡与国家发展过程》一文中提出了倒"U"型理论。该理论建立在实证研究基础上，将时序问题引入了区域空间结构变动分析。威廉姆逊把库兹涅茨（Simon S. Kuznets）的收入分配倒"U"型假说应用到分析区域经济发展方面，提出了区域经济差异的倒"U"型理论。他通过实证分析指出，无论是截面分析还是时间序列分析，结果都表明发展阶段与区域差异之间存在着倒"U"型关系，也就是说经济活动的空间集中式极化是国家经济发展初期不可逾越的阶段，但由此产生的区域经济差异会随着经济发展的成熟而最终消失。

（六）区域经济梯度推移理论

1966 年，美国哈佛大学的弗农（Raymond Vernon）教授在《产品周期中的国际投资与国际贸易》一文中提出了"产品循环说"。他认为工业各部门甚至各种工业产品都处在不同的生命循环阶段上，在发展中必须经历创新、发展、成熟、衰老 4 个阶段，并且在不同阶段，将由兴旺部门转为停滞部门，最后成为衰退部门。1966 年，汤普森（J. H. Thompson）在《对制造业地理的几点理论思考》一文中提出了"区域生命周期理论"，该理论认为，一旦一个工业区建立，它就像一个生命有机体一样遵循一个规则的变化次序而发展，从年轻到成熟再到老年阶段，不同阶段的区域面临一系列不同的问题，处于不同的竞争地位。梯度理论是产业梯度转移理论的简称，是在区域生命周期理论和产品生命周期理论基础上形成的。该理论认为，客观上存在经济与技术发展的区域梯度差异，也就是说每个国家或地区都处在一定的经济发展梯度上，而且产业和技术会随时间推移由高梯度区向低梯度区扩散和转移。

（七）新经济增长理论

自 20 世纪 80 年代中期以来，出现了罗默（Pual M. Romer）和卢卡斯（Robert E. Lucas, Jr）为代表的"新增长理论"，该理论的重要内容之一是把新古典增长模型中的"劳动力"的定义扩大为人力资本投资。该理论将技术进步完全内生化，为区域经济增长和发展理论奠定了微观经济学基础。内生技术进步的经济增长在地域空间上表现为区域经济增长的不平衡，聚集经济、规模经济产生的技术外部性和金融外部性，引起了经济活动的地域空间聚集和扩散；规模经济不再是一个外生的经济变量，而作为内生经济变量进入到区域经济增长模型中。规模经济内生化的结果是区域经济差异越来越大①。

二、统筹区域发展理论②

党的十一届三中全会提出了统筹区域发展，促进区域经济协调发展的战略。统筹区域发展，就是从全国区域经济发展的角度出发，通过发挥市场机制配置

①　欧向军. 区域经济发展差异理论、方法与实证——以江苏省为例［M］. 北京：经济科学出版社，2006：34.
②　张秀山，卫鹏鹏. 区域经济理论［M］. 武汉：武汉大学出版社. 2005：118 – 130.

资源的基础性作用以及政府有目的的宏观调控解决各种类型的区域经济问题，协调区域关系并促进各种类型区域的社会经济发展。也就是说，要使我国东中西部地区之间和地区内部的不同区域之间相互适应、互相促进、良性互动，经济、政治、文化之间相互衔接、相互推动，经济社会发展与人口、资源、环境之间的相互配合。统筹区域经济发展要求遵循以下两个基本原则：第一，同时统筹区域内经济发展和区际经济发展；第二，同时遵循区域经济发展的时间演化规律和空间分布规律。

第三节　区域经济差异分析方法

一、经济差异的总体考察

（一）衡量绝对差异的指标

1. 极差

该指标是衡量区域经济差异最直观也最简单的指标，反映的是一种极端的绝对差异状况。用所研究指标的最大区域的值减去最小区域的值来表示。具体计算公式为：

$$R = Y_{max} - Y_{min} \tag{5.1}$$

其中 R 为极差，Y_{max} 为所研究指标的最大值，Y_{min} 为所研究指标的最小值。R 的数值越大，表示区域经济差异越大，反之，R 的数值越小，则区域经济差异越小。

2. 标准差和加权标准差

标准差和加权标准差分别为简单式和加权式，都是反映样本远离总体平均值程度的重要指标，可以用来描述区域间绝对方差的总体水平。计算公式如下：

$$S = \sqrt{\frac{\sum_{i=1}^{n} (Y_i - \bar{Y})^2}{N}} \tag{5.2}$$

$$S_w = \sqrt{\dfrac{\sum\limits_{i=1}^{n} (Y_i - \bar{Y})^2 \times P_i}{\sum\limits_{i=1}^{n} P_i}} \qquad (5.3)$$

其中，N 为区域个数，S 为未加权的标准差，S_w 为加权后的标准差，Y_i 为 i 区域的指标值，P_i 为 i 区域的人口数，$\bar{Y}$ 为所研究的所有区域的该指标的平均值。标准差或加权标准差的值越大，区域指标值就越分散，指标间的平均差异也就越大。

（二）衡量相对差异性的指标

1. 极比

极比（极值差率），用来反映区域经济差异的极端的相对差异状况。该指标用所研究指标的最大区域的值比最小区域的值来表示。具体计算公式为：

$$I = Y_{max}/Y_{min} \qquad (5.4)$$

其中 I 为极比，Y_{max} 为所研究指标的最大值，Y_{min} 为所研究指标的最小值。I 的值越大，说明区域差异越大，反之，I 的值越小，说明区域差异越小。

2. 变异系数和加权变异系数

变异系数，又称为变差系数、标准差系数、离差系数，可以用来比较不同时空的差异程度。该指标用所研究指标的标准差比均值来表示，这样在一定程度上可以消除均值的影响。具体公式如下：

$$CV = \frac{S}{\bar{Y}} = \frac{1}{\bar{Y}} \times \sqrt{\dfrac{\sum\limits_{i=1}^{n} (Y_i - \bar{Y})^2}{N}} \qquad (5.5)$$

加权变异系数用加权标准差比平均值来表示，具体公式如下：

$$CV_w = \frac{S_w}{\bar{Y}} = \frac{1}{\bar{Y}} \times \sqrt{\dfrac{\sum\limits_{i=1}^{n} (Y_i - \bar{Y})^2 \times P_i}{\sum\limits_{i=1}^{n} P_i}} \qquad (5.6)$$

这里公式中字母的含义与标准差和加权标准差相同。变异系数和加权变异系数的值越大，说明所研究区域之间相对差异越大；反之，变异系数和加权变异系数的值越小，说明所研究区域之间相对差异越小。

3. 基尼系数

基尼系数有一百多年的历史，最初用于衡量收入的不平等，目前已经成为度量地区经济不平等和地区经济差距的主要指标。该指标主要用来衡量一个国家或地区居民收入分配的公平程度，其取值范围为 $[0, 1]$。具体公式为：

$$G = \frac{2}{n} \sum_{i=1}^{n} i x_i - \frac{n+1}{n} \tag{5.7}$$

$$x_i = \frac{y_i}{\sum_{i=1}^{n} y_i} \qquad (x_1 < x_2 < \cdots < x_n)$$

式中，y_i 为所研究各区域的人均收入；x_i 是所研究各区域人均收入占总收入的份额，并且按照从低到高的顺序排列，G 的值越大，说明差异越大；反之，G 的值越小，说明差异越小。按照联合国的判定标准：基尼系数的值小于 0.2 为 "高度平均"，"0.2—0.3" 为 "相对平均"，0.3—0.4 为 "比较合理"，"0.4—0.5" 为 "差异较大"，0.5 以上为 "差异悬殊"。

4. 泰尔指数

泰尔指数也是用来反映多个国家或地区之间的收入差距的一个重要指标。该指标用所研究各个国家或地区收入份额与人口份额之比的对数的加权总和来表示，其中权数用各国或地区的收入份额来表示。具体计算公式为：

$$Theil = \sum_i \gamma_i \log \frac{\gamma_i}{P_i} \tag{5.8}$$

其中，γ_i 表示第 i 个区域的 GDP 份额；P_i 表示第 i 个区域的人口份额。泰尔指数的值越大，说明所研究各区域之间差异越大，反之，泰尔指数的值越小，说明所研究各区域之间差异越小。极端的情形有两个：一是当收入在各个地区之间平均分配时，泰尔指数为 0，表明各个区域之间不存在差异；二是某个区域占有全部区域所有的收入时，泰尔指数达到最大值①。

这里，需要特别说明的一点是关于数据的运用，尽管选用不同的价格体系，可能会产生不同的结论。对于我国 31 个省区市之间以及东中西部内部各省区市之间经济差异及其演变过程的分析中，如果没有特别说明，是按当年价（现价）计算的，主要有以下几个原因：第一，著名经济学家张曙光（1993）认为 "是

---

① 范剑勇，朱国林. 中国地区差距演变及其结构分解 [J]. 管理世界，2002 (7)：38.

按现价计算，还是按可比价计算，对地区经济差异的比较影响不大，除非经济结构发生巨大变化，如果不是讨论地区经济差异水平（不论是绝对水平还是相对水平），而是讨论地区差异的变动比例，那么，按现价和按可比价计算的结果基本上是一样的"；第二，著名区域经济学者覃成林（1997）认为，在讨论地区差异的变动比例时，按现价计算和按不变价计算的结果基本上是一样的；第三，改革开放以来我国生产要素如劳动力、资本的区域间流动性越来越大，许多商品的地区差价也越来越小，在使用统一货币的情况下，对同一年份不同地区间经济发展水平和居民收入水平用现价衡量和比较可能更具有实际意义（覃成林，1997）；第四，一些学者（王启仿，2003；曾光，2006）之前所做的现价与可比价的对比研究表明，采用两种价格体系考察经济差异，其变动趋势是一致的。

二、经济差异的成因分析

（一）定性分析

区域经济差异在世界范围内的普遍存在吸引了大批的经济学者研究这个问题，区域经济差异的成因是大家探讨的主要问题之一。随着科学技术的不断进步和经济增长理论的不断发展，人们对区域经济差异成因的研究内容、角度和方法加入了许多新的元素。在众多的相关研究中，陈秀山、徐瑛（2004）的研究框架视角独特，他们通过"要素"把诸多的影响因素联系在一起，与以往对影响因素五花八门的分类相比，显得很有条理性（图5.1）。

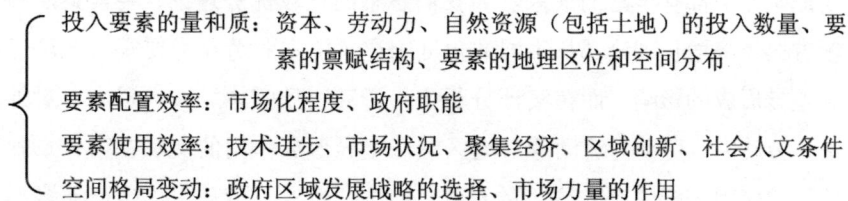

> 投入要素的量和质：资本、劳动力、自然资源（包括土地）的投入数量、要素的禀赋结构、要素的地理区位和空间分布
>
> 要素配置效率：市场化程度、政府职能
>
> 要素使用效率：技术进步、市场状况、聚集经济、区域创新、社会人文条件
>
> 空间格局变动：政府区域发展战略的选择、市场力量的作用

图5.1 区域经济差异形成原因框架图[①]

---

① 陈秀山，徐瑛. 中国区域差距影响因素的实证研究［J］. 中国社会科学，2004（5）：122.

1. 投入要素的量和质

传统意义上的三要素包括：资本、劳动力和土地（包括自然资源），三要素具体又包括如图 5.2 所示的这些因素。

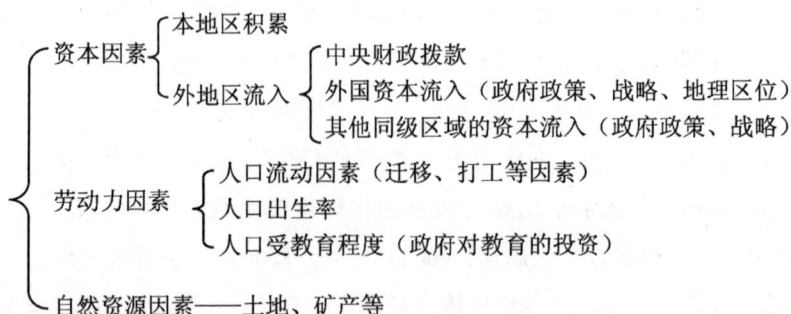

```
        ┌ 资本因素 ┌ 本地区积累
        │         │          ┌ 中央财政拨款
        │         └ 外地区流入 ┤ 外国资本流入（政府政策、战略、地理区位）
        │                    └ 其他同级区域的资本流入（政府政策、战略）
        │                  ┌ 人口流动因素（迁移、打工等因素）
 {      ┤ 劳动力因素 ┤ 人口出生率
        │                  └ 人口受教育程度（政府对教育的投资）
        │
        └ 自然资源因素——土地、矿产等
```

图 5.2　要素投入具体分类①

自然资源是社会经济发展的自然物质基础，其最显著的特征是地区分布不均衡且不能或不易流动，因此自然资源的禀赋决定着经济发展初期地区经济发展的类型和产业结构，如资源型、资源加工型和加工贸易型。自然资源丰富的地区在经济发展的初期经济发展速度相对会比较快。随着经济的发展和科技的进步，自然资源在经济发展中的作用在逐渐弱化，但自然资源禀赋的差异是形成初始经济差异的主要原因，这一点是毋庸置疑的。

资本和劳动力禀赋的数量和相对价格差异对地区经济的影响无论在理论上还是实证研究中都有丰富的成果。如我们熟悉的比较优势理论、要素禀赋理论以及新古典经济增长理论都从不同的角度阐述了资本和劳动力要素对地区经济发展和差异形成的影响。而在实证分析中，研究物质资本、人力资本、对外直接投资、劳动力、劳动力流动等对地区经济差异形成作用的文献在第二章地区经济差异的成因分析中有较详细的总结。总之，资本、劳动力等生产要素禀赋的差异是造成地区经济差异形成的重要原因。

自然资源、资本和劳动力等各种要素投入对地区经济差异的影响还可以从其量、质和空间分布等 3 个方面来分析：第一，要素禀赋的区际差异一方面表

---

① 陈秀山，徐瑛. 中国区域差距影响因素的实证研究 [J]. 中国社会科学，2004（5）：122.

现为数量多寡不同，如有的区域自然资源丰富，有的区域资本存量高，有的区域则拥有大量的劳动力资源；另一方面，要素的区际差异还表现为要素空间价格的不同，如对于劳动力资源丰富的区域来讲，其资本相对价格相对昂贵，而对于资本充裕的区域而言，其劳动力价格相对偏高（安虎森，2004）。第二，要素禀赋的区际差异还表现为要素禀赋结构不同。根据林毅夫教授的观点，一个国家或者地区产业的选择应该基于该国家或地区的要素禀赋结构，如果违背了这个原则，该国家或地区的经济发展将受到负面的影响。第三，要素禀赋的地理区位差异。与资本、劳动力等具有较强流动性的资源相比较，自然资源的丰裕状况和空间分布对地区经济发展具有重要的意义。从世界各国、各地区经济发展的历史来看，拥有丰富自然资源的地区，往往会得到优先且快速的发展。

2. 要素配置效率

投入要素的数量和质量是区域经济发展的必要条件，资源配置效率也就是如何对投入的要素进行组合和配置是决定经济增长的重要条件。那么是什么来决定要素配置效率呢？经济学理论和各国经济发展的实践告诉我们市场应该是要素配置的主要方式和手段。因此，市场化程度和政府职能行使方式的合理与否就成为影响要素配置效率，进而影响经济发展的重要因素。改革开放以前，我国实行计划经济体制，国家对资源进行统一配置；改革开放之后，市场逐步在资源配置中起基础作用、决定作用，但是这个过程经历了较长的时间，并且在空间上也是逐步推进的，因此导致不同地区市场化的进程是有较大差异的，这也是地区经济差异形成的一个重要原因。而市场化进程的推进，政府在某种程度上可以起到促进或阻碍的作用，因此政府如何行使其职能也可以说是区域经济差异形成的一个间接原因。刘木平、舒元（2000）的研究结果表明市场化程度的提高是我国地区经济差异缩小的条件之一；许召元、李善同（2006）的研究结果也表明以国有工业企业总产值占全部工业总产值的比重表示的市场化程度的提高对经济增长有显著的促进作用，并且市场化程度是促使我国地区间差异不断扩大的原因。

3. 要素使用效率

在区域投入的要素数量和质量既定，并且资源配置形式也确定的情况下，经济增长还取决于要素的使用效率。企业作为社会经济的基本单位，要素使用效率的高低主要体现在企业身上。企业要素使用效率的高低由许多因素决定，包括企业的经营管理水平、生产技术水平、市场占有率、竞争环境、行业环境等。目前，大家讨论比较多的对地区经济发展影响大的是关于产业集聚和集聚经济效益的问题。对于集聚经济的解释包括外生性解释，如区位理论、外部经济等，内生性解释包括规模收益递增、知识外溢等。当然无论我们怎么样去解释它，毫无疑问集聚经济已经成为影响企业进而影响地区经济发展的一个重要原因。

存在集聚经济的区域不仅是经济增长的中心，而且往往能够成为创新的"发源地"，这样就可以形成一个良性的循环：集聚经济促进地区经济增长，地区经济增长为创新创造了良好的条件，高质量的教育培训和科研机构、风险投资的可获得性、先进的制造业产业、良好的交通、通信网络等，创新网络和创新环境的形成又反过来促进了地区经济的进一步发展。最终的结果会造成集聚经济区域与非集聚经济区域经济差异的扩大。曾光（2006）研究了集聚经济对长三角16市经济增长的影响，以劳动力指标、技术指标、资本指标、收入分配指标和消费水平指标简单相加得到的集聚经济效应指数表示集聚效应的大小，研究结果表明长三角城市的集聚经济对城市经济存在一定的促进作用，但这种作用并不明显。

当然，社会人文条件所包括的各个区域的政治经济制度、文化传统、价值观念、行为方式、道德准则、宗教信仰和民族心理特征等都会在一定程度上通过影响企业中最积极的因素——人的行为来影响企业的要素使用效率，最终影响地区经济的发展。因此，这些社会人文条件的不同也是造成区域经济差异的原因之一。

4. 空间格局变动

空间格局的变动是政府区域发展战略和市场力量共同作用的结果。劳动力、资本、技术等生产要素投入的数量和质量是决定产出数量的最直接的原因，但是不能解释为什么不同空间位置的区域会有不同的产出。已有相关文献的研究表明，即便是一个均质的区域（生产要素的数量和质量的分布无差异），区域内的经济分布也不是均衡的，而是呈现出某些分布规律，逐渐形成均衡的空间格局。内在的调整机制是什么呢？如沃尔特·克里斯塔勒（Walter Christaller）的中心地区理论就描绘了一个等级鲜明的中心地体系，而屠能（Johan H. von Thunen）的农业圈层结构理论则说明一个匀质的沃野平原将产生生产不同农产品的 6 大圈层。他们的研究表明区域格局的变动对区域内部的经济发展出现分化有较为显著的影响。因此，空间格局的变动也是影响区域经济差异的一个重要因素。政府区域发展战略和区域政策包括很多内容且不易量化，林毅夫、刘培林（2003）研究了中国的经济发展战略与地区收入差距之间的关系，他们以实际的技术选择指数和最优的技术选择指数来度量发展战略的特征，研究发现，一个地区在工业化时期如果实行违背其比较优势的发展战略，将为其经济发展带来负面影响。而改革开放后，我国的中西部地区实行了比东部地区更违背比较优势的经济发展战略，因此导致东中西部地区之间经济发展差距不断扩大。陆铭、陈钊（2004）研究了包括地区间政府对经济活动的参与、经济开放、户籍人口的转换以及非国有化等因素在内的城市倾向的经济政策对城乡收入差距的影响。

（二）定量分析

对于地区经济差异形成原因的定量分析，本书将采用增长理论中的经典公式（参见 Sala - i - Martin，1996）来进行面板数据模型的计量经济学分析：

$$\gamma_{i,t} = \alpha - \beta \log(PGDP_{i,t_0}) + \psi X_{i,t} + \varepsilon_{i,t} \tag{5.9}$$

其中，$\gamma_{i,t} = \left[\log(PGDP_{i,t}/PGDP_{i,t_0}) \right]/t$，$PGDP_{i,t}$ 为初期人均 GDP 水平，$X_{i,t}$ 是一组控制变量，它们使经济体 i 处于稳定状态。β 为回归的收敛系数，β 值小于 0，说明存在 β - 收敛[①]，β 大于 0 说明不存在 β - 收敛或者发散。本研究中的控制变量，包括与现代服务业发展相关的产业规模与效率、产业结构与体系、产业功能与创新以及产业基础与环境等 4 方面的因素。通过分析这些控制变量对经济增长率变化的影响方向和大小的程度来判断哪些因素促使 31 个省区市之间以及东中西部内部各省区市之间经济差异扩大，哪些因素促使经济差异缩小，从而找到与现代服务业相关的可以缩小地区间经济差异所需具备的条件和途径。

---

① 注：当一个较为贫穷的经济比一个较为富裕的经济增长得更快时，即人均收入增长率与初始水平之间存在一种负相关关系，那么，贫穷经济的人均收入水平将赶上富裕经济，这样的收敛称为 β - 收敛。β 收敛存在绝对收敛与条件收敛之分，即如果上式的回归结果不受是否加入其他有关附加变量的影响，均表现为 $\gamma_{i,t+T}$ 与 $\log y_{i,t}$ 之间呈负相关，那么就是绝对 β 收敛；如果只有在加入其他有关附加变量之后，上式的回归结果才能得到负相关关系，就认为是条件 β 收敛。

第六章

我国 31 个省区市经济差异分析

本章将在对我国 31 个省区市经济规模、经济发展水平和经济发展速度进行分析的基础上，运用绝对经济差异指标和相对差异指标对我国 31 个省区市之间的经济差异、收入差异和城乡差异进行分析。另外还将对东中西部内部各省区市之间的经济差异、收入差异和城乡差异的演变过程进行分析研究。

第一节 我国 31 个省区市经济差异的总体特征

对于全国 31 个省区市经济差异总体特征的考察主要从经济规模（GDP）、经济发展水平（人均 GDP）、经济发展速度（人均 GDP 增长速度）、经济结构（产业结构和产业区位熵）和人民生活水平（城镇居民可支配收入和农民人均纯收入）等几个方面来进行。

一、经济规模、经济发展水平和经济发展速度

GDP、人均 GDP、人均 GDP 增长率一般被用来反映区域经济发展的经济规模、经济发展水平和经济发展速度。

如表 6.1 所示，2003—2016 年，全国 31 个省区市的经济规模都有很大幅度的增长（GDP 增长速度均超过 10%）。从省区市之间发展差距看，2003 年经济规模最大的广东省是发展规模最小的西藏自治区的 85.65 倍，到 2016 年这一比例减缓到 69.14 倍；全国 31 个省区市之间在经济规模上的相对差异有所减缓。而绝对差异则是显著地扩大了，2003 年，广东省和西藏自治区的 GDP 绝对差是 15660 亿元，2016 年扩大到 78362 亿元（最大广东省、最小西藏自治区）。

再来看经济发展水平和速度，2003—2016 年，全国 31 个省区市人均 GDP 都以较快的速度增长，但格局发生了一些变化，如广东省在 2003 年的人均 GDP 已具有较高水平，因此人均 GDP 增长速度居末位；而贵州省则异军突起，虽然 2016 年人均 GDP 位居全国 31 个省区市的第 29 位，但人均 GDP 增长速度高达 18.40%，呈现出很强的经济发展态势；内蒙古自治区和陕西省也表现出很大的发展势头，人均 GDP 增长速度分别达到 16.64% 和 16.33%。从省区市之间发展差距看，2003 年人均 GDP 最高的上海市为最低的贵州省的 10.50 倍，到 2016 年这一差距缩小到 4.19 倍（最大天津市、最小甘肃省）；而人均 GDP 绝对差异却显著扩大了，从 2003 年的 35177 元扩大到 2016 年的 87595 元。

表 6.1　全国 31 个省区市经济规模、经济发展水平和经济发展速度差异

地区[①]	GDP（亿元）		增长速度[③④]	人均 GDP（元）[②]		增长速度[③]
	2003	2016	（%）	2003	2016[⑤]	（%）
广东省	15845	79512	13.21（24）	29195	72787（8）	7.28
江苏省	12443	76086	14.95（14）	16743	95257（4）	14.31
山东省	12078	67008	14.09（21）	13268	67706（9）	13.36
浙江省	9705	46485	12.81（26）	20149	83538（5）	11.56
河南省	6868	40160	14.55（16）	7376	42247（20）	14.37
四川省	5333	32681	14.96（13）	6623	39695（24）	14.77
湖北省	4757	32298	15.87（7）	8378	55038（11）	15.58
河北省	6921	31828	12.45（27）	10251	42736（19）	11.61
湖南省	4660	31245	15.76（8）	7589	45931（16）	14.85
福建省	4984	28519	14.36（18）	14125	73951（7）	13.58
上海市	6762	27466	11.38（29）	38878	113615（3）	8.60
北京市	5007	24899	13.13（25）	34777	114653（2）	9.61
安徽省	3973	24118	14.88（15）	6375	39092（25）	14.97
辽宁省	6003	22038	10.52（31）	14270	50314（14）	10.18

续表

地区①	GDP（亿元）		增长速度③④	人均 GDP（元）②		增长速度③
	2003	2016	（%）	2003	2016⑤	（%）
陕西省	2588	19165	16.65（3）	7057	50398（13）	16.33
内蒙古自治区	2388	18633	17.12（2）	10015	74069（6）	16.64
江西省	2807	18364	15.54（10）	6624	40106（23）	14.86
广西壮族自治区	2821	18245	15.44（11）	6169	37876（26）	14.98
天津市	2578	17885	16.07（5）	25544	115053（1）	12.27
重庆市	2556	17559	15.98（6）	9098	57904（10）	15.3
黑龙江省	4057	15386	10.8（30）	10638	40432（21）	10.82
吉林省	2662	14886	14.16（20）	9854	54266（12）	14.02
云南省	2556	14870	14.51（17）	5870	31265（30）	13.73
山西省	2900	12928	12.19（28）	8775	35198（27）	11.28
贵州省	1426	11777	17.63（1）	3701	33246（29）	18.40
新疆维吾尔自治区	1886	9617	13.35（23）	9828	40427（22）	11.49
甘肃省	1400	7152	13.37（22）	5429	27458（31）	13.28
海南省	714	4045	14.27（19）	8849	44252（17）	13.18
宁夏回族自治区	445	3150	16.24（4）	7734	46918（15）	14.88
青海省	390	2573	15.61（9）	7346	43531（18）	14.67
西藏自治区	185	1150	15.09（12）	6850	35143（28）	13.40
中国	137422	744127	13.88	10542	53980	13.39

注：① 各省按照 2016 年 GDP 值从大到小排列。

　　② 人均 GDP 按照常住人口计算。

　　③ 增长速度（包括 GDP 和人均 GDP）为 2003—2016 年年均几何增长率。

　　④ 括号内为各省 2003—2016 年 GDP 年均几何增长率排名。

　　⑤ 括号内为各省 2016 年人均 GDP 排名。

资料来源：本表数据由作者根据相关统计数据整理计算所得。

从以上分析可以看出，2003—2016 年，无论是从经济发展规模还是从经济发展水平看，全国 31 个省区市之间的经济差异的绝对水平都在不断扩大，但相对水平的差距却有所缩减。

二、经济结构

对于结构的分析，主要从三次产业结构和二、三产业区位熵两个方面进行。

（一）产业结构

从三次产业结构的变化看（表 6.2），全国 31 个省区市的发展分几种类型，第一种是"三二一——第三产业为主"型，包括北京市、上海市、海南省、西藏自治区，这些省区市 2003 年第三产业的比重已经达到 40% 以上，近几年这一比重进一步提高，到 2016 年，均达到 52% 以上，北京市更是高达 80.20%；第二种是"二三产业均衡发展型"，包括内蒙古自治区、安徽省、山东省、湖北省、湖南省、广西壮族自治区、重庆市、四川省、甘肃省、青海省、宁夏回族自治区，这些省区市在 2003—2016 年间，第二、第三产业比重有小幅波动，基本维持二、三产业均衡发展的态势；第三种是"二三一——第二产业为主型"，包括河北省、吉林省、福建省、江西省、河南省、陕西省，到 2016 年，这几个省区市第二产业的比重均超过 47%；第四种是"二三一——三二一转变型"，包括天津市、山西省、辽宁省、黑龙江省、江苏省、浙江省、广东省、贵州省、云南省、新疆维吾尔自治区，这 10 个省区市在 2003—2016 年间，产业结构由第二产业为主逐步转变为以第三产业为主，尤其是黑龙江省，实现了 2003 年的第二产业占 51.40% 到 2016 年第三产业占 54.00% 的转型；第五种是"农业重点区"，包括海南省、新疆维吾尔自治区等省区市，2016 年这几个省区市的农业仍然占到 GDP 的 17% 以上。从以上对全国 31 个省区市近 13 年产业结构的变化情况的分析可以看出，其发展态势符合各省区市的产业发展方向。

表6.2　全国31个省区市产业结构变动概况（%）

地区	2003			2010			2016		
	一产	二产	三产	一产	二产	三产	一产	二产	三产
中国	12.30	45.60	42.00	9.50	46.40	44.10	8.60	39.80	51.60
北京市	1.70	29.70	68.60	0.90	24.00	75.10	0.50	19.30	80.20
天津市	3.50	51.90	45.50	1.60	53.10	46.00	1.20	42.30	56.40
河北省	15.37	49.38	35.25	12.57	52.50	34.93	11.00	47.60	41.50
山西省	9.00	50.50	40.60	6.00	56.60	37.30	6.10	38.50	55.50
内蒙古自治区	17.60	40.50	41.90	9.40	54.50	36.10	8.80	48.70	42.50
辽宁省	10.30	48.30	41.40	8.80	54.10	37.10	9.90	38.70	51.50
吉林省	19.40	45.30	35.40	12.20	52.00	36.30	10.10	47.40	42.50
黑龙江省	12.40	51.40	36.20	12.60	48.40	39.00	17.40	28.60	54.00
上海市	1.20	47.90	50.90	0.70	42.00	57.30	0.40	29.80	69.80
江苏省	9.30	54.60	36.10	6.10	52.50	41.40	5.40	44.70	50.00
浙江省	7.90	52.60	40.10	5.00	51.90	43.52	4.20	44.90	51.00
安徽省	19.23	39.13	41.76	13.99	52.08	33.93	10.60	48.40	41.00
福建省	13.90	47.00	39.10	9.30	51.00	39.70	8.30	48.90	42.90
江西省	19.90	42.90	37.20	12.80	54.20	33.00	10.40	47.70	42.00
山东省	12.30	53.70	34.00	9.20	54.20	36.60	7.40	46.10	46.70
河南省	17.50	48.20	34.30	13.70	55.70	30.60	10.70	47.60	41.80
湖北省	16.80	41.10	42.10	13.40	49.10	37.91	10.80	44.90	43.90
湖南省	19.00	38.10	42.90	14.50	45.80	39.70	11.50	42.30	46.40
广东省	8.00	53.60	38.40	5.00	49.60	45.40	4.60	42.80	52.60
广西壮族自治区	23.40	34.90	41.80	17.50	47.10	35.40	15.30	45.20	39.60
海南省	34.20	24.60	41.20	25.50	26.50	48.00	24.00	22.40	54.30

续表

地区	2003			2010			2016		
	一产	二产	三产	一产	二产	三产	一产	二产	三产
重庆市	13.30	44.40	42.30	8.60	44.60	46.80	7.40	44.20	48.40
四川省	21.20	37.80	41.00	14.20	46.00	39.80	12.00	40.80	47.20
贵州省	22.40	42.70	35.30	13.60	39.10	47.30	15.70	39.70	44.70
云南省	20.40	43.43	36.30	15.34	44.70	40.04	14.80	38.50	46.70
西藏自治区	22.00	25.70	52.30	13.50	32.30	54.20	9.10	37.30	52.70
陕西省	13.34	47.30	39.40	9.90	53.90	36.44	8.80	48.90	42.30
甘肃省	17.00	40.86	42.14	14.49	46.84	38.67	13.60	34.90	51.40
青海省	12.40	44.10	43.50	10.00	55.10	34.90	8.60	48.60	42.80
宁夏回族自治区	12.50	43.60	43.90	9.00	49.00	42.00	7.60	47.00	45.40
新疆维吾尔自治区	22.00	43.00	36.02	19.90	47.70	32.50	17.10	37.80	45.10

资料来源：本表数据由作者根据相关统计数据整理计算所得。

（二）区位熵

比较全国的产业结构水平，还可以运用区位熵公式计算各省份的二、三产业的区位熵，区位熵公式为：

$$Q = \frac{j_1/j_2}{b_1/b_2} \tag{6.1}$$

式中，j_1 为全国各省区市的二（三）产业的产值，j_2 为全国同期的二（三）产业的产值，b_1 为各省区市的 GDP，b_2 为全国同期的 GDP，Q 为区位熵，$Q > 1$，说明二（三）产业的集中程度高于全国的平均水平，反之亦然。

表 6.3 是根据公式（6.1）计算的全国 31 个省区市的二、三产业区位熵，从计算结果可以看出，北京市、上海市、西藏自治区第三产业区位熵大于 1，第三产业集中度明显高于全国平均水平；天津市第三产业区位熵虽然大于 1，但其第二产业的区位熵更高，因此可以看出天津市的第二产业集中度相对于全国而言更加高；山西省、辽宁省、黑龙江省、江苏省等第二产业区位熵虽然大于 1，但趋于不断下

降的趋势，而第三产业集中度不断提高；辽宁省、吉林省、浙江省、安徽省、广东省、云南省、甘肃省、新疆维吾尔自治区等省区市的二、三产业集中度在2003—2016年基本维持在全国平均水平；河北省、福建省、山东省、河南省、陕西省等均保持了较高的第二产业集中度；江西省、湖北省、湖南省、广西壮族自治区、重庆市、四川省、青海省、宁夏回族自治区的第二产业集中度也在2003—2016年逐年递增，超过了全国平均水平；此外，海南省的第三产业集中度也是逐年升高。从以上分析可以看出，全国的产业分布表现为：第三产业集中于经济发展水平高的地区，第二产业集中于经济发展水平相对较低的地区。

表6.3　全国31省份第二、三产业的区位熵

地区	第二产业区位熵			第三产业区位熵		
	2003	2010	2016	2003	2010	2016
北京市	0.65	0.51	0.48	1.63	1.66	1.56
天津市	1.14	1.13	1.12	1.06	1.01	1.05
河北省	1.08	1.13	1.19	0.84	0.77	0.81
山西省	1.11	1.21	0.96	0.97	0.83	1.08
内蒙古自治区	0.89	1.18	1.22	1.00	0.82	0.82
辽宁省	1.06	1.15	0.97	0.99	0.83	1.00
吉林省	0.90	1.10	1.21	0.96	0.81	0.81
黑龙江	1.13	1.08	0.73	0.86	0.85	1.04
上海市	1.04	0.91	0.73	1.20	1.29	1.37
江苏省	1.20	1.13	1.12	0.86	0.91	0.97
浙江省	1.15	1.10	1.11	0.95	1.00	1.00
安徽省	0.85	1.11	1.22	0.98	0.76	0.79
福建省	1.03	1.10	1.23	0.93	0.90	0.83
江西省	0.94	1.18	1.24	0.88	0.73	0.78
山东省	1.18	1.18	1.14	0.81	0.84	0.92

地区	第二产业区位熵			第三产业区位熵		
	2003	2010	2016	2003	2010	2016
河南省	1.06	1.20	1.19	0.82	0.69	0.81
湖北省	0.90	1.05	1.12	1.00	0.84	0.86
湖南省	0.84	0.99	1.06	1.02	0.90	0.90
广东省	1.05	1.07	1.09	1.08	1.03	1.02
广西壮族自治区	0.76	1.02	1.13	0.99	0.79	0.77
海南省	0.54	0.59	0.56	0.98	1.04	1.04
重庆市	0.97	0.96	1.11	1.01	1.06	0.94
四川省	0.83	1.07	1.07	0.98	0.77	0.88
贵州省	0.87	0.84	1.00	0.93	1.07	0.87
云南省	0.90	0.96	0.98	0.94	0.91	0.90
西藏自治区	0.56	0.70	0.94	1.24	1.23	1.04
陕西省	1.03	1.16	1.23	0.98	0.83	0.82
甘肃省	0.90	1.04	0.88	1.00	0.85	1.00
青海省	0.97	1.19	1.22	1.04	0.79	0.83
宁夏回族自治区	0.96	1.06	1.18	1.04	0.87	0.88
新疆维吾尔自治区	0.84	1.03	0.94	0.95	0.74	0.88

三、人民生活水平

对于人民生活水平的分析，主要从城镇居民可支配收入和农民人均纯收入（农村居民人均可支配收入）两方面进行。从表 6.4 全国 31 个省区市人民生活水平情况表，我们可以发现以下几个问题：

第一，对于大多数省区市，无论是城镇居民可支配收入还是农民人均纯收入的增长速度都要低于其经济规模和经济发展水平增长速度（表 6.1），如贵州省 2003—2016 年 GDP 和人均 GDP 增长速度分别达到 17.63% 和 18.40%，内蒙古自治区也达到了 17.12% 和 16.64%，而同期的城镇居民可支配收入的增长速度仅为 12% 左右，农民人均纯收入的增长速度仅为 13.5% 左右。这也是近些年大家一直在关注的一个热点问题，居民收入水平的提高始终无法与地区经济增长速度同步。第二，从城镇居民可支配收入来看，收入的绝对水平和增长速度呈现了一种反向关系，例如，2016 年城镇居民可支配收入位居第五的广东省，其增长速度（8.94%）则远不如位居后位的贵州省的增长速度（11.40%）；从农民人均纯收入来看，上海市、北京市、浙江省、天津市 4 省区市收入的绝对水平要明显高于其他 27 个省区市，但年均增长速度却与其他省区市有所差距，如天津市的增长速度只有 9.93%。第三，城镇居民可支配收入之间的差距在 2003—2016 年间没有明显变化，2003 年、2010 年和 2016 年收入最高区和收入最低区之间的比值分别为 2.28、2.42 和 2.26，收入差距呈现了一种先增后减的趋势；农民人均纯收入之间的差距也没有显著的变化，2003 年、2010 年和 2016 年收入最高区和收入最低区之间的比值分别为 4.00、4.08 和 3.42。很明显可以看出，全国 31 个省区市农民收入之间的差距大于城镇居民收入之间的差距，但是农村人均纯收入水平的差距已有缩小的趋势。第四，2003—2016 年，全国农民人均纯收入的增长速度普遍比城镇居民可支配收入的增长速度略大，但城乡收入差距在逐渐缩减，城乡居民收入差距程度由 2003 年的 3.23 倍减缓到 2016 年的 2.72 倍。

表6.4 全国 31 个省区市人民生活水平情况

地区①	城镇居民可支配收入（元）				农民人均纯收入（元）			
	2003	2010	2016	增长速度②（%）	2003	2010	2016③	增长速度②（%）
上海市	14868	31838	57692	10.99	6658	13978	25520（1）	10.89
北京市	13883	29073	57275	11.52	6496	13262	22310（3）	9.96
浙江省	13180	27359	47237	10.32	5431	11303	22866（2）	11.69
江苏省	9263	22944	40152	11.94	4239	9118	17606（5）	11.58
广东省	12380	23898	37684	8.94	4055	7890	14512（7）	10.31
天津市	10313	24293	37110	10.35	5861	10075	20076（4）	9.93

续表

地区①	城镇居民可支配收入（元）				农民人均纯收入（元）			
	2003	2010	2016	增长速度②（%）	2003	2010	2016③	增长速度②（%）
福建省	10000	21781	36014	10.36	3734	7427	14999（6）	11.29
山东省	8400	19946	34012	11.36	3151	6990	13954（8）	12.13
内蒙古自治区	7013	17698	32975	12.65	2133	5222	11609（19）	13.92
辽宁省	7241	17713	32876	12.34	2934	6908	12881（9）	12.05
湖南省	7674	16566	31284	11.42	2533	5622	11930（13）	12.66
重庆市	8094	17532	29610	10.49	2215	5277	11549（20）	13.55
湖北省	7322	16058	29386	11.28	2567	5832	12725（10）	13.11
安徽省	6778	15788	29156	11.88	2128	5285	11720（17）	14.02
江西省	6901	15481	28673	11.58	2458	5789	12138（11）	13.07
云南省	7644	16065	28611	10.69	2554	5838	9020（28）	10.19
新疆维吾尔自治区	7006	13644	28463	11.39	2106	4643	10183（23）	12.89
海南省	7259	15581	28454	11.08	2588	5275	11843（15）	12.41
陕西省	6806	15695	28440	11.63	1676	4105	9396（26）	14.18
四川省	7042	15461	28335	11.3	2230	5087	11203（21）	13.22
广西壮族自治区	7785	17064	28324	10.45	2095	4543	10359（22）	13.08
河北省	7239	16263	28249	11.04	2853	5958	11919（14）	11.62
西藏自治区	8058	14980	27802	10.00	1691	4139	9094（27）	13.82
山西省	7005	15648	27352	11.05	2299	4736	10082（24）	12.04
河南省	6926	15930	27233	11.11	2236	5524	11697（18）	13.57
宁夏回族自治区	6530	15344	27153	11.59	2043	4675	9852（25）	12.86
青海省	6745	13855	26757	11.18	1817	3863	8664（29）	12.77
贵州省	6569	14143	26743	11.4	1565	3472	8090（30）	13.47
吉林省	7005	15411	26530	10.79	2530	6237	12123（12）	12.81
黑龙江	6679	13857	25736	10.93	2509	6211	11832（16）	12.67

地区[①]	城镇居民可支配收入（元）				农民人均纯收入（元）			
	2003	2010	2016	增长速度[②]（%）	2003	2010	2016[③]	增长速度[②]（%）
甘肃省	6657	13189	25694	10.95	1673	3425	7457（31）	12.18
中国	8472	19109	33616	11.18	2622	5919	12363	12.67

注：① 省份按照 2016 年城镇居民可支配收入值从大到小排列。

② 增长速度（包括城镇居民人均可支配收入和农民人均纯收入）为 2003—2016 年年均几何增长率。

③ 括号内为各省份 2003—2016 年农民人均纯收入排名。

资料来源：本表数据由作者根据相关统计数据整理计算所得。

从以上对全国 31 个省区市经济情况的分析，我们可以得出以下几方面的结论：第一，全国 31 个省区市之间的绝对经济差异在逐步扩大；第二，全国各省区市经济增长速度快，但人民生活水平的提高与经济发展水平的提高并不同步；第三，城乡人民生活水平的差距在逐步缩减；第四，各省区市经济结构得到了一定的调整和优化。

第二节　我国 31 个省区市经济差异的演变过程

一、人均 GDP

对于人均 GDP 差异的考察，分别计算了 2003—2016 年全国 31 个省区市的极差、加权标准差两个绝对差异指标和极比、加权变异系数、基尼系数、泰尔指数等 4 个相对差异指标，从它们的变化趋势来分析和判断全国 31 个省区市近 13 年经济差异的变化情况。

从表 6.5、图 6.1、图 6.2，我们看到以下几个经济差异变动的特征：

第一，31 个省区市之间的绝对差异在不断扩大。2003 年，31 个省区市人均 GDP 加权标准差为 6984 元，到 2016 年已经扩大到 21749 元，扩大了 3.11 倍。

　　第二，31 个省区市之间的相对差异也表现出逐渐增大的趋势。从极比、加权变异系数、基尼系数和泰尔指数等几个衡量相对差异的指标看，全国 31 个省区市之间的经济差异基本保持稳定甚至是出现逐渐缩减的趋势，如基尼系数，从 2003 年的 0.423 变为了 2016 年的 0.400，基本维持在同一水平，表明近些年各省区市居民收入分配相对均等；加权变异系数和泰尔指数则在图 6.2 中呈现出了向下的趋势，说明各省区市的经济差异水平在减缓。

表 6.5　人均 GDP 差异变动趋势表（2003—2016）

年份	最小值（元）	最大值（元）	极差	加权标准差（元）	极比	加权变异系数	基尼系数	泰尔指数
2003	3701	38878	35177	6984	10.50	0.574	0.423	0.257
2004	4317	45353	41036	8199	10.51	0.567	0.424	0.250
2005	5394	50282	44888	10330	9.32	0.614	0.429	0.219
2006	6305	55615	49310	10837	8.82	0.560	0.430	0.232
2007	7878	62905	55027	12400	7.98	0.542	0.427	0.219
2008	9855	67912	58057	13718	6.89	0.510	0.419	0.205
2009	10971	70264	59293	14362	6.40	0.496	0.418	0.194
2010	13119	77259	64140	14268	5.89	0.427	0.412	0.170
2011	16480	85213	68733	18689	5.17	0.463	0.402	0.155
2012	19786	93173	73387	19870	4.71	0.447	0.396	0.149
2013	23233	100105	76872	21693	4.31	0.447	0.393	0.145
2014	26433	105231	78798	23183	3.98	0.446	0.393	0.143
2015	26165	107960	81795	20279	4.13	0.381	0.397	0.149
2016	27458	115053	87595	21749	4.19	0.387	0.400	0.151

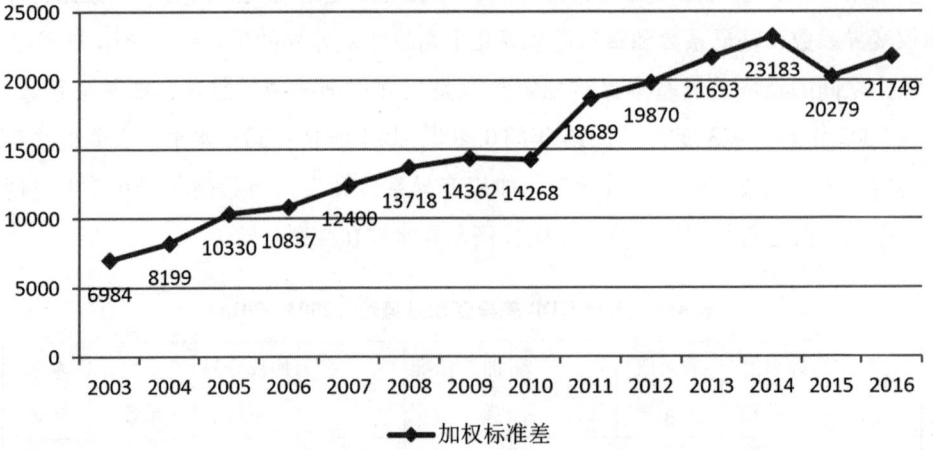

图 6.1   2003—2016 年全国 31 个省区市人均 GDP 绝对差异变动趋势图

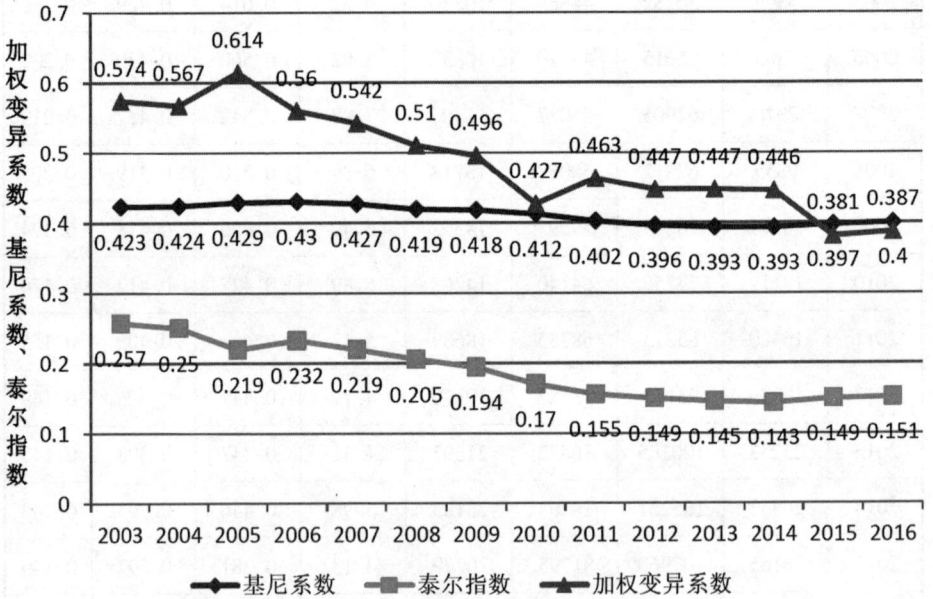

图 6.2   2005—2011 年全国 31 个省区市人均 GDP 相对差异变动趋势图

二、农民人均纯收入

通过对全国 31 个省区市 2003—2016 年间农民人均纯收入绝对差异和相对差异相关指标的计算（表 6.6、图 6.3、图 6.4），可以看出以下几个特点：第一，绝对差异总体上在不断扩大。加权标准差 2003 年为 980 元，2016 年提高到 3160元，扩大了 3.2 倍。第二，相对差异维持了比较平稳的状态。极比、加权变异系数表现出同样的趋势，而基尼系数则呈现反向变动趋势，所表现出的 31 个省区市农民收入水平之间的分配不均的问题在逐年扩大，表明近些年全国各省区市的农村地区得到了发展，但不均衡的程度在逐年扩大。

表 6.6　农民人均纯收入差异变动趋势表（2003—2016）

年份	最小值（元）	最大值（元）	极差	加权标准差（元）	极比	加权变异系数	基尼系数
2003	1565	6658	5093	980	4.25	0.334	0.398
2004	1722	7172	5450	1063	4.16	0.324	0.400
2005	1877	8248	6371	1091	4.39	0.308	0.404
2006	1985	9139	7154	1212	4.60	0.310	0.405
2007	2329	10145	7816	1327	4.36	0.296	0.411
2008	2724	11440	8716	1464	4.20	0.285	0.414
2009	2980	12483	9503	1602	4.19	0.288	0.414
2010	3425	13978	10553	1775	4.08	0.278	0.419
2011	3909	16054	12145	2059	4.11	0.273	0.419
2012	4507	17401	12894	2263	3.86	0.265	0.422
2013	5589	19208	13620	2438	3.44	0.249	0.425
2014	6277	21192	14915	2676	3.38	0.245	0.427
2015	6936	23205	16269	2917	3.35	0.246	0.453
2016	7457	25520	18064	3160	3.42	0.245	0.455

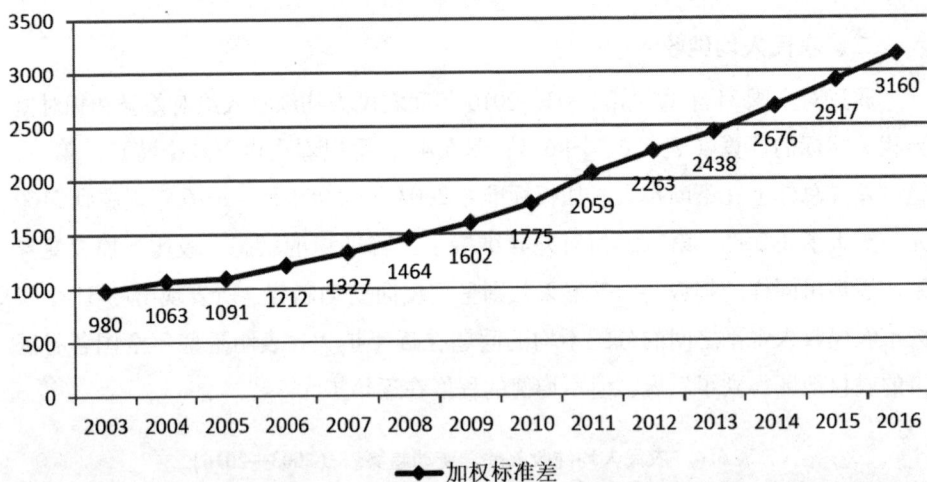

图 6.3　2003—2016 年全国 31 个省区市农民人均纯收入绝对差异变动趋势图

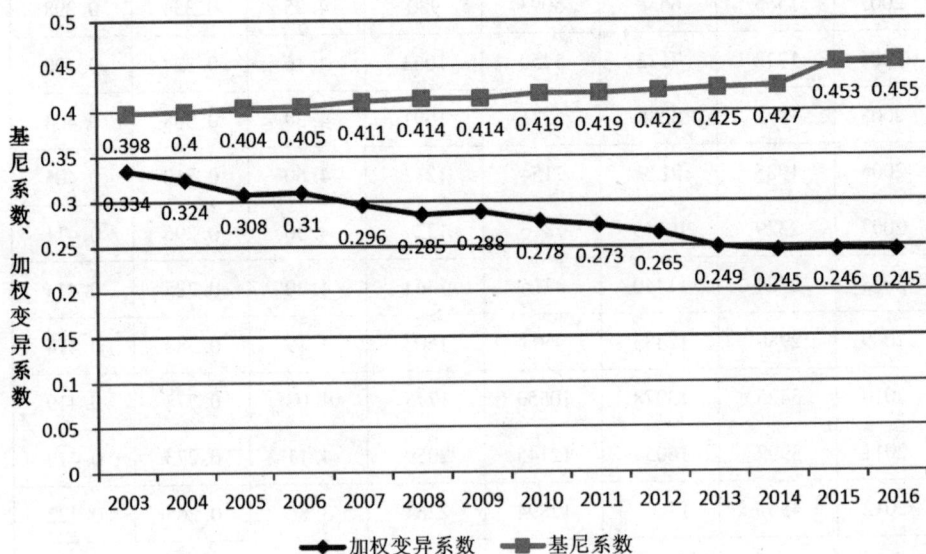

图 6.4　2003—2016 年全国 31 个省区市农民人均纯收入相对差异变动趋势图

三、城镇居民人均可支配收入

关于城镇居民收入差异状况，从表 6.7、图 6.5、图 6.6 可以看出，第一，2003—2016 年全国 31 个省区市城镇居民可支配收入的绝对差异在不断扩大。

2003 年加权标准差为 2449 元，到 2016 年增加到 7771 元，扩大了 3.2 倍。第二，相对差异表现出一定的阶段性。2003—2005 年，收入差异相对稳定，极比、加权变异系数和基尼系数分别维持在 2.35、0.296 和 0.39 左右；2006—2016 年，基尼系数呈现上升趋势（如图 6.6），表明相对差异在逐年增大。第三，基尼系数一直维持 0.39—0.42 之间，表明全国 31 个省区市城镇居民收入差异处于"警戒水位"或者"超警戒水位"的状态。

表 6.7　城镇居民可支配收入差异变动趋势表（2003—2016）

年份	最小值（元）	最大值（元）	极差	加权标准差（元）	极比	加权变异系数	基尼系数
2003	6530	14868	8338	2449	2.28	0.296	0.390
2004	7218	16883	9665	2725	2.34	0.296	0.390
2005	7990	18645	10655	3049	2.33	0.300	0.392
2006	8871	20668	11797	3364	2.33	0.296	0.395
2007	10012	23623	13611	3625	2.36	0.276	0.406
2008	10969	26675	15706	3982	2.43	0.267	0.410
2009	11930	28838	16908	4323	2.42	0.266	0.415
2010	13189	31838	18649	4816	2.41	0.267	0.410
2011	14989	36230	21241	5358	2.42	0.260	0.410
2012	17157	40188	23031	5836	2.34	0.251	0.415
2013	19873	44878	25005	6170	2.26	0.244	0.419
2014	21804	48841	27037	6679	2.24	0.243	0.417
2015	23767	52962	29195	7158	2.23	0.239	0.416
2016	25694	57692	31998	7771	2.25	0.241	0.419

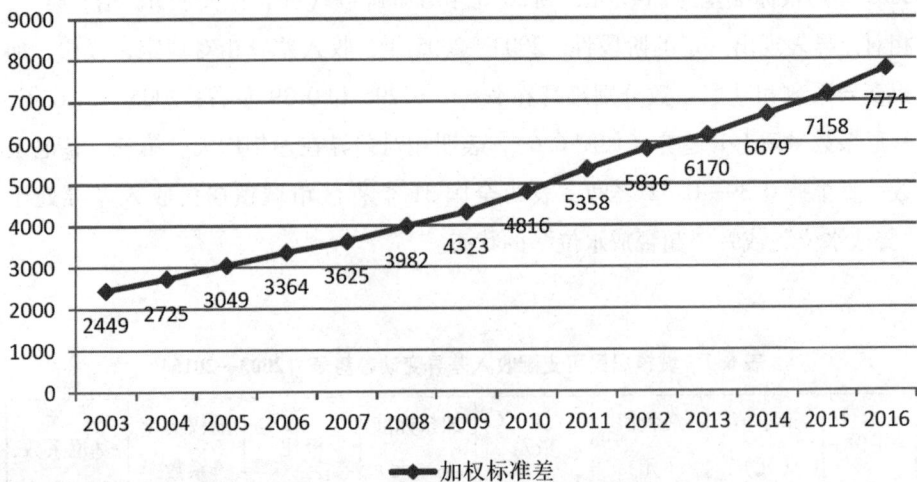

图 6.5 2003—2016 年全国 31 个省份城镇居民可支配收入绝对差异变动趋势图

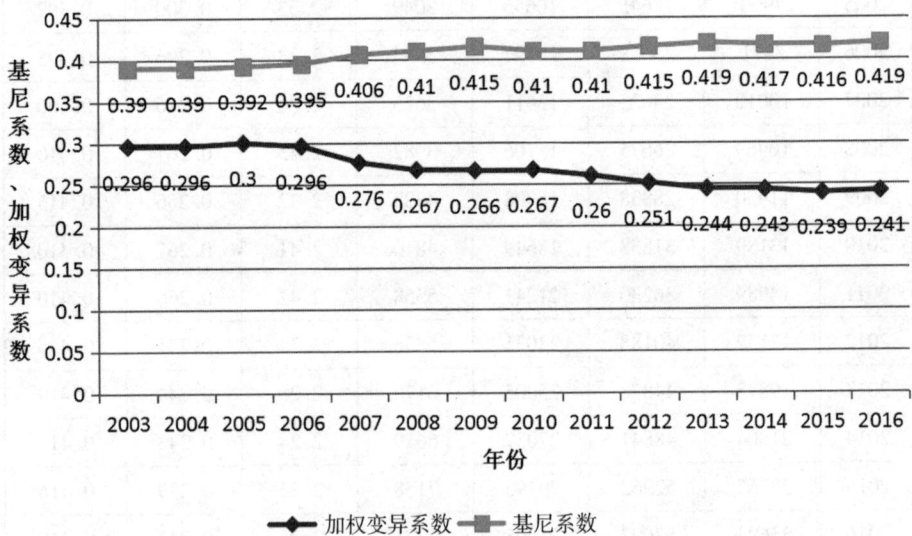

图 6.6 2003—2016 年全国 31 个省份城镇居民可支配收入相对差异变动趋势图

四、城乡差异

对于城乡居民收入差异，从表6.8可以看出，对于绝对差异，2003—2016年全国31个省区市城乡居民收入绝对差异都在不断增加，增长率最快的为北京市，由2003年的7386元，增加到2016年的34966元，增长率高达12.70%；2016年，绝对差异最大的依旧是北京市，达34966元，是绝对差异最小的黑龙江省（13905元）的2.51倍，这一比值在2003年为2.00（最高广东省、最低黑龙江省），表明城乡绝对差异的地区差异近几年在不断扩大。对于相对差异，除北京市、江苏省、辽宁省、云南省、天津市有所扩大外，其余省区市基本都在不断缩小或保持稳定；天津市城乡差异相对差异水平明显低于其他30个省区市。

表6.8　城乡居民收入差异变动趋势表（2003—2016）

地区③	绝对差异① （元）				相对差异②		
	2003	2010	2016	增长速度④ （%）	2003	2010	2016
北京市	7386	15811	34966	12.7	2.14	2.19	2.57
上海市	8210	17860	32171	11.08	2.23	2.28	2.26
浙江省	7749	16056	24371	9.21	2.43	2.42	2.07
广东省	8325	16008	23172	8.19	3.05	3.03	2.6
江苏省	5024	13826	22546	12.24	2.19	2.52	2.28
内蒙古自治区	4880	12476	21366	12.03	3.29	3.39	2.84
福建省	6266	14354	21015	9.76	2.68	2.93	2.4
山东省	5249	12956	20058	10.86	2.67	2.85	2.44
辽宁省	4306	10805	19995	12.54	2.47	2.56	2.55
云南省	5090	10227	19591	10.92	2.99	2.75	3.17
湖南省	5141	10944	19353	10.73	3.03	2.95	2.62
陕西省	5130	11590	19044	10.62	4.06	3.82	3.03
西藏自治区	6367	10841	18709	8.64	4.77	3.62	3.06
贵州省	5004	10671	18652	10.65	4.2	4.07	3.31

续表

地区③	绝对差异①（元）				相对差异②		
	2003	2010	2016	增长速度④（%）	2003	2010	2016
新疆维吾尔自治区	4900	9001	18280	10.66	3.33	2.94	2.8
甘肃省	4984	9764	18237	10.49	3.98	3.85	3.45
青海省	4928	9992	18093	10.52	3.71	3.59	3.09
重庆市	5879	12256	18061	9.02	3.65	3.32	2.56
广西壮族自治区	5690	12521	17965	9.25	3.72	3.76	2.73
安徽省	4650	10503	17436	10.7	3.19	2.99	2.49
宁夏回族自治区	4487	10669	17301	10.94	3.2	3.28	2.76
山西省	4706	10912	17270	10.52	3.05	3.3	2.71
四川省	4812	10374	17132	10.26	3.16	3.04	2.53
天津市	4452	14218	17034	10.87	1.76	2.41	1.85
湖北省	4755	10226	16661	10.13	2.85	2.75	2.31
海南省	4671	10306	16611	10.25	2.8	2.95	2.4
江西省	4443	9692	16536	10.64	2.81	2.67	2.36
河北省	4386	10305	16330	10.64	2.54	2.73	2.37
河南省	4690	10406	15536	9.65	3.1	2.88	2.33
吉林省	4475	9174	14407	9.41	2.77	2.47	2.19
黑龙江	4170	7646	13905	9.71	2.66	2.23	2.18
全国	5850	13190	21253	10.43	3.23	3.23	2.72

注：① 绝对差异＝城镇居民可支配收入－农民人均纯收入

② 相对差异＝城镇居民可支配收入/农民人均纯收入

③ 按31个省区市2016年城乡绝对差异值由大到小排序。

④ 增长速度为2003—2016年城乡绝对差异值的年均几何增长率。

资料来源：本表数据由作者根据相关统计数据整理计算所得。

通过以上对全国31个省区市居民人均收入的分析，我们可以得出以下几个结论：第一，无论是农民人均纯收入还是城镇居民可支配收入，绝对差异在近几年都在不断扩大。第二，近几年，全国31个省区市农民人均纯收入和城镇居民可支配收入分配不均问题都在逐年加重，城镇居民可支配收入相对差异有扩大的趋势，但总体小于农民人均纯收入之间的差异。第三，城乡居民收入绝对差异在逐步扩大，相对差异也维持了较高的水平且也在逐年扩大，各省区市相对差异值在2016年均在2.6左右，表明全国应该进一步探索如何缩小城乡差距，实现城乡一体化统筹协调发展。

第三节　我国东中西部内部各省区市经济差异演变过程

一、我国东部地区经济差异分析

我国东部地区包括北京市、河北省、辽宁省、福建省、天津市、山东省、江苏省、上海市、浙江省、广东省、广西壮族自治区和海南省等12个省区市。

通过计算2003—2016年东部地区12个省区市的极差、加权标准差两个绝对差异指标和极比、加权变异系数、基尼系数、泰尔指数等4个相对差异指标对人均GDP进行考察，根据它们的变化趋势来判断和分析东部地区近13年经济差异的变化情况。

从表6.9、图6.7、图6.8，我们可以看到以下几个经济差异变动的特征：

第一，12个省区市之间的绝对差异在不断扩大。2003年，东部地区12个省区市人均GDP加权标准差为8439元，而2016年已经扩大到22776元，扩大了2.7倍。

第二，东部地区12个省区市之间的相对差异与绝对差异有所区别，呈现缩减的态势。从极比、加权变异系数和泰尔指数等几个衡量相对差异的指标看，可知东部地区的相对差异呈现逐步缩减趋势，从基尼系数的变化趋势分析，可以看出该地区的相对差异呈现相对平稳的趋势，综上可知东部地区12个省区市之间的经济差异在逐渐缩小，如泰尔指数，从 2003 年的 0.231 减少到 2016 年的 0.158，逐年不断减少，说明我国缩小地区经济差距的工作取得了一定的进展，但仍需继续推进。

表 6.9 东部地区人均 GDP 差异变动趋势表（2003—2016）

年份	最小值（元）	最大值（元）	极差	加权标准差（元）	极比	加权变异系数	基尼系数	泰尔指数
2003	6169	38878	32709	8439	6.30	0.436	0.340	0.231
2004	7461	45353	37892	9831	6.08	0.431	0.344	0.226
2005	8590	50282	41692	11287	5.85	0.426	0.350	0.214
2006	10121	55615	45494	12350	5.50	0.409	0.354	0.203
2007	12277	62905	50628	13914	5.12	0.397	0.352	0.191
2008	14652	67912	53260	14912	4.63	0.371	0.348	0.177
2009	16045	70264	54219	15176	4.38	0.355	0.345	0.166
2010	20219	77259	57040	14077	3.82	0.297	0.342	0.175
2011	25326	85213	59887	17956	3.36	0.315	0.337	0.149
2012	27952	93173	65221	19155	3.33	0.310	0.334	0.144
2013	30741	100105	69364	21133	3.26	0.314	0.334	0.139
2014	33090	105231	72141	22870	3.18	0.319	0.333	0.136
2015	35190	107960	72770	20396	3.07	0.282	0.335	0.153
2016	37876	115053	77177	22776	3.04	0.300	0.345	0.158

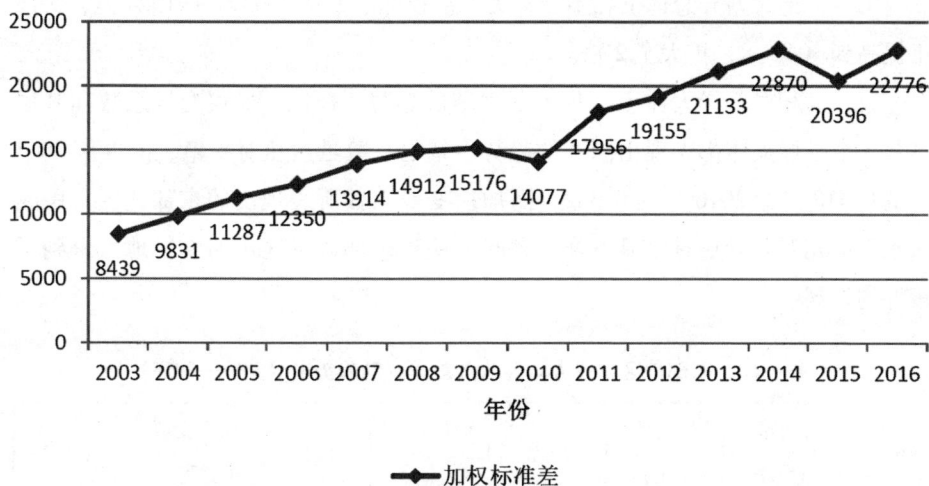

图 6.7　2003—2016 年东部 12 个省份人均 GDP 绝对差异变动趋势图

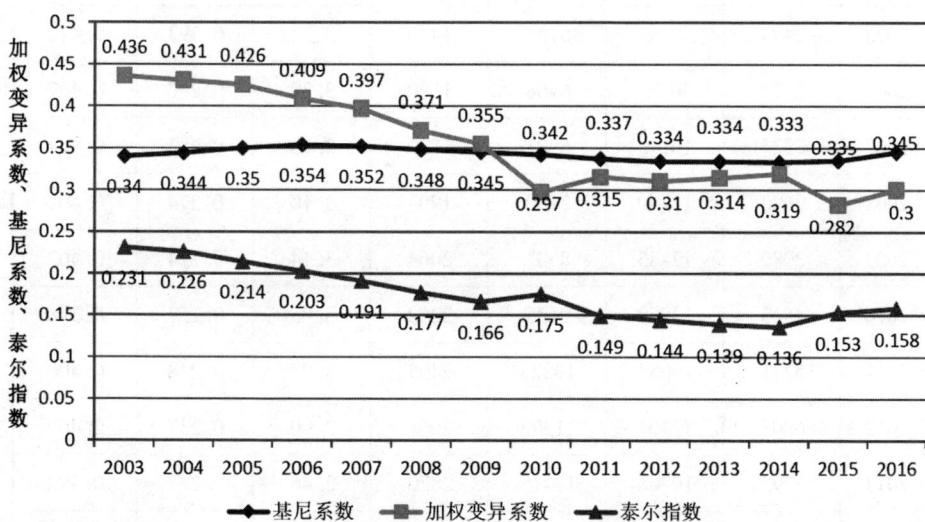

图 6.8　2003—2016 年东部地区 12 个省区市人均 GDP 相对差异变动趋势图

（一）农民人均纯收入

通过对东部地区 12 个省区市 2003—2016 年间农民人均纯收入绝对差异和相对差异相关指标的计算，做如下分析。

从表 6.10、图 6.9、图 6.10 分析，可以总结出下几个特点：

第一，绝对差异总体上在不断扩大。加权标准差从2003年的1524元，2016年提高到3063元，扩大了2倍。

第二，相对差异大体上呈现不断缩减的趋势。极比、加权变异系数和基尼系数3个指标大体都表现出同样的趋势。基尼系数虽然相对平稳，但也从2003年的0.418降为2016年的0.382，而加权变异系数所表现出的东部地区农民收入水平的相对差异更是明显下降，表明近些年东部各省区市的农村地区得到了较好的发展。

表6.10　东部地区农民人均纯收入差异变动趋势表（2003—2016）

年份	最小值（元）	最大值（元）	极差	加权标准差（元）	极比	加权变异系数	基尼系数
2003	2095	6658	4563	1524	3.18	0.365	0.418
2004	2305	7172	4867	1999	3.11	0.435	0.417
2005	2495	8248	5753	1436	3.31	0.293	0.412
2006	2771	9139	6368	1580	3.30	0.292	0.407
2007	3224	10145	6921	1730	3.15	0.282	0.404
2008	3690	11440	7750	1903	3.10	0.274	0.402
2009	3980	12483	8503	2064	3.14	0.274	0.402
2010	4543	13978	9435	2202	3.08	0.257	0.398
2011	5231	16054	10823	2495	3.07	0.248	0.400
2012	6008	17401	11393	2661	2.90	0.237	0.400
2013	7793	19208	11415	2870	2.46	0.227	0.392
2014	8683	21192	12508	3119	2.44	0.223	0.391
2015	9467	23205	13739	2831	2.45	0.185	0.384
2016	10359	25520	15161	3063	2.46	0.185	0.382

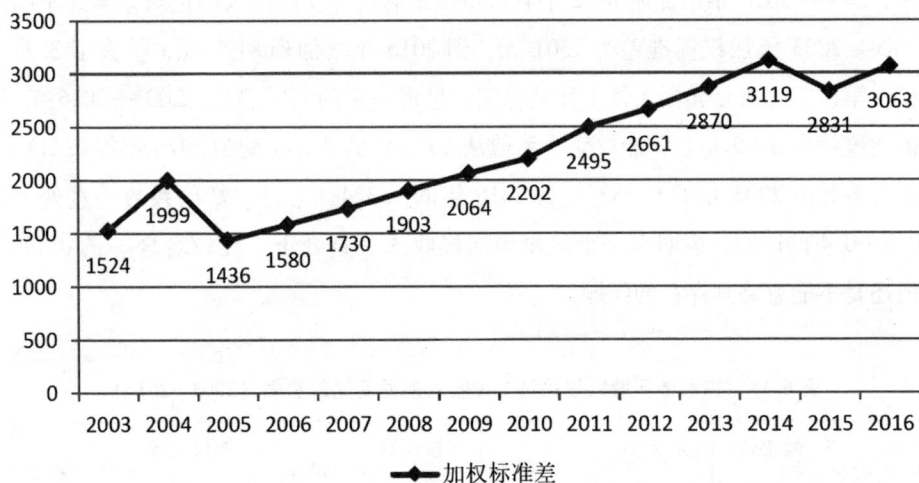

图 6.9　2003—2016 年东部地区 12 个省区市农民人均纯收入绝对差异变动趋势图

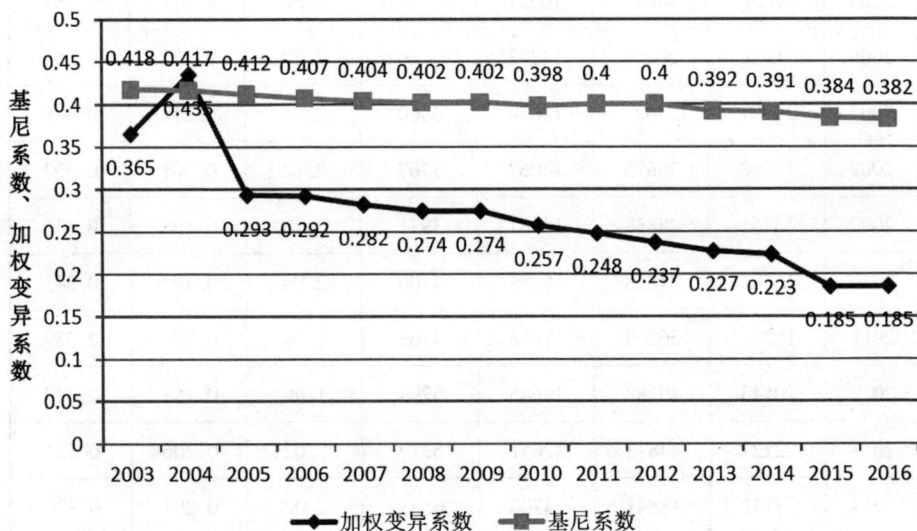

图 6.10　2003—2016 年东部地区 12 个省区市农民人均纯收入相对差异变动趋图

（二）城镇居民人均可支配收入

关于城镇居民收入差异状况，从表 6.11、图 6.11、图 6.12 可以看出，第一，2003—2016 年东部地区 12 个省区市城镇居民可支配收入的绝对差异在不断扩大。2003 年加权标准差为 2501 元，到 2016 年增加到 8197 元，扩大了 3.27 倍。第二，相对差异则大体上比较稳定，呈现一定的缩减趋势。2003—2016 年，极比维持在 2.05 左右，加权变异系数从 2003 年的 0.246 变为 2016 年的 0.211，基尼系数由 2003 年的 0.383 变为 2016 年的 0.324。第三，基尼系数一直处于 0.3—0.4 的区间，表明东部地区城镇居民收入一直处于"比较合理"的状态，但还是不能忽略其存在的问题。

表 6.11　东部地区城镇居民可支配收入差异变动趋势表（2003—2016）

年份	最小值（元）	最大值（元）	极差	加权标准差（元）	极比	加权变异系数	基尼系数
2003	7239	14868	7629	2501	2.05	0.246	0.383
2004	7736	16883	9147	2813	2.18	0.250	0.381
2005	8124	18645	10521	3939	2.30	0.313	0.354
2006	9395	20668	11273	3266	2.20	0.232	0.355
2007	10997	23623	12626	3460	2.15	0.214	0.348
2008	12608	26675	14067	3707	2.12	0.201	0.337
2009	13751	28838	15087	3971	2.10	0.198	0.335
2010	15581	31838	16257	4300	2.04	0.193	0.343
2011	18292	36230	17938	4866	1.98	0.192	0.339
2012	20543	40188	19645	5294	1.96	0.187	0.337
2013	22227	44878	22651	6279	2.02	0.206	0.321
2014	24141	48841	24700	6883	2.02	0.207	0.320
2015	26152	52962	26810	7492	2.03	0.209	0.321
2016	28249	57692	29442	8197	2.04	0.211	0.324

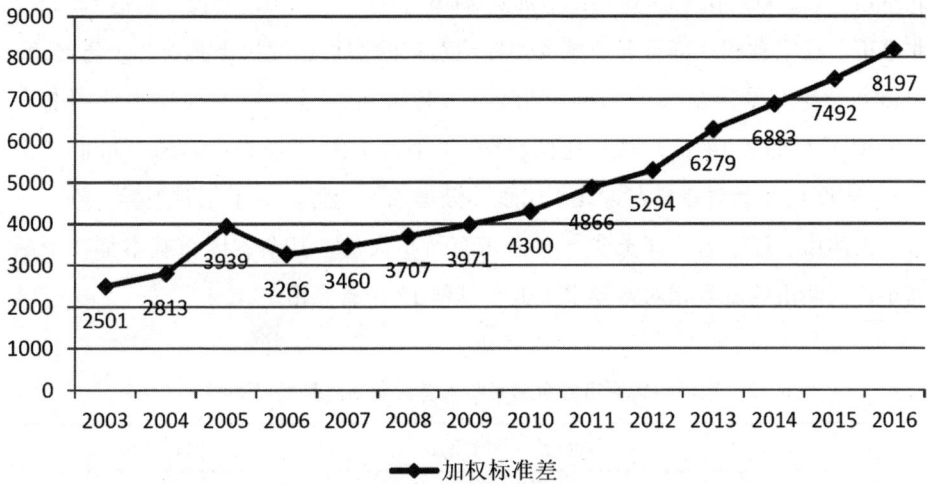

图6.11 2003—2016年东部地区城镇居民可支配收入绝对差异变动趋势图

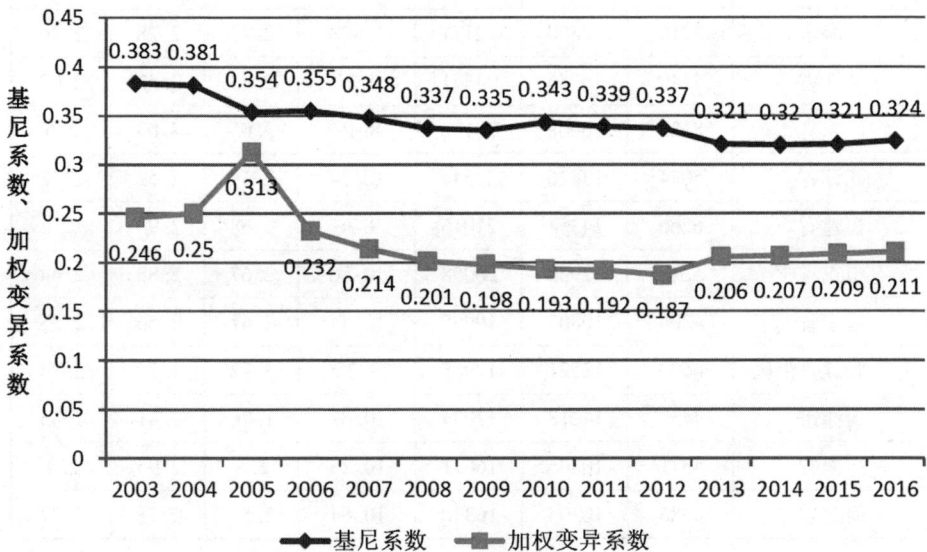

图6.12 2003—2016年东部地区城镇居民可支配收入相对差异变动趋势图

（三）城乡差异

对于城乡居民收入差异，从表6.12可以看出，对于绝对差异，2003—2016年东部地区12个省区市城乡居民收入绝对差异都在不断增加，增长率最快的为北京市，由 2003 年的 7386 元，增加到 2016 年的 34966 元，增长率高达 12.7%；北京市、辽宁省和江苏省 3 地城乡差异绝对差的增长速度快于其他 9 个省区市；2016 年，绝对差异最大的为北京市，达 34966 元，是绝对差异最小的河北省（16330 元）的 2.14 倍，这一比值在 2003 年为 1.93（最高广东省、最低辽宁省），表明城乡绝对差异在近几年出现逐渐增加的趋势。对于相对差异，除北京市、天津市、辽宁省、江苏省、上海市有所扩大外，其余省区市基本都在不断缩小；天津市的城乡相对差异水平低于其他 11 个省区市。

表 6.12　东部各省区市城乡居民收入差异变动趋势表（2003—2016）

地区[3]	绝对差异[1]（元）				相对差异[2]		
	2003	2010	2016	增长速度[4]（%）	2003	2010	2016
北京市	7386	15811	34966	12.7	2.14	2.19	2.57
上海市	8210	17860	32171	11.08	2.23	2.28	2.26
浙江省	7749	16056	24371	9.21	2.43	2.42	2.07
广东省	8325	16008	23172	8.19	3.05	3.03	2.6
江苏省	5024	13826	22546	12.24	2.19	2.52	2.28
福建省	6266	14354	21015	9.76	2.68	2.93	2.4
山东省	5249	12956	20058	10.86	2.67	2.85	2.44
辽宁省	4306	10805	19995	12.54	2.47	2.56	2.55
广西壮族自治区	5690	12521	17965	9.25	3.72	3.76	2.73
天津市	4452	14218	17034	10.87	1.76	2.41	1.85
海南省	4671	10306	16611	10.25	2.8	2.95	2.4
河北省	4386	10305	16330	10.64	2.54	2.73	2.37

注：① 绝对差异＝城镇居民可支配收入 − 农民人均纯收入

　　② 相对差异＝城镇居民可支配收入/农民人均纯收入

　　③ 12 个省区市按 2016 年城乡绝对差异值由大到小排序。

　　④ 增长速度为 2003—2016 年城乡绝对差异值的年均几何增长率。

资料来源：本表数据由作者根据相关统计数据整理计算所得。

通过以上对东部地区居民人均收入的分析，我们可以得出以下几个结论：第一，无论是农民人均纯收入还是城镇居民可支配收入，绝对差异在近几年都在不断扩大。第二，近几年，东部地区农民人均纯收入和城镇居民可支配收入都处于"比较合理"的状态，城镇居民可支配收入和农民人均纯收入的相对差异均有缩小的趋势，但城镇居民可支配收入总体小于农民人均纯收入之间的省区市差异。第三，城乡居民收入和农民人均纯收入的绝对差异均在逐步扩大，相对差异也维持了较高的水平，各省区市相对差异值在 2016 年维持在 2.4 左右，表明东部地区应该进一步采取措施为缩小城乡差距做出努力。

二、我国中部地区经济差异分析

中部地区包括吉林省、黑龙江省、山西省、河南省、安徽省、江西省、湖北省和湖南省和内蒙古自治区等 9 个省区市。

对于人均 GDP 差异的考察，分别计算了 2003—2016 年中部地区的极差、加权标准差两个绝对差异指标和极比、加权变异系数、基尼系数、泰尔指数等 4 个相对差异指标，从它们的变化趋势来判断和分析中部地区近 13 年经济差异的变化情况。

从表 6.13、图 6.13、图 6.14，我们看到以下几个经济差异变动的特征：

第一，中部地区 9 个省区市之间的绝对差异在不断扩大。2003 年，中部地区人均 GDP 加权标准差为 1378 元，到 2016 年已经扩大到 9271 元，扩大了 6.73 倍，近 13 年差异增加迅速，应当引起重视并及时进行调控。

第二，中部地区 9 个省区市之间的相对差异也表现出逐渐增大的趋势。从极比、加权变异系数、基尼系数和泰尔指数等几个衡量相对差异的指标看，中部地区 9 省区市之间的经济差异在逐渐扩大，如基尼系数，从 2003 年的 0.184 增加到 2016 年的 0.212，逐年不断增加，从"高度平均"的范围逐步变为"相对平均"的范围，不断扩大的经济差异不容忽视。

表 6.13　中部地区人均 GDP 差异变动趋势表（2003—2016）

年份	最小值（元）	最大值（元）	极差	加权标准差（元）	极比	加权变异系数	基尼系数	泰尔指数
2003	6375	10638	4263	1378	1.67	0.164	0.184	0.070
2004	7768	12728	4960	1593	1.64	0.156	0.184	0.070
2005	8810	16285	7475	2052	1.85	0.170	0.187	0.070
2006	10055	20523	10468	2606	2.04	0.184	0.181	0.074
2007	12045	26521	14476	3417	2.20	0.198	0.178	0.078
2008	14448	34869	20421	4659	2.41	0.221	0.176	0.085
2009	16408	39735	23327	5284	2.42	0.229	0.181	0.086
2010	20888	47347	26459	6079	2.27	0.217	0.178	0.082
2011	25659	57974	32315	7541	2.26	0.222	0.172	0.084
2012	28792	63886	35094	8343	2.22	0.222	0.174	0.083
2013	31930	67836	35906	8681	2.12	0.213	0.180	0.080
2014	34425	71046	36621	8984	2.06	0.208	0.191	0.077
2015	34919	71101	36182	8849	2.04	0.198	0.203	0.072
2016	35198	74069	38871	9271	2.10	0.196	0.212	0.070

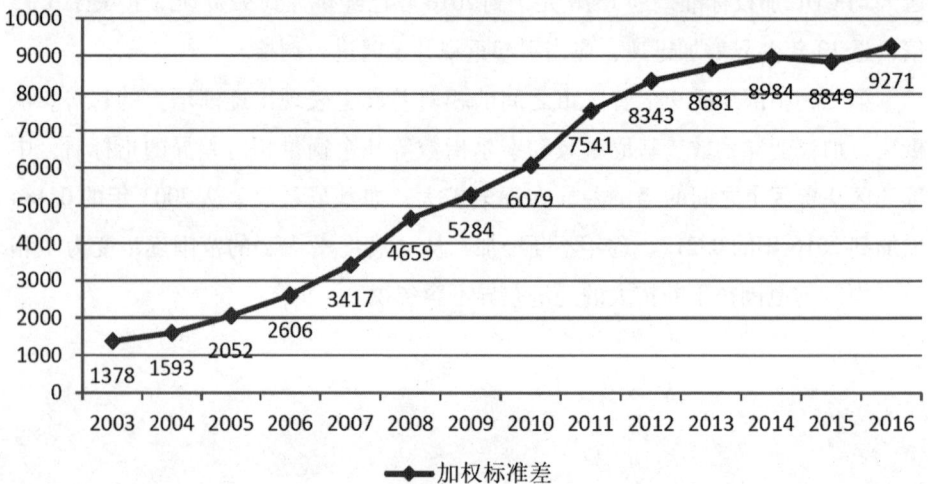

图 6.13　2003—2016 年中部地区人均 GDP 绝对差异变动趋势图

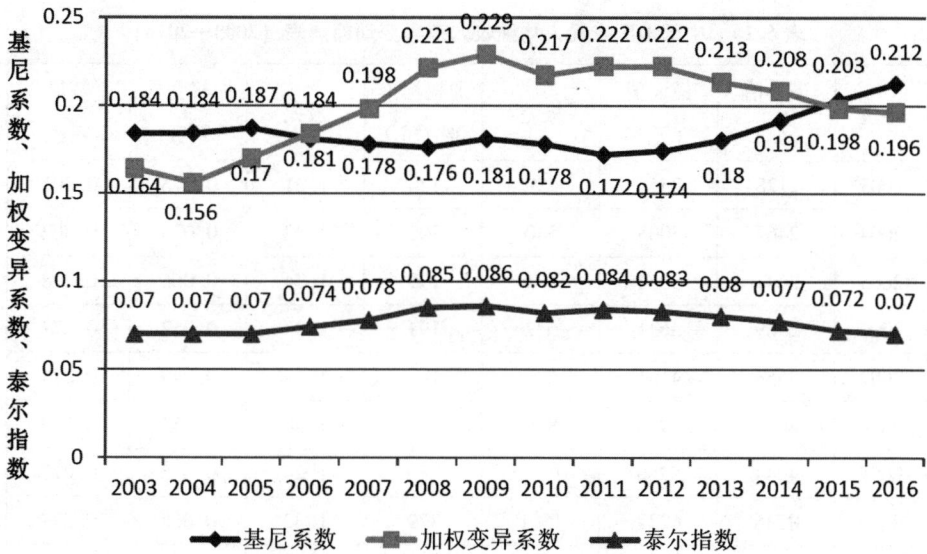

图 6.14 2003—2016 年中部地区人均 GDP 相对差异变动趋势图

（一）农民人均纯收入

通过对中部地区 2003—2016 年间农民人均纯收入绝对差异和相对差异相关指标进行计算做如下分析。

通过对表 6.14、图 6.15、图 6.16 的分析，可以看出其具有以下几个特点：

第一，绝对差异总体上在不断扩大。加权标准差 2003 年为 173 元，2016 年提高到 609 元，扩大了 3.52 倍。

第二，相对差异表现出了逐渐缩减的状态。极比、加权变异系数和基尼系数 3 个指标都表现出同样的趋势。基尼系数由 2003 年的 0.307 变为 2016 年的 0.273，农民收入水平由"比较合理"变为"相对平均"。加权变异系数由 2003 年的 0.073 下降到 2016 年的 0.052，表明近些年中部地区的农村地区发展日趋均衡。

表 6.14 中部地区农民人均纯收入差异变动趋势表 (2003—2016)

年份	最小值（元）	最大值（元）	极差	加权标准差（元）	极比	加权变异系数	基尼系数
2003	2128	2567	439	173	1.21	0.073	0.307
2004	2465	3005	540	202	1.22	0.073	0.302
2005	2641	3264	623	199	1.24	0.066	0.278
2006	2969	3641	672	191	1.23	0.057	0.277
2007	3556	4191	635	189	1.18	0.049	0.275
2008	4097	4933	836	234	1.20	0.052	0.273
2009	4244	5266	1022	280	1.24	0.058	0.277
2010	4736	6237	1501	379	1.32	0.068	0.277
2011	5601	7591	1989	496	1.36	0.074	0.270
2012	6357	8604	2247	569	1.35	0.075	0.270
2013	7949	9781	1831	442	1.23	0.049	0.271
2014	8809	10849	2040	499	1.23	0.049	0.271
2015	9454	11844	2390	546	1.25	0.050	0.274
2016	10082	12725	2643	609	1.26	0.052	0.273

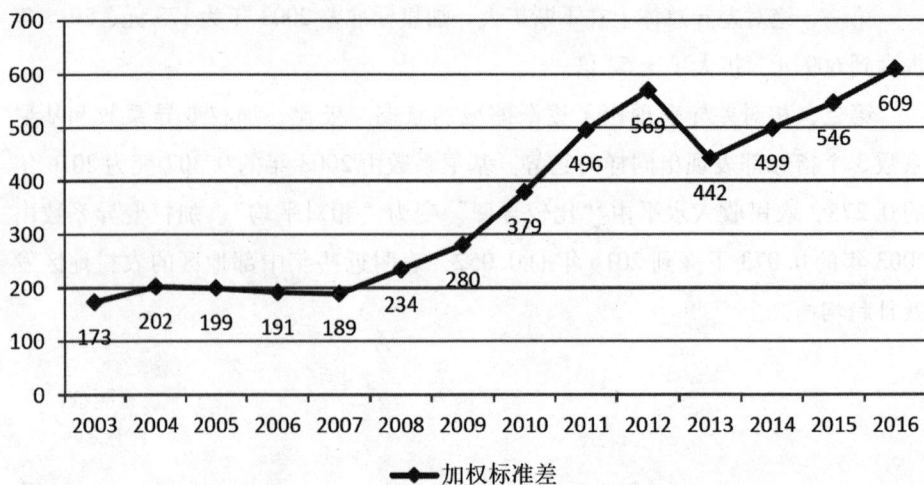

图 6.15 2003—2016 年中部地区农民人均纯收入绝对差异变动趋势图

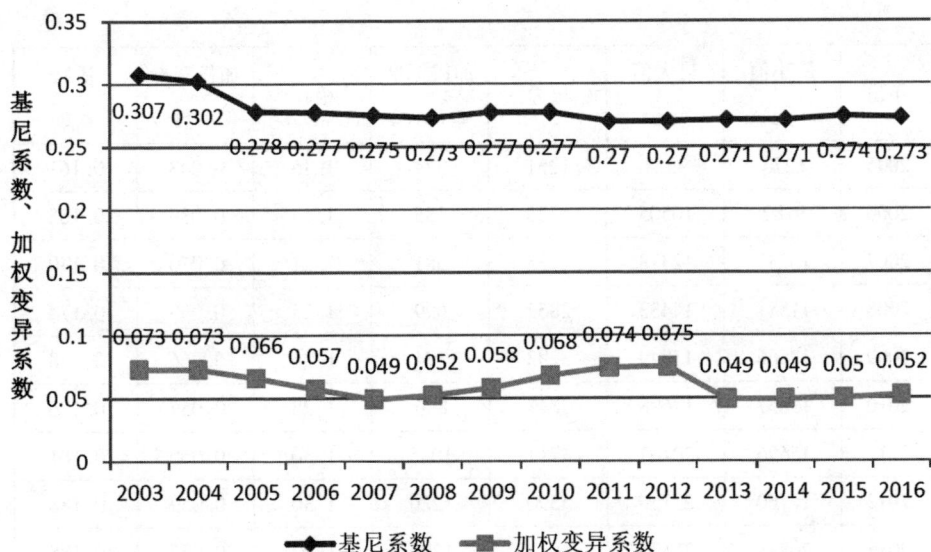

图 6.16 2003—2016 年中部地区农民人均纯收入相对差异变动趋势图

（二）城镇居民人均可支配收入

关于城镇居民收入差异状况，从表 6.15、图 6.17、图 6.18 可以看出：

第一，2003—2016 年中部地区城镇居民可支配收入的绝对差异在不断扩大。2003 年加权标准差为 305 元，到 2016 年增加到 2027 元，扩大了 6.65 倍，增长幅度逐渐增大。

第二，相对差异也在不断扩大。2003—2016 年，极比、加权变异系数和基尼系数都在逐渐增大，虽然增长幅度不大但依旧应当引起注意。

第三，2003—2016 年基尼系数从 0.159 上升为 0.204，城镇居民人均可支配收入由"高度平均"变为"相对平均"。

表 6.15 中部地区城镇居民可支配收入差异变动趋势表（2003—2016）

年份	最小值（元）	最大值（元）	极差	加权标准差（元）	极比	加权变异系数	基尼系数
2003	6679	7674	995	305	1.15	0.043	0.159
2004	7471	8618	1147	356	1.15	0.045	0.168

续表

年份	最小值（元）	最大值（元）	极差	加权标准差（元）	极比	加权变异系数	基尼系数
2005	8273	9524	1251	374	1.15	0.043	0.161
2006	9182	10505	1323	385	1.14	0.039	0.165
2007	10245	12378	2133	581	1.21	0.050	0.170
2008	11581	14433	2852	699	1.25	0.053	0.174
2009	12566	15849	3283	794	1.26	0.056	0.178
2010	13857	17698	3841	896	1.28	0.057	0.176
2011	15696	20407	4711	1085	1.30	0.060	0.181
2012	17760	23150	5390	1220	1.30	0.059	0.186
2013	20848	25496	4648	1290	1.22	0.057	0.188
2014	22609	28350	5741	1520	1.25	0.061	0.190
2015	24203	30594	6391	1707	1.26	0.064	0.197
2016	25736	32975	7239	2027	1.28	0.071	0.204

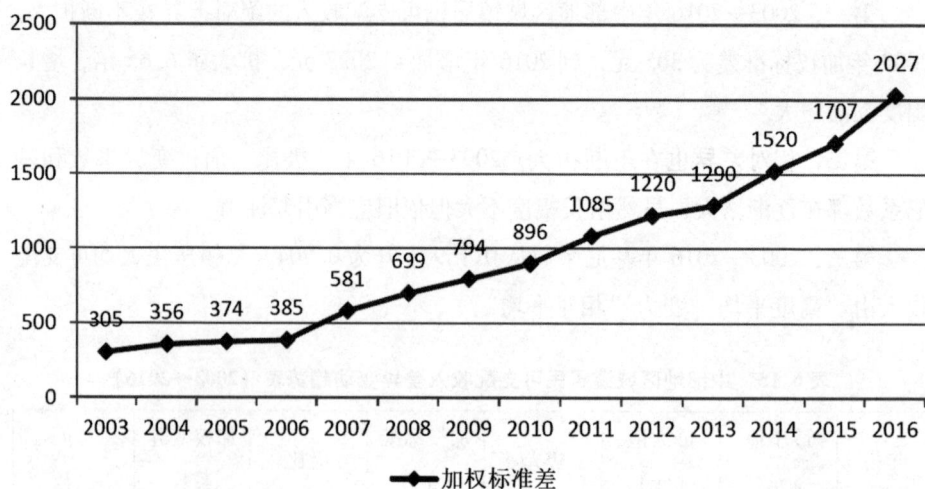

图 6.17 2003—2016 年中部地区城镇居民可支配收入绝对差异变动趋图

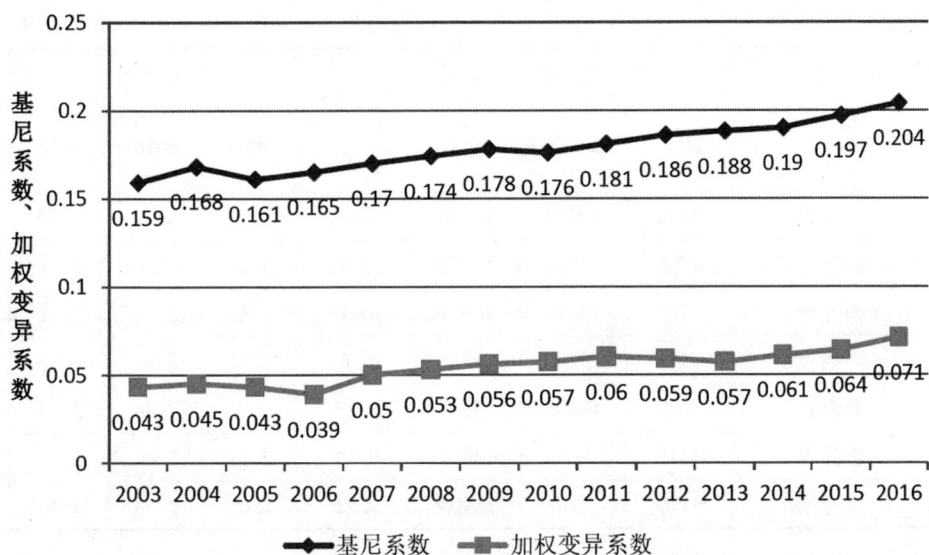

图 6.18　2003—2016 年中部地区城镇居民可支配收入相对差异变动趋势图

（三）城乡差异

对于城乡居民收入差异，从表 6.16 可以看出，对于绝对差异，2003—2016 年中部地区城乡居民收入绝对差异都在不断增加，增长率最快的为内蒙古自治区，由 2003 年的 4880 元，增加到 2016 年的 21366 元，增长率高达 12.03%；内蒙古自治区城乡差异绝对差的增长速度明显快于其他 8 个省区市；2016 年，绝对差异最大的为内蒙古自治区，达 21366 元，是绝对差异最小的黑龙江省（13905 元）的 1.54 倍，这一比值在 2003 年为 1.23（最高湖南省、最低黑龙江省），表明城乡绝对差异在近几年不断扩大。对于相对差异，中部地区所有省区市都在不断缩小。

表 6.16　中部各省区城乡居民收入差异变动趋势表（2003—2016）

地区③	绝对差异①（元）				相对差异②		
	2003	2010	2016	增长速度④（%）	2003	2010	2016
内蒙古自治区	4880	12476	21366	12.03	3.29	3.39	2.84
湖南省	5141	10944	19353	10.73	3.03	2.95	2.62

地区③	绝对差异①（元）				相对差异②		
	2003	2010	2016	增长速度④（%）	2003	2010	2016
安徽省	4650	10503	17436	10.7	3.19	2.99	2.49
山西省	4706	10912	17270	10.52	3.05	3.3	2.71
湖北省	4755	10226	16661	10.13	2.85	2.75	2.31
江西省	4443	9692	16536	10.64	2.81	2.67	2.36
河南省	4690	10406	15536	9.65	3.1	2.88	2.33
吉林省	4475	9174	14407	9.41	2.77	2.47	2.19
黑龙江	4170	7646	13905	9.71	2.66	2.23	2.18

注：① 绝对差异＝城镇居民可支配收入－农民人均纯收入

② 相对差异＝城镇居民可支配收入/农民人均纯收入

③ 中部地区9个省区市按2016年城乡绝对差异值由大到小排序。

④ 增长速度为2003—2016年城乡绝对差异值的年均几何增长率。

资料来源：本表数据由作者根据相关统计数据整理计算所得。

通过以上对中部地区居民人均收入的分析，我们可以得出以下几个结论：

第一，无论是农民人均纯收入还是城镇居民可支配收入，绝对差异在近几年都在以很高的速度不断扩大。

第二，近几年，中部地区9个省区市农民人均纯收入处于"相对平均"的状态而城镇居民可支配收入处于"高度平均"的状态，城镇居民可支配收入相对差异虽有扩大的趋势，但总体小于农民人均纯收入之间的差异。

第三，城乡居民收入绝对差异在逐步扩大，相对差异虽然均在逐步缩减但也维持了较高的水平，各省区市相对差异值在2016年均在2以上，表明中部地区应该通过产业发展进一步探索如何缩小城乡差距。

三、我国西部地区经济差异分析

西部地区包括新疆维吾尔自治区、宁夏回族自治区、甘肃省、陕西省、青海省、西藏自治区、四川省、重庆市、贵州省和云南省等10个省区市。

对于人均 GDP 差异的考察，通过计算 2003—2016 年西部地区的极差、加权标准差两个绝对差异指标和极比、加权变异系数、基尼系数、泰尔指数等 4 个相对差异指标，从它们的变化趋势来判断和分析西部地区 10 个省区市近 13 年经济差异的变化情况。

从表 6.17、图 6.19、图 6.20，我们看到以下几个经济差异变动的特征：

第一，西部地区之间的绝对差异在不断扩大。2003 年，西部地区人均 GDP 加权标准差为 1691 元，到 2016 年已经扩大到 8910 元，扩大了 5.27 倍。

第二，西部地区 10 个省区市之间的相对差异也表现出相对稳定甚至是逐渐缩减的趋势。从极比、加权变异系数和泰尔指数等几个衡量相对差异的指标看，西部地区之间的经济差异在逐渐缩减，而通过基尼系数可以看到 2003—2016 年其数值一直维持在 0.4 左右，表明人均 GDP "差异较大"，需引起足够的重视。

表 6.17　西部地区人均 GDP 差异变动趋势表（2003—2016）

年份	最小值（元）	最大值（元）	极差	加权标准差（元）	极比	加权变异系数	基尼系数	泰尔指数
2003	3701	9828	6127	1691	2.66	0.243	0.406	0.222
2004	4317	11337	7020	1992	2.63	0.241	0.408	0.217
2005	5394	13108	7714	2232	2.43	0.234	0.410	0.209
2006	6305	15000	8695	2534	2.38	0.229	0.412	0.205
2007	7878	16999	9121	2883	2.16	0.217	0.413	0.201
2008	9855	20490	10635	3631	2.08	0.224	0.412	0.203
2009	10971	22920	11949	3968	2.09	0.225	0.420	0.200
2010	13119	27598	14479	5081	2.10	0.237	0.420	0.196
2011	16480	34500	18020	6266	2.09	0.239	0.420	0.192
2012	19786	38914	19128	6898	1.97	0.232	0.419	0.186
2013	23233	43223	19990	7369	1.86	0.222	0.415	0.183
2014	26433	47850	21417	7990	1.81	0.221	0.412	0.180
2015	26165	52322	26157	8231	2.00	0.217	0.413	0.181
2016	27458	57904	30446	8910	2.11	0.219	0.415	0.180

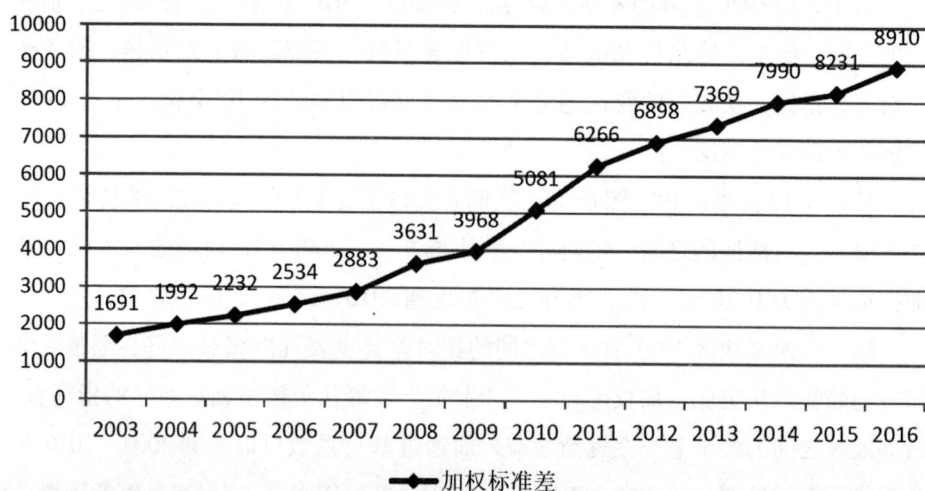

图 6.19 2003—2016 年西部地区人均 GDP 绝对差异变动趋势图

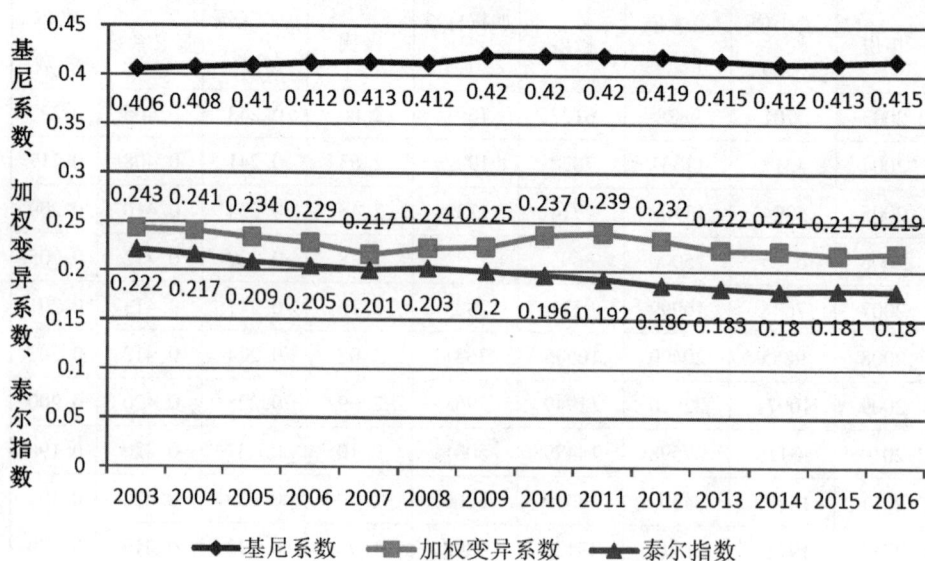

图 6.20 2003—2016 年西部地区人均 GDP 相对差异变动趋势图

（一）农民人均纯收入

通过对西部地区 10 个省区市 2003—2016 年间农民人均纯收入绝对差异和相对差异相关指标的计算（表 6.18、图 6.21、图 6.22），可以看出农民人均纯收入差异具有以下几个特点：

第一，绝对差异大体上呈现增加趋势。加权标准差在 2003—2012 年在快速增加，2012—2013 年有所下降，但之后直到 2016 年又变现为持续上升趋势，2003 年加权标准差为 354 元，到 2016 年增加到 1377 元，扩大了 3.89 倍。

第二，相对差异呈现阶段性趋势。2003—2012 年加权变异系数呈现上升趋势而基尼系数则处于相对平稳状态，基本维持在 0.46，2013—2016 年加权变异系数和基尼系数均呈现一定程度的下降趋势，但基尼系数依旧维持在 0.4 以上，表明西部地区农民收入水平之间是"差异较大"的，需要重点关注。

表 6.18　西部地区农民人均纯收入差异变动趋势表（2003—2016）

年份	最小值（元）	最大值（元）	极差	加权标准差（元）	极比	加权变异系数	基尼系数
2003	1565	2554	989	354	1.63	0.181	0.484
2004	1722	2843	1121	425	1.65	0.195	0.490
2005	1877	3179	1302	484	1.69	0.202	0.469
2006	1985	3594	1609	550	1.81	0.211	0.466
2007	2329	4215	1886	672	1.81	0.221	0.469
2008	2724	4889	2165	775	1.79	0.220	0.468
2009	2980	5105	2125	779	1.71	0.204	0.463
2010	3425	5838	2413	868	1.70	0.195	0.457
2011	3909	7397	3488	1190	1.89	0.223	0.462
2012	4507	8188	3681	1267	1.82	0.207	0.455
2013	5589	8493	2904	1054	1.52	0.149	0.434
2014	6277	9490	3213	1154	1.51	0.146	0.433
2015	6936	10505	3569	1242	1.51	0.143	0.432
2016	7457	11549	4092	1377	1.55	0.146	0.432

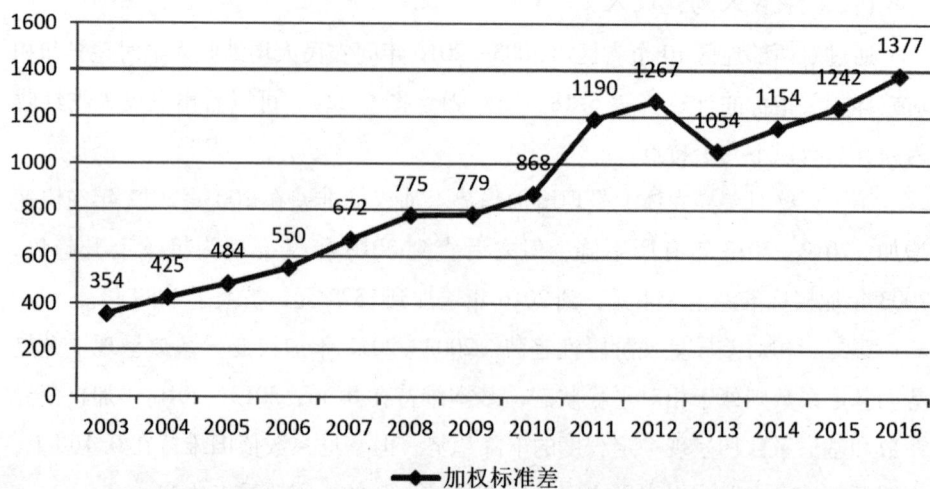

图 6.21 2003—2016 年西部地区农民人均纯收入绝对差异变动趋势图

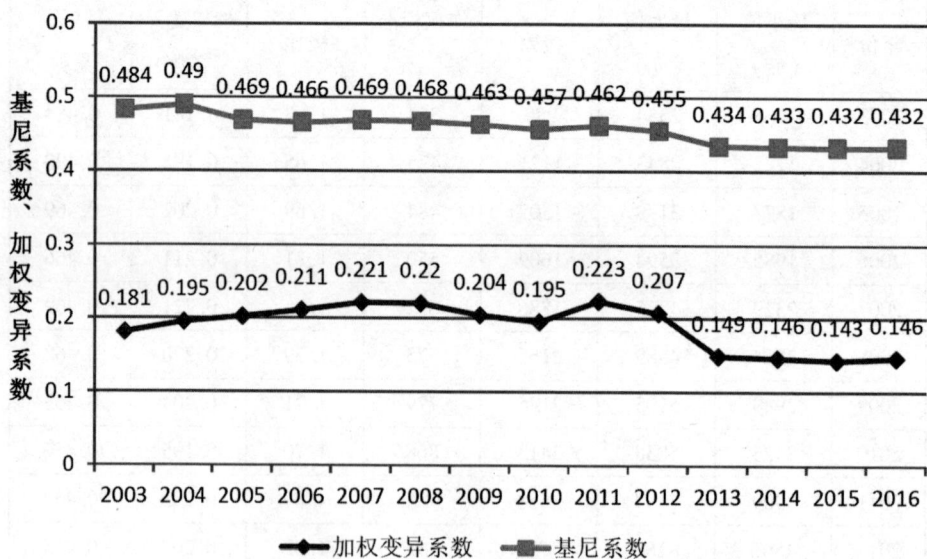

图 6.22 2003—2016 年西部地区农民人均纯收入相对差异变动趋势图

（二）城镇居民人均可支配收入

关于城镇居民收入差异状况，从表6.19、图6.23、图6.24可以看出，第一，2003—2016年西部地区10个省区市城镇居民可支配收入的绝对差异表现出一定阶段性。2003—2012年加权标准差在持续增加，2012—2013年下跌到1068元，但之后到2016年表现出相对平稳性。第二，相对差异相对比较稳定。至2016年加权变异系数呈现出一定的下降趋势，而基尼系数则有一定的上升趋势，由2003年的0.388变为2016年的0.411。第三，基尼系数在2005年之后虽然经历了"上升—下降"的过程，但一直维持在0.4以上，表明西部地区10个省区市城镇居民收入差距维持在"差异较大"的状态。

表6.19 西部地区城镇居民可支配收入差异变动趋势表（2003—2016）

年份	最小值（元）	最大值（元）	极差	加权标准差（元）	极比	加权变异系数	基尼系数
2003	6530	8094	1564	468	1.24	0.066	0.388
2004	7218	9221	2003	655	1.28	0.083	0.391
2005	7990	10244	2254	737	1.28	0.087	0.415
2006	8871	11570	2699	849	1.30	0.090	0.416
2007	10012	12591	2579	729	1.26	0.067	0.417
2008	10969	14368	3399	965	1.31	0.078	0.423
2009	11930	15749	3819	1104	1.32	0.081	0.426
2010	13189	17532	4343	1279	1.33	0.085	0.421
2011	14989	20250	5261	1603	1.35	0.094	0.425
2012	17157	22968	5811	1790	1.34	0.092	0.426
2013	19873	23058	3185	1068	1.16	0.050	0.419
2014	21804	25147	3343	1108	1.15	0.047	0.416
2015	23767	27239	3472	1028	1.15	0.040	0.412
2016	25694	29610	3917	1099	1.15	0.040	0.411

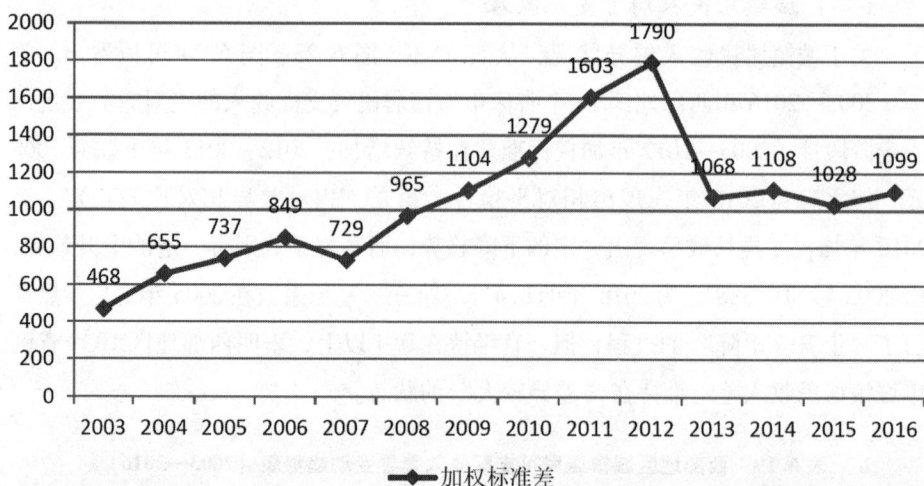

图 6.23 2003—2016 年西部地区城镇居民可支配收入绝对差异变动趋势图

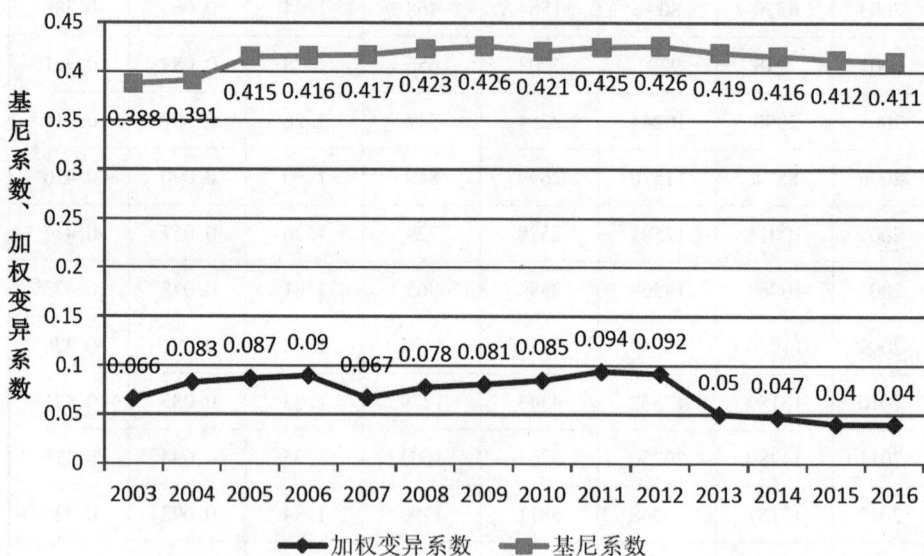

图 6.24 2003—2016 年西部地区城镇居民可支配收入相对差异变动趋势图

（三）城乡差异

对于城乡居民收入差异，从表 6.20 可以看出，对于绝对差异，2003—2016
年西部地区 10 个省区市城乡居民收入绝对差异都在不断增加，增长率最快的为宁夏回族自治区，由 2003 年的 4487 元，增加到 2016 年的 17301 元，增长率为 10.94%；重庆市和西藏自治区的发展略慢于其他地区；2016 年，绝对差异最大的为云南省，达 19591 元，是绝对差异最小的四川省（17132 元）的 1.14 倍，这一比值 2003 年为 1.42（绝对差异最大西藏自治区、最小宁夏回族自治区），表明城乡绝对差异在近几年具有逐渐缩小的趋势。对于相对差异，除云南省有所扩大外，其余省区市基本都在不断缩小。

表 6.20　西部各省区市城乡居民收入差异变动趋势表（2003—2016）

地区[3]	绝对差异[1]（元）				相对差异[2]		
	2003	2010	2016	增长速度[4]（%）	2003	2010	2016
云南省	5090	10227	19591	10.92	2.99	2.75	3.17
陕西省	5130	11590	19044	10.62	4.06	3.82	3.03
西藏自治区	6367	10841	18709	8.64	4.77	3.62	3.06
贵州省	5004	10671	18652	10.65	4.2	4.07	3.31
新疆维吾尔自治区	4900	9001	18280	10.66	3.33	2.94	2.8
甘肃省	4984	9764	18237	10.49	3.98	3.85	3.45
青海省	4928	9992	18093	10.52	3.71	3.59	3.09
重庆市	5879	12256	18061	9.02	3.65	3.32	2.56
宁夏回族自治区	4487	10669	17301	10.94	3.2	3.28	2.76
四川省	4812	10374	17132	10.26	3.16	3.04	2.53

注：① 绝对差异 = 城镇居民可支配收入 - 农民人均纯收入

　　② 相对差异 = 城镇居民可支配收入/农民人均纯收入

　　③ 西部地区 10 个省区市按 2016 年城乡绝对差异值由大到小排序。

　　④ 增长速度为 2003—2016 年城乡绝对差异值的年均几何增长率。

资料来源：本表数据由作者根据相关统计数据整理计算所得。

通过以上对西部地区居民人均收入的分析,我们可以得出以下几个结论:

第一,无论是农民人均纯收入还是城镇居民可支配收入,绝对差异在近几年都在不断扩大。第二,近几年,西部地区农民人均纯收入和城镇居民可支配收入都处于"差异较大"的状态,城镇居民可支配收入相对差异虽有扩大的趋势,但总体小于农民人均纯收入之间的差异。第三,城乡居民收入绝对差异在逐步扩大,相对差异也维持了较高的水平,各省区市相对差异值在2016年均在2.5之上,表明西部地区的差异值较大,急需探索有效方式来缩小城乡差距,实现平稳发展。

第四节 小结

本章通过对31个省区市以及东中西部内部地区2003—2016年经济差异的分析可以看出:

第一,从人均GDP的角度考察经济差异的结果来看,全国31个省区市之间的绝对差异在不断扩大,相对差异尽管有减缓的趋势但基尼系数一直维持在0.4以上,处于"差异较大"的状态,超过了国际上规定的0.4的警戒线。从东中西部的比较来看,绝对差异均在不断扩大,相对差异也都有扩大的趋势,其中西部地区差异最大,基尼系数大于0.4;东部地区维持在0.3—0.4之间,保持"基本合理";中部地区差异为0.2左右,相对平均。

第二,从农民人均纯收入的角度考察经济差异的结果来看,全国31个省区市之间的绝对差异在不断扩大,相对差异也在不断扩大,2016年的基尼系数高达0.455。从东中西部的比较来看,三个地区的相对差异都在逐渐缩小,西部地区的差异最大,东部地区次之,中部地区最小,2016年基尼系数为分别为0.432、0.382和0.273。

第三,从城镇居民可支配收入的角度考察经济差异的结果来看,全国31个省区市之间的绝对差异在不断扩大,相对差异也在不断扩大,2016年的基尼系数为0.419。从东中西部相对差异的比较来看,东部地区的差异在逐步缩小,基尼系数由2003年的0.383下降到2016年的0.324;中西部地区的差异都在不断扩大,西部地区由2003年的0.388上升到2016年的0.411,中部地区由2003年的 0.159 上升到 2016 年的 0.204。

　　从城乡差异来看，无论是全国 31 个省区市之间还是东中西部内部省区市之间，绝对差异都在不断扩大，相对差异均有不断下降的趋势。2016 年，全国 31 个省区市、东部地区、中部地区、西部地区各省区市平均城乡相对差异维持在 2.6、2.4、2.45 和 3.0 左右，西部地区差距最大。

第七章

我国现代服务业发展对省区经济差异的影响研究

本章将在分析本部分所采用的空间计量经济学的基础上，首先对我国31个省区市及东中西部内部各省区市进行空间自相关检验，并运用一个经典的经济增长模型对产业发展质量所包括的产业规模与效率、产业结构与体系、产业功能与创新以及产业基础与环境等4方面的变量进行单因素分析和综合分析，通过分析这些控制变量对经济增长率变化的影响方向和大小的程度来判断哪些因素促使31个省区市之间以及东中西部内部各省区市之间经济差异扩大，哪些因素促使经济差异缩小，从而找到与现代服务业相关的可以缩小地区间经济差异所需具备的条件和途径。

第一节 空间计量经济学的研究方法

传统计量经济学模型假设各区域之间是独立且同质的，不考虑空间效应的影响，而新经济地理的研究表明经济增长与地理特征及空间分布有关，所以传统计量经济学模型存在不合理的地方。事实表明空间效应是解释经济增长的重要因素之一。1974年，荷兰计量经济学家 Paelinck 首次提出"空间计量经济学（Spatial Econometrics）"，Anselin 等学者对空间计量经济学做了系统的理论梳理，提出了一系列空间计量经济学模型的不同估计方法，从而形成了较为完整的空间计量经济学的学科框架体系。

空间计量经济学的研究对象是各个变量之间的空间效应，空间效应主要包括空间依赖性和空间异质性两个方面，它们是截面数据的依赖性和异质性在空间上的体现。其中空间依赖性在一定程度上受到位置和距离的影响，也就是说处在某一位置的变量受到其邻近位置的变量影响；空间相关性是用来反映空间相关程度的。

一、空间效应

（一）空间依赖性

空间依赖性（空间自相关）指的是某一空间单元的某一属性值与其邻近空间单元的同一属性值之间存在的空间相关程度，即空间单元上的属性值是不独立的，它们存在空间相关，且空间相关的强度及模式与空间单元的位置变量有关，是对观测单元之间相互影响和依赖性的考察。

（二）空间异质性

空间异质性又称空间差异性。Anselin 等（1998）认为空间异质性是经济行为或经济关系在空间上的不稳定性。具体表现为所研究的变量、模型参数和误差项的方差并不是固定不变的，而是随空间单元的变化而不同。空间异质性产生原因在于地理空间的异质性而导致区域经济行为和经济关系存在较大的空间差异性。

二、空间权重矩阵

空间计量经济学的研究将空间权重矩阵引入模型中，因此，建立空间计量经济学模型，首先要选取空间权重矩阵。空间权重矩阵有三类：一是地理相邻空间权重矩阵 $W_{邻接}$，它是根据空间是否相邻而设定的，又称为基于邻接（Contiguity）关系的空间权重，包括三种邻接关系，rook 相邻（表示共边为邻接）、bishop 相邻（表示共点为邻接）和 queen 相邻（表示共边或共点为邻接）。例如，如果区域 i、j 有共同的边，就称区域 i、j 为 rook 相邻，即 $W_{ij}=1$，否则 $W_{ij}=0$。该权重矩阵定义如下：

$$W_{ij}=\begin{cases}1,当区域\ i\ 与\ j\ 相邻\\0,当区域\ i\ 与\ j\ 不相邻\end{cases} \tag{7.1}$$

二是地理距离空间权重矩阵 $W_{地理}$。设定的基本规则为：两个地区之间距离越近，权重越大；相反，则权重越小。地理空间权重矩阵的设定形式为：

$$W_{ij}=\begin{cases}1/d_{ij},i\neq j\\0,i=j\end{cases} \tag{7.2}$$

这里的 d_{ij} 指 i 地区与 j 地区之间的距离。

三是经济距离空间矩阵 $W_{经济}$。$W_{经济}$ 与 $W_{地理}$ 的关系表达式如下:

$$W_{经济} = W_{地理} \times diag\left(\frac{\bar{y}_1}{\sum_{i=0}^{n} \bar{y}_i}, \frac{\bar{y}_2}{\sum_{i=0}^{n} \bar{y}_i}, \cdots, \frac{\bar{y}_n}{\sum_{i=0}^{n} \bar{y}_i}\right) \quad (7.3)$$

其中,$\bar{y}_i = \frac{1}{t_1 - t_0 + 1} \sum_{t=t_0}^{t_1} y_{it}$,n 为研究的地区个数,t 为研究的时间期数,y 为所研究地区的 GDP。

与地理相邻权重矩阵和地理距离空间权重矩阵相比,经济距离空间权重矩阵能更好地反映各地区间的相互关系。

三、空间计量模型

(一)空间自相关模型

1. 空间滞后模型(SAR,Spatial Autoregressive Model)

空间滞后模型(SAR)主要研究被解释变量的空间依赖性,该模型适用于所研究地区是否受到了其临近地区溢出效应的影响,以及影响的程度大小。模型形式如下:

$$y = \lambda W_y + X\beta + \varepsilon \quad (7.4)$$

$$\varepsilon \sim N(0, \sigma^2)$$

其中,X 是 $N \times K$ 的外生的自变量矩阵,λ 表示外生变量 X 对因变量产生的影响系数,β 是自变量参数。λ 的取值范围一般在(-1,1)之间,其值的大小表示空间溢出效应的强弱,如果大于 0 表示存在正的空间溢出效应,值越大,集聚效应越强;相反,如果小于 0,表示不存在空间集聚效应,而是空间互斥的关系。

2. 空间误差模型(SEM,Spatial Error Model)

空间误差模型(SEM)是随机干扰项具有相关性回归的特例,表示空间依赖作用存在于扰动误差项之中,该模型主要适用于由于所研究的区域所处空间位置不同而使得地区之间的相互作用存在差异的情况。其经济意义是,在某一个截面个体发生的冲击会传递到相邻个体,并且该传递会以衰减的形式延续很长的时间,它可以用来度量临近地区因变量的误差冲击对本地区观察值的影响

程度。模型形式如下:

$$y = X\beta + \mu \qquad\qquad (7.5)$$
$$\mu = \rho W_\mu + \varepsilon$$
$$\varepsilon \sim N(0,\sigma^2)$$

模型中:误差项 μ 由其空间自相关项 W_μ 和正态独立同分布的随机扰动项 ε 组成,ρ 为空间误差自相关系数,ρ 值的大小可以反映空间误差模型中空间因素对被解释变量的影响程度。

3. 空间杜宾模型(SDM,Spatial Durbin Model)

与空间误差模型(SEM)和空间滞后模型(SAR)相比,空间杜宾模型(SDM)则同时考虑了因变量和自变量的空间相关性,模型形式如下:

$$y = \lambda W_1 y + X\beta_1 + W_2 X\beta_2 + \varepsilon \qquad\qquad (7.6)$$
$$\varepsilon \sim N(0,\sigma^2)$$

其中,W_1 表示因变量的空间相关关系,W_2 表示自变量 X 的空间相关关系,β_2 是外生变量的空间自相关关系。

(二)空间异质性模型

应用较为广泛的空间参数非均衡模型是扩展模型(Expansion Method)和地理加权回归模型(GWR,Geographically Weighted Regression)。该方法参数估计值与回归点的空间位置有关。模型形式如下:

$$y = X\beta(v_1,v_2) + \varepsilon \qquad\qquad (7.7)$$
$$\varepsilon \sim (0,\sigma^2)$$

其中,v_1 和 v_2 是由经度和纬度表示的地理坐标变量,ε 是满足正态独立同分布的随机扰动项。

第二节 空间计量经济模型的空间自相关检验

运用空间计量经济模型,首先要判断所研究的地区间是否存在空间相关性,如果存在,再判断哪个模型更合适。这些判断可以通过莫兰指数(Moran's I)检验和 LM(Lagrange Multiplier,拉格朗日乘数)检验(包括 LMERR 和 LMLAG 两种形式）及其稳健性（Robust）检验（包括 R – LMERR 和 R – LMLAG）来实现。

一、莫兰指数（Moran's I）

包括全局空间自相关和局部空间自相关。

（一）全局莫兰指数（Global Moran's Index）

全局莫兰指数用来分析检验区域属性值的分布状态，包括聚集、离散、随机分布等几种模式。其取值范围为 [– 1，1]，值越大表示正相关性越强，相反，越小表示负相关性越强，值为 0 表示不相关；值为 1 表示完全正相关，值为 – 1 表示完全负相关。

计算公式如下：

$$I = \frac{n}{\sum_i \sum_j W_{i,j}} \frac{\sum_i \sum_j W_{i,j}(x_i - \bar{x})(x_j - \bar{x})}{\sum_i (x_i - \bar{x})^2} \tag{7.8}$$

式中：n 为观测值的样本量；x_i、x_j 分别表示第 i、j 单元的观测值；$\bar{x}$ 为所有样本观测量的平均值；W 为空间权重矩阵。

莫兰指数的显著性检验，Z 值检验公式如下：

$$Z(I) = \frac{I - E(I)}{S_{E(I)}} \tag{7.9}$$

$$E(I) = -\frac{1}{n - 1} \tag{7.10}$$

$$S_{E(I)} = SQRT\left[\frac{N^2 \sum_{ij} w_{ij}^2 + 3\left(\sum_j w_{ij}\right)^2 - N \sum_i \left(\sum_j w_{ij}\right)^2}{(N^2 - 1)\left(\sum_j w_{ij}\right)^2}\right] \tag{7.11}$$

（二）局部莫兰指数（Local Moran's Index）

与全局莫兰指数不同，局部莫兰指数用来检验局部区域属性值的聚集情况，即是否存在相似或者相异的观察值聚集在一起。这里区域 i 的局部莫兰指数度量区域 i 和其他区域之间的关联程度，计算公式为：

$$I_i = \frac{n^2}{\sum_i \sum_j W_{i,j}} \frac{(x_i - \bar{x}) \sum_j W_{ij}(x_j - \bar{x})}{\sum_j (x_j - \bar{x})^2} \tag{7.12}$$

正的 I_i 表示一个高值被高值所包围（高—高）或者是一个低值被低值所包

围（低—低）；负的 I_i 表示一个低值被高值所包围或者与之相反的情况。

进行局部空间自相关分析的主要工具之一是莫兰散点图。莫兰散点图以 (x, W_x) 为坐标点，用二维图的方式将 x 和 W_x 数据可视化表达。莫兰散点图将所研究区域划归于四个象限的集聚模式，如图 7.1 所示。

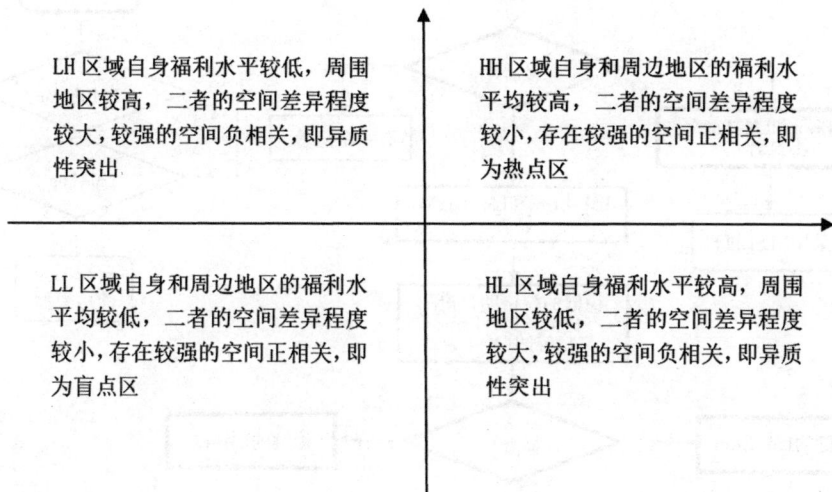

图 7.1 Moran 散点图空间释义解释

二、LM（Lagrange Multiplier，拉格朗日乘数）检验及其稳健性（Robust）检验

莫兰指数（Moran's I）的检验方法可以证明模型是否具有空间相关性，但是不能判断哪种空间计量模型更适合研究的具体问题。Anselin 和 Florax（1995）提出了如下的判别准则：如果进行空间依赖性检验的结果在统计上 LMLAG 比 LMERR 更显著，并且 R – LMLAG 显著而 R – LMERR 不显著，则选择空间滞后模型；如果检验结果在统计上 LMERR 比 LMLAG 更显著，并且 R – LMERR 显著而 R – LMLAG 不显著，则选择空间误差模型。具体的诊断选择流程图如图 7.2 所示。

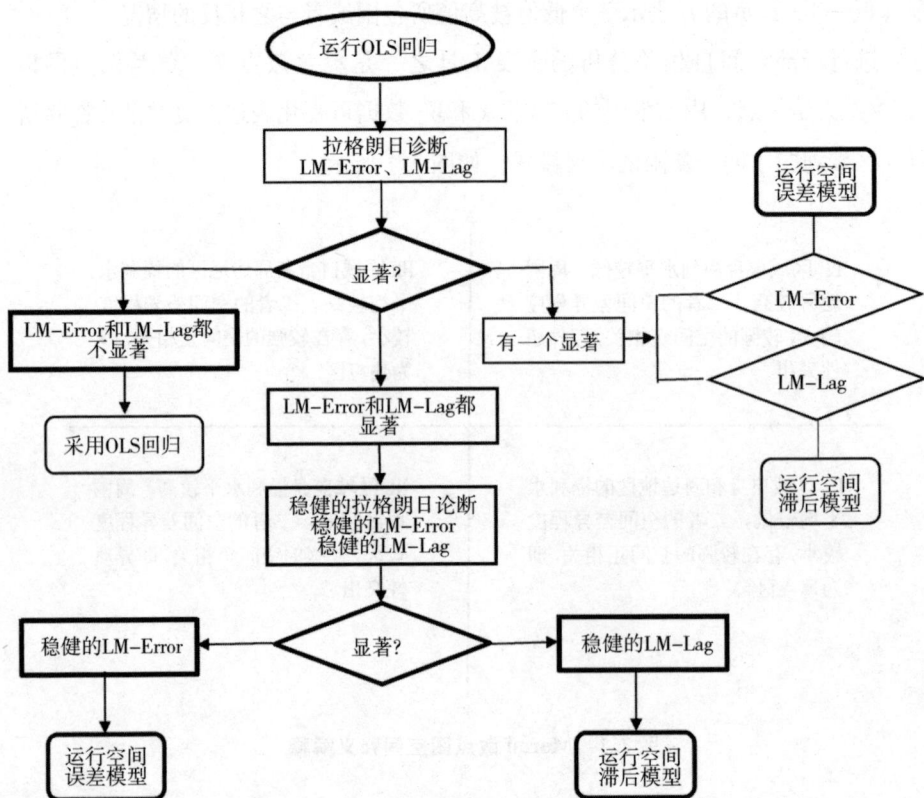

图7.2 空间自相关回归模型的选择流程①

第三节 我国现代服务业空间关联分析

一、31个省区市现代服务业空间关联分析

本书采用2003—2016年人均现代服务业增加值计算的全局莫兰指数及其变动情况反映我国31个省区市现代服务业发展的空间溢出效应的显著性和强

---

① 计量经济学服务中心. Geoda 软件在空间统计与空间计量中应用［EB/OL］. 计量经济学服务中心微信公众号，2019－02－07.

弱。由表7.1和图7.3给出的我国31个省区市各年全局莫兰指数可以看出，该时期人均现代服务业增加值的全局莫兰指数显著大于0且一直处于上升的趋势，由2003年的0.14上升到2016年的0.33，表明从整体看，我国31个省区市之间现代服务业的发展存在较显著的正向空间相关性（空间依赖性），而且各省区市之间的空间外溢性和相互依存度在不断上升。也就是说中国省域现代服务业发展水平呈现出一定的集聚性，正的空间相关性意味着临近地区的经济发展特征相似。从本书研究的现代服务业发展情况看，具有较高现代服务业发展水平的省区市其临近地区发展水平也较高，而发展水平较低的省区市其临近区域发展水平也较低。

表7.1　31个省区市人均现代服务业增加值全局莫兰指数

年份	莫兰指数	Z 值	P 值
2003	0.141412	2.4175	0.023000
2004	0.138078	2.4043	0.023000
2005	0.2045	2.8725	0.013000
2006	0.203835	2.9265	0.012000
2007	0.203641	2.9271	0.010000
2008	0.236457	3.2765	0.007000
2009	0.261181	3.4611	0.006000
2010	0.297024	3.6894	0.003000
2011	0.303156	3.6721	0.002000
2012	0.305437	3.679	0.002000
2013	0.304797	3.616	0.002000
2014	0.306871	3.5212	0.003000
2015	0.306392	3.5833	0.003000
2016	0.331597	3.8084	0.003000

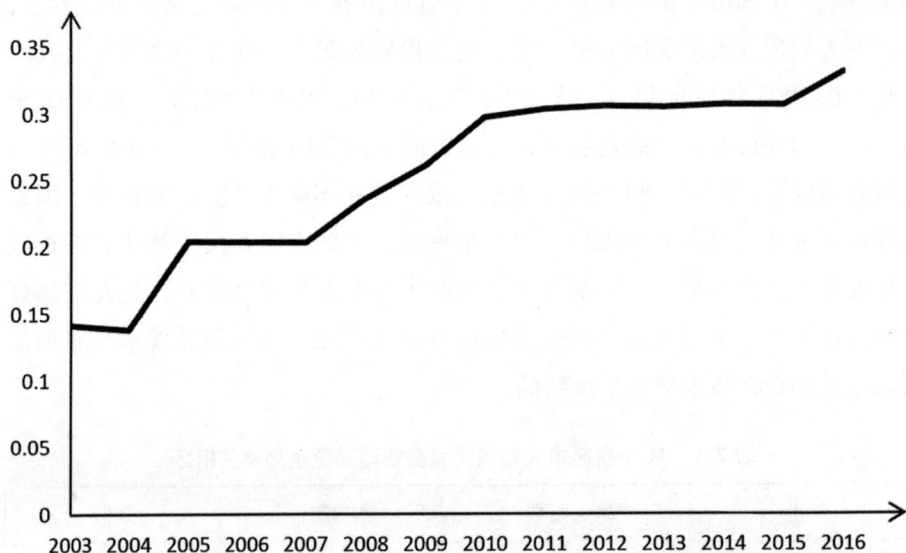

图7.3 2003—2016年31个省区市全局莫兰指数变动趋势图

全局莫兰指数可以解释研究区域到底有无集聚，而局部空间自相关分析（莫兰散点图）则用来解释其具体空间位置和集聚的显著度。落在 H－H 区域和 L－L 区域内的点表示该区域与其周边地区的空间差异程度较小，存在较强的空间正相关；落在 L－H 区域和 H－L 区域内的点表示该区域与其周边地区的空间差异程度较大，存在较强的空间负相关。

从图7.4和表7.2可以看出，现代服务业的地区有一个显著的特点，发达地区与发达地区聚集，落后地区与落后地区聚集。2003—2016 年①，稳定处于 H－H区域的地区是北京、上海和天津三大直辖市，2007 年后该区域增加了浙江、江苏、福建，而这六个省区市都属于东部地区，同时也是我国经济发达的长三角、京津冀和珠三角三大经济区所包括的主要地区。而处于 L－L 区域的地区则主要是中西部的省区市，包括西部的四川、贵州、重庆、云南、新疆维吾尔自治区、西藏自治区、甘肃、青海、陕西、宁夏回族自治区等十个省区市和中部的黑龙江、吉林、内蒙古自治区、山西、安徽、江西、河南、湖北、湖南等九个省区市。处于东部地区的辽宁、山东、海南和广西壮族自治区虽然现代

---

① 注：由于篇幅的关系，这里只列出了2003 年、2007 年、2012 年和2016 年的莫兰散点图。

服务业的规模比较大，但是发展质量还不高（处于第二梯队和第三梯队）。

落在 H－L 区域和 L－H 区域地点分别被称为空间上的凸点和凹点，对于现代服务业的发展来说，河北稳定地落在 L－H 区域，成为我国现代服务业发展的凹点，这与河北特殊的地理位置有很大的关系，与北京、天津两大直辖市相邻，而两大直辖市经济发展的虹吸效应远远大于辐射效应。广东稳定地落在 H－L 区域，成为我国现代服务业发展的凸点，这说明广东对周边省份的经济拉动和辐射作用还比较弱，还没有形成有效的经济联系。

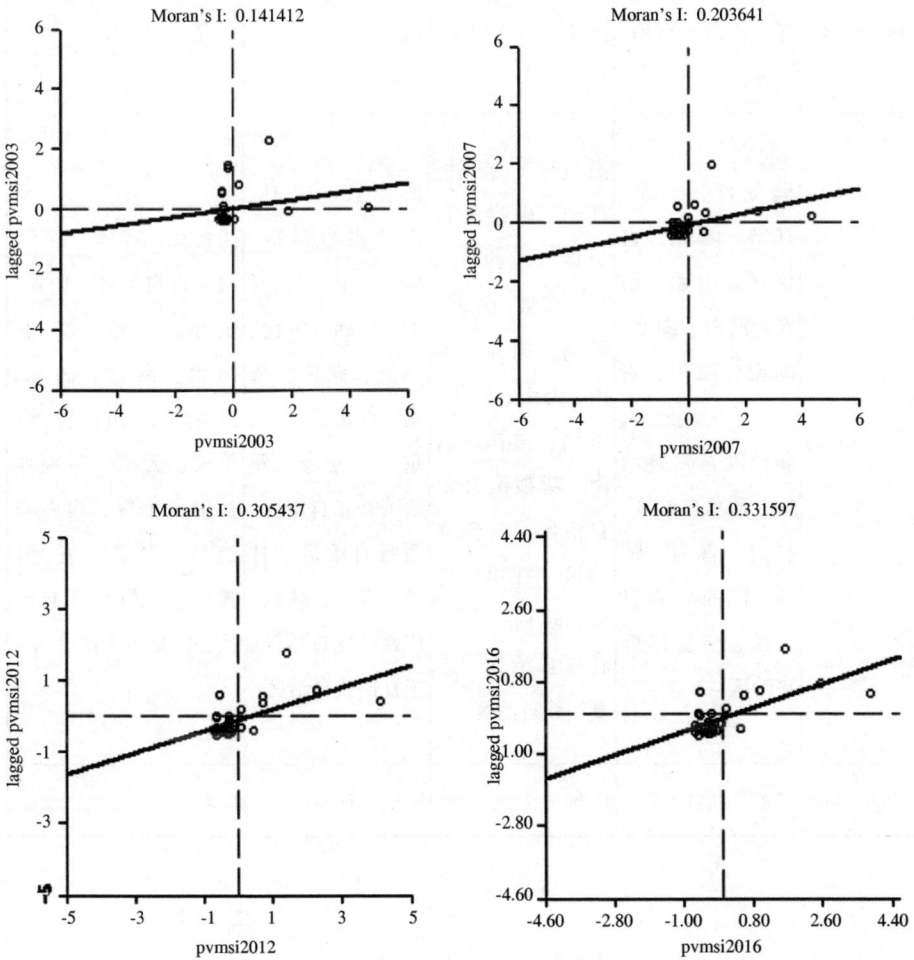

图 7.4　莫兰指数散点图

注：**pvsmi** 表示人均现代服务业增加值。

表7.2 31个省区市现代服务业空间分布情况

包围类型	2003	2007	2012	2016
High - high	北京、天津、上海	北京、天津、上海、江苏、浙江、福建	北京、天津、上海、江苏、浙江、福建	北京、天津、上海、江苏、浙江、福建
Low - high	河北、海南、福建、江西、安徽、江苏	河北	河北	河北
Low - low	黑龙江、吉林、辽宁、内蒙古自治区、山西、山东、河南、湖北、湖南、四川、贵州、重庆、云南、新疆维吾尔自治区、西藏自治区、甘肃、青海、陕西、广西壮族自治区、宁夏回族自治区	黑龙江、吉林、辽宁、内蒙古自治区、山西、山东、安徽、江西、河南、湖北、湖南、海南、四川、贵州、重庆、云南、新疆维吾尔自治区、西藏自治区、甘肃、青海、陕西、广西壮族自治区、宁夏回族自治区	黑龙江、吉林、内蒙古自治区、山西、山东、安徽、江西、河南、湖北、湖南、海南、四川、贵州、重庆、云南、新疆维吾尔自治区、西藏自治区、甘肃、青海、陕西、广西壮族自治区、宁夏回族自治区	黑龙江、吉林、辽宁、内蒙古自治区、山西、山东、安徽、江西、河南、湖北、湖南、海南、四川、贵州、重庆、云南、新疆维吾尔自治区、西藏自治区、甘肃、青海、陕西、广西壮族自治区、宁夏回族自治区
High - low	广东、浙江	广东	广东、辽宁	广东

二、东中西部内部空间关联分析

东中西部内部空间相关性通过计算人均 GDP 全局莫兰指数[①]进行，计算结果如表 7.3 所示。

表 7.3　东中西部人均 GDP 全局莫兰指数

年份	东部		中部		西部	
	莫兰指数	P 值	莫兰指数	P 值	莫兰指数	P 值
2003	0.0652402	0.012000	− 0.291296	0.002000	莫兰指数均为负值且不显著	
2007	0.0817977	0.008000	− 0.284566	0.001000		
2010	0.0473809	0.023000	− 0.246489	0.001000		
2012	0.112806	0.003000	− 0.229876	0.001000		
2016	− 0.0248978	0.066000	− 0.104148	0.279000		

从表 7.3 可以看出，东部地区全局莫兰指数 2003 年、2007 年、2010 年虽然大于 0，但数值很小且基本处于下降的趋势，2016 年为负值，说明东部 12 省区市之间经济发展只有较弱的正相关性，甚至向负相关性发展。中部地区全局莫兰指数一直为负值且逐渐变大，说明中部九省区市之间经济发展存在较弱的负相关性。西部地区全局莫兰指数均为负值且未通过显著性检验，说明西部十个省区市之间经济发展并没有明确的相关性。从全局莫兰指数所反映的东中部地区经济发展相关性分析来看，我国东中西部内部各省区市临近地区之间经济发展只有较弱的正向或负向的相关性，互相之间的影响并不大，现代服务业的发展仍然处于竞争而非合作的状态。

---

①　注：由于该研究重点分析现代服务业对地区经济差异的影响，因此首先计算了东中西部人均现代服务业增加值的全局莫兰指数，但三大地区 2003—2016 年的莫兰指数均不显著。因此，为了进一步考察东中西三大区域内部经济发展的空间相关性，运用人均 GDP 计算全局莫兰指数。

第四节　面板数据计量经济分析

在经典线性计量经济学模型中，或者只利用时间序列数据，或者只利用截面数据，而在实际经济分析中，这种仅利用二维信息的模型在很多时候常常不能满足经济分析的需要，而需要同时利用时间序列数据和截面数据，也就是说在时间序列上取多个截面，在选取的这些截面上同时选取样本观测值，这样所构成的样本数据，即为"面板数据"（panel data）。面板数据计量经济学模型是近些年来计量经济学理论发展的重要发展之一，具有很好的应用价值（高铁梅，2006；李子奈，2000）。近些年来，我国一些学者也运用面板数据计量经济模型对我国地区经济差异问题进行了分析，如董先安（2004），吴玉鸣（2005），彭国华（2005），许召元、李善同（2006），郭庆旺、贾俊雪（2006），郭玉清（2007），尹宗成（2008），石书德（2009），张光南（2011），孙靓（2012），郑涛（2017），严浩坤（2018）等。对于现代服务业对省区经济差异影响的分析，包括横截面的 31 个省区市、东部 12 个省区市、中部 9 个省区市、西部 10 个省区市，时间序列的 2003—2016 年以及现代服务业发展质量 4 个方面的 24 个因素等三维信息，因此选择运用面板数据计量经济分析方法，可以进行较深入、准确的分析研究。

一、分析方法

考虑到我国 31 个省区市及东中西部内部各省区市经济发展之间或强或弱的空间相关性，通过使用空间计量经济学模型进行分析能更好地反映各省区市之间的关系。因此，本研究选择运用面板数据空间计量经济方法分析现代服务业发展对省区经济差异的影响，关于模型的选择和软件的使用说明如下。

（一）固定效应模型

著名计量经济学学者李子奈（2000）认为：当横截面的单位是总体的所有单位时，固定效应模型是一个合理的模型。随机效应和固定效应模型相比，随机效应模型效果较差，因为该模型要求：如果有被忽略的变量，那么这些变量要与等式右端的所有变量无关，这显然是不现实的。而固定效应模型能够设定地区固定效应、时间固定效应和地区时间双固定效应，考虑到了模型存在未观察到的其他决定地区经济增长的因素，该模型允许存在被忽略的反映个体差异的变量，并且可以与解释变量相关。它最大优点是不仅能够避免遗漏解释变量，而且避开了对解释变量的选择。因此从我国地区经济发展的实际情况和本书的研究问题考虑，一方面，包括了全国 31 个省区市、东部 12 个省区市、中部 9 个省区市和西部 10 个省区市，另一方面，不可能考虑到与现代服务业发展质量相关的所有因素，因此选择固定效应模型更合适。

（二）空间权重矩阵和空间计量模型的选择

31 个省区市和东中西部的研究都选择地理相邻（Queen 相邻）空间权重矩阵。空间计量经济模型在通过 LM 检验的情况下，选择空间滞后模型（SAR）或空间误差模型（SEM）进行分析，没有通过 LM 检验仍然采用普通面板 OLS 回归模型。

（三）统计软件的使用

这里面板数据的计量分析是使用 MatlabR2018b 完成的。

二、经济模型的选择及变量的说明

（一）经济模型的选择

对于地区经济差异形成原因的分析，本书将采用增长理论中的经典公式（参见 Sala－i－Martin，1996）来进行面板数据模型的计量经济学分析：

$$\gamma_{i,t} = \alpha + \beta \log(PGDP_{i,t_0}) + \psi X_{i,t} + \varepsilon_{i,t} \qquad (7.13)$$

其中，$\gamma_{i,t} = \left[\log(PGDP_{i,t}/PGDP_{i,t_0})\right]/t$，$PGDP_{i,t_0}$ 为期初人均 GDP 水平，$X_{i,t}$ 是一组控制变量，它们使经济体 i 处于稳定状态。β 为回归的收敛系数，如果 β 值为负，说明存在 β—收敛；如果 β 值为正说明不存在 β－收敛或发散。本研究中的控制变量，包括与现代服务业发展相关的产业规模与效率、产业结构与体系、产业功能与创新以及产业基础与环境等四方面的因素。通过分析这些控制变量对经济增长率变化的影响方向和大小的程度来判断哪些因素促使 31 个省区市之间以及东中西部内部各省区市之间经济差异扩大，哪些因素促使经济差异缩小，从而找到与现代服务业相关的可以缩小地区间经济差异所需具备的条件和途径。本书将首先分别分析产业规模与效率、产业结构与体系、产业功能与创新以及产业基础与环境等四方面中的每个因素对地区经济差异的影响，然后再对四方面的因素进行综合分析。从地理层面上，本书将对全国 31 个省区市和东、中、西三大区域进行相关分析。

（二）变量的说明

1. 被解释变量

经济增长率。这里用第 i 个省区市 2003—2016 年人均 GDP 增长率 $\gamma_{i,t}$ 来表示，$\gamma_{i,t} = \left[\log(PGDP_{i,t}/PGDP_{i,t_0}) \right]/t$。

2. 解释变量

初始经济水平。这里用各省区市 2003 年的人均 GDP $PGDP_{i,t_0}$ 表示该省区市的初始经济条件（最初的经济发展水平）。

现代服务业发展规模。这里用各省区市现代服务业增加值 VMSI 和现代服务业固定资产投资额 SFAI 表示各地区现代服务业发展规模。

现代服务业发展效率。这里用各省区市现代服务业全员劳动生产率 STLP 表示各地区现代服务业发展效率。

现代服务业产业地位。这里用各省区市现代服务业产值占 GDP 的比重 MSIP 和现代服务业增加值占第三产业的比重 MSIT 表示各地区现代服务业的产业地位。

现代服务业产业结构。这里用各省区市金融业占现代服务业的比重 FMSI 和房地产业占现代服务业的比重 EMSI 表示各地区现代服务业的产业结构。

现代服务业专业化水平。这里用各省区市现代服务业区位熵 MSLQ 表示各地区现代服务业的整体专业化水平。

现代服务业区域贡献。这里用各省区市现代服务业从业人员数量 MSIL 和现代服务业从业人员比重 SILP 表示各地区现代服务业在解决地区就业方面贡献。

现代服务业区域创新能力。这里用各省区市现代服务业每万人拥有专利数量 MSPP、技术市场技术合同金额 TMCV、R&D 从业人员比重 RDLP、每十万人口高等教育平均在校生人数 HEPP 和人均教育经费 PCEF 表示各地区现代服务业创新能力。

现代服务业发展基础。这里用各省区市城市化率 UR、城镇居民人均可支配收入 UCDI、城镇居民恩格尔系数 UCEC、城镇居民人均消费性支出 UCNE 和开放程度 DE 表示各地区现代服务业发展的基础。

现代服务业发展环境。这里用各省区市每万人拥有公共交通车辆数 PPTV、人均拥有道路面积 PPRA、互联网普及率 IPR 和每百户居民家庭拥有家用电脑数量 PCHC 表示各地区在交通、信息化等方面的发展基础。

$\varepsilon_{i,t}$ 代表随机分布的扰动项。

（三）该部分涉及的三个模型

OLS 模型：

$$\gamma_{i,t} = \alpha + \beta\log(PGD\,P_{i,t_0}) + \psi\,X_{i,t} + \varepsilon_{i,t} \tag{7.14}$$

SAR 模型：

$$\gamma_{i,t} = \alpha + \lambda\,W_y + \beta\log(PGD\,P_{i,t_0}) + \psi\,X_{i,t} + \varepsilon_{i,t}, \varepsilon \sim N(0,\sigma^2)$$

$$\tag{7.15}$$

SEM 模型：

$$\gamma_{i,t} = \alpha + \beta\log(PGD\,P_{i,t_0}) + \psi\,X_{i,t} + \mu_{i,t}, \mu = \rho W\mu + \varepsilon, \varepsilon \sim N(0,\sigma^2)$$

$$\tag{7.16}$$

（四）特别说明

第一，关于模型运行结果的展示，由于该研究涉及了对众多影响因素的分析，因此除了全国层面的产业规模与效率的分析列出了详细的模型选择过程的运行结果，其余的分析（包括全国层面的产业结构与体系、产业功能与创新、产业基础与环境、综合分析以及东中西部现代服务业发展质量四方面的分析、综合分析）都只列出每个影响因素拟合优度好以及各项系数均通过显著性检验的模型及主要指标值。

第二，该部分的表格中，（1）表中括号内为各系数的 t 检验值；（2）＊＊＊表示 t 检验值在 1% 水平显著，＊＊表示在 5% 水平显著，＊表示在 10% 水平显著。

第五节　现代服务业发展对省区经济差异的影响

一、产业规模与效率方面的影响

（一）全国层面

1. 产业规模

现代服务业产业规模对地区经济差异的影响主要分析两个变量：现代服务

业增加值（VMSI）和现代服务业固定资产投资额（SFAI）。

（1）现代服务业增加值

表7.4是31个省区市现代服务业增加值对经济差异影响回归结果。从表7.4中可以看出，第一，β为负值，说明现代服务业增加值作为控制变量，31个省区市之间存在条件β - 收敛。第二，空间滞后模型SAR的拟合效果（R^2为0.6040）高于普通面板OLS回归模型（R^2为0.5847），表明31个省区市经济发展之间确实有空间相关性，相关系数为 - 0.182962并通过显著性检验，表明一个省区市的经济运行受其相邻区域经济行为的溢出影响是负向的，省区市经济间表现出的空间相关性主要是竞争关系而非互补关系。第三，控制变量现代服务业增加值（VMSI）系数为0.002713，说明现代服务业的发展促进了地区经济的发展，并且是扩大地区经济差异的因素之一。

表7.4　31个省区市现代服务业增加值对经济差异影响回归结果

模型	OLS	SAR
PGDP$_{i,to}$（β）	- 0.030810（- 20.995470***）	- 0.033539（- 21.191979***）
Ln（VMSI）	0.001665（1.962235*）	0.002713（3.203041***）
W*dep. var（λ）		- 0.182962（- 3.567495***）
R - squared	0.5847	0.6040
Rbar - squared	0.5837	
corr - squared		0.5915
sigma^2	0.0002	0.0002
Durbin - Watson	2.7055	
log - likelihood		1255.1132
LM - lag	21.7263***	
Robust LM - lag	9.2149***	
LM - error	12.5233***	
Robust LM - error	0.0120	

（2）现代服务业固定资产投资额

表 7.5 是 31 个省区市现代服务业固定资产投资额对经济差异影响回归结果。从表 7.5 中可以看出，第一，β 为负值，说明现代服务业固定资产投资额作为控制变量，31 个省区市之间存在条件 β - 收敛。第二，空间滞后模型 SAR 的拟合效果（R^2 为 0.6113）高于普通面板 OLS 回归模型（R^2 为 0.5911），表明 31 个省区市经济发展之间确实有空间相关性，相关系数为 - 0.188986 并通过显著性检验，表明一个省区市的经济运行受其相邻区域经济行为的溢出影响是负向的，省区市经济间表现出的空间相关性主要是竞争关系而非互补关系。第三，控制变量现代服务业固定资产投资额（SFAI）系数为 0.003330，说明现代服务业的发展促进了地区经济的发展，并且是扩大地区经济差异的因素之一。

表 7.5　31 个省区市现代服务业固定资产投资额对经济差异影响回归结果

模型	OLS	SAR
$PGDP_{i,t_0}$	- 0.030785（- 24.012597***）	- 0.033007（- 23.863232***）
Ln（$SFAI$）	0.002554（3.268442***）	0.003330（4.288317***）
W * dep. var		- 0.188986（- 3.718808***）
R - squared	0.5911	0.6113
Rbar - squared	0.5901	
corr - squared		0.5972
sigma^2	0.0002	0.0002
Durbin - Watson	2.7354	
log - likelihood		1259.0376
LM - lag	24.1769***	
Robust LM - lag	7.4051***	
LM - error	17.3643***	
Robust LM - error	0.5925	

2. 产业效率

现代服务业产业效率对地区经济差异的影响主要分析的变量是现代服务业全员劳动生产率（STLP）。

表7.6是31个省区市现代服务业全员劳动生产率对经济差异影响回归结果。从表中可以看出，第一，β为负值，说明现代服务业全员劳动生产率作为控制变量，31个省区市之间存在条件β-收敛。第二，空间滞后模型 SAR 的拟合效果（R^2为0.5963）略高于普通面板 OLS 回归模型（R^2为0.5841），表明31个省区市经济发展之间确实有空间相关性，相关系数为-0.140966并通过显著性检验，表明一个省区市的经济运行受其相邻区域经济行为的溢出影响是负向的，省区市经济间表现出的空间相关性主要是竞争关系而非互补关系。第三，控制变量现代服务业固定资产投资额（STLP）系数为0.003116，说明现代服务业的发展促进了地区经济的发展，并且是扩大地区经济差异的因素之一。

表7.6　31个省区市现代服务业全员劳动生产率对经济差异影响回归结果

模型	OLS	SAR
$PGDP_{i,t_0}$	-0.030037（-23.289351***）	-0.031231（-22.738658***）
$Ln（STLP）$	0.003426（1.821718*）	0.003116（1.684739*）
W * dep. var.		-0.140966（-2.862782***）
R - squared	0.5841	0.5963
Rbar - squared	0.5832	
corr - squared		0.5934
sigma^2	0.0002	0.0002
Durbin - Watson	2.6281	
log - likelihood		1251.7293
LM - lag	14.1882***	
Robust LM - lag	12.2840***	
LM - error	3.4661*	
Robust LM - error	1.5618	

从以上对现代服务业发展规模和效率的三个变量对地区经济差异的影响的分析来看，现代服务业无论发展规模还是效率都促进了地区经济的发展和地区经济增长率的提高，扩大了地区经济差异，但是从影响系数看，作用比较小。

（二）东、中、西部分区域分析

东中西部现代服务业产业规模和效率三个变量对地区经济差异的影响如表7.7所示。

表 7.7　东中西部产业规模与效率各变量模型及回归结果

变量	地区	SAR、OLS				
		β	ψ	γ	R – squared	log – likelihood
Ln (VMSI)	东部	所有模型均有变量不能通过显著性检验				
	中部	所有模型均有变量不能通过显著性检验				
	西部	− 0.033324 (− 7.881272***)	0.003267 (2.720352***)	− 0.416999 (− 2.178246**)	0.3851	417.10265
Ln (SFAI)	东部	− 0.020339 (− 9.986177***)	0.004704 (3.126649***)	− 0.377994 (− 5.540189***)	0.6236	489.72475
	中部	所有模型均有变量不能通过显著性检验				
	西部	− 0.034002 (− 8.739074***)	0.003659 (3.694006***)		0.4003	
Ln (STLP)	东部	所有模型均有变量不能通过显著性检验				
	中部	− 0.042367 (− 10.340513***)	0.025500 (8.968227***)	− 0.906995 (− 14.475905***)	0.7990	414.38802
	西部	− 0.034322 (− 8.517903***)	− 0.004379 (− 1.816224*)		0.3563	

1. 现代服务业增加值

从现代服务业增加值的影响来看，东部和中部地区所有模型均有变量不能通过显著性检验，说明该变量对中东部地区经济增长及其差异的形成没有显著的影响。从西部地区的情况来看，第一，β为负值，说明现代服务业增加值作为控制变量，西部10个省区市之间存在条件 β - 收敛。第二，空间滞后模型SAR的相关系数为 -0.416999 并通过显著性检验，表明西部省区市的经济运行受其相邻区域经济行为的溢出影响是负向的，省区市经济间表现出的空间相关性主要是竞争关系而非互补关系。第三，控制变量现代服务业增加值（VMSI）系数为 0.003267 ，说明现代服务业的发展促进了西部地区经济的发展，并且是扩大西部地区经济差异的因素之一。

2. 现代服务业固定资产投资额

从现代服务业固定资产投资额的影响来看，中部地区所有模型均有变量不能通过显著性检验，说明该变量对中部地区经济增长及其差异的形成没有显著的影响。

从东部地区的情况来看，第一，β 为负值，说明现代服务业固定资产投资额作为控制变量，东部12个省区市之间存在条件 β - 收敛。第二，空间滞后模型SAR的相关系数为 -0.377994 并通过显著性检验，表明东部省区市的经济运行受其相邻区域经济行为的溢出影响是负向的，省区市经济间表现出的空间相关性主要是竞争关系而非互补关系。第三，控制变量现代服务业固定资产投资额（SFAI）系数为 0.004704 ，说明现代服务业的发展促进了东部地区经济的发展，并且是扩大东部地区经济差异的因素之一。

从西部地区的情况来看，第一，β 为负值，说明现代服务业固定资产投资额作为控制变量，西部10个省区市之间存在条件 β - 收敛。第二，模型未通过 LM 检验，说明现代服务业固定资产投资额作为控制变量，西部地区各省区市之间经济发展没有显著的空间相关性。第三，控制变量现代服务业固定资产投资额（SFAI）系数为 0.003659 ，说明现代服务业的发展促进了西部地区经济的发展，并且是扩大西部地区经济差异的因素之一。

3. 现代服务业全员劳动生产率

从现代服务业全员劳动生产率的影响来看，东部地区所有模型均有变量不能通过显著性检验，说明该变量对东部地区经济增长及其差异的形成没有显著的影响。

从中部地区的情况来看，第一，β 为负值，说明现代服务业全员劳动生产率作为控制变量，中部9个省区市之间存在条件 β - 收敛。第二，空间滞后模型SAR的相关系数为 -0.906995 并通过显著性检验，表明中部省区市的经济运行受其相邻区域经济行为的溢出影响是负向的，中部省区市经济间表现出的空间相关性主要是竞争关系而非互补关系。第三，控制变量现代服务业全员劳动生产率（STLP）系数为 0.025500，说明以产业全员劳动生产率表示的现代服务业的发展效率对中部地区来说是促进其经济增长，扩大地区经济差异的因素之一。

从西部地区的情况来看，第一，β 为负值，说明现代服务业全员劳动生产率作为控制变量，西部 10 个省区市之间存在条件 β - 收敛。第二，模型未通过 LM 检验，说明现代服务业全员劳动生产率作为控制变量，西部地区各省区市之间经济发展没有显著的空间相关性。第三，控制变量现代服务业全员劳动生产率（STLP）系数为 - 0.004379，说明从现代服务业的发展效率看，并没有促进了西部地区经济的发展和经济增长率的提高，反而是负向的影响，所以并不是扩大西部地区经济差异的因素。

在现代服务业产业规模和效率对现代服务业的影响有以下两方面，第一，从对东中西部的影响来看，对经济增长的作用和经济差异的影响程度小于全国范围，对有些地区的影响不显著甚至是负向的影响。第二，东中西部内部各省区市经济发展的空间相关性并不显著或者只有较小的相关性，也就是说东中西部内部各省区市的经济发展受临近地区的影响比较小。

二、产业结构与体系方面的影响

（一）全国层面

1. 产业地位

现代服务业产业地位对地区经济差异的影响主要分析两个变量：现代服务业产值占 GDP 的比重（MSIP）和现代服务业产值占第三产业的比重（MSIT）。

表 7.8 包括现代服务业产值占 GDP 的比重和现代服务业产值占第三产业的比重对经济差异影响的回归结果。从表 7.8 中可以看出，第一，β 为负值，说明代表产业地位的这两个变量分别作为控制变量，31 个省区市之间都存在条件 β - 收敛。第二，空间滞后模型 SAR 的相关系数为负数并通过显著性检验，表明一个省区市的经济运行受其相邻区域经济行为的溢出影响是负向的，省区市经济间表现出的空间相关性主要是竞争关系而非互补关系。第三，控制变量现代服务业产值占 GDP 的比重（MSIP）和现代服务业产值占第三产业的比重（MSIT）

系数分别为 -0.021903 和 -0.042558，说明从现代服务业产业地位看，并没有促进地区经济的发展和经济增长率的提高，反而是负向的影响，所以并不是扩大地区经济差异的主要因素。

2. 产业结构

现代服务业产业地位对地区经济差异的影响主要分析两个变量：金融业占现代服务业的比重（FMSI）和房地产业占现代服务业的比重（EMSI）。

表7.8包括金融业占现代服务业的比重和房地产业占现代服务业的比重对经济差异影响的回归结果。从表7.8中可以看出，变量房地产业占现代服务业的比重对经济差异的影响，所有模型均有变量不能通过显著性检验，表明尽管这些年房地产业是地区经济发展的重要经济增长点之一，但并不是造成地区经济差异的主要因素。

从变量金融业占现代服务业的比重对经济差异的影响结果看，第一，β 为负值，说明该变量作为控制变量，31 个省区市之间存在条件 β - 收敛。第二，空间滞后模型 SAR 的相关系数为负数并通过显著性检验，表明一个省区市的经济运行受其相邻区域经济行为的溢出影响是负向的，省区市经济间表现出的空间相关性主要是竞争关系而非互补关系。第三，控制变量金融业占现代服务业的比重（FMSI）系数为 0.088218，说明金融业占现代服务业的比重作为控制变量，促进了地区经济的发展和地区经济增长率的提高，是扩大地区经济差异的因素。

3. 专业化水平

现代服务业专业化水平对地区经济差异的影响主要分析的变量是现代服务业区位熵（MSLQ）。

表7.8包括现代服务业区位熵对经济差异影响回归结果。从表7.8中可以看出，第一，β 为负值，说明现代服务业区位熵作为控制变量，31 个省区市之间存在条件 β - 收敛。第二，空间滞后模型 SAR 的相关系数为负数并通过显著性检验，表明一个省区市的经济运行受其相邻区域经济行为的溢出影响是负向的，省区市经济间表现出的空间相关性主要是竞争关系而非互补关系。第三，控制变量现代服务业区位熵（MSLQ）系数为 -0.006019，说明从现代服务业专业化水平看，并没有促进了地区经济的发展和经济增长率的提高，反而是负向的影响，所以并不是扩大地区经济差异的因素。

表7.8 全国31个省区市产业结构与体系各变量模型及回归结果

变量	SAR				
	β	ψ	γ	R－squared	log－likelihood
MSIP	－ 0. 029010 （ － 20. 049445 ＊＊＊）	－ 0. 021903 （ － 2. 157944 ＊ ＊）	－ 0. 138981 （ － 2. 740447 ＊＊＊）	0. 5981	1252. 6008
MSIT	－ 0. 029446 （ － 22. 827184 ＊＊＊）	－ 0. 042558 （ － 3. 932816 ＊＊＊）	－ 0. 114982 （ － 2. 284153 ＊ ＊）	0. 6075	1258. 0291
FMSI	－ 0. 034691 （ － 24. 137013 ＊＊＊）	0. 088218 （ 5. 846493 ＊＊＊）	－ 0. 200951 （ － 4. 182316 ＊＊＊）	0. 6253	1266. 7395
EMSI	所有模型均有变量不能通过显著性检验				
MSLQ	－ 0. 029091 （ － 20. 167712 ＊＊＊）	－ 0. 006019 （ － 2. 072043 ＊＊）	－ 0. 138960 （ － 2. 740188 ＊＊＊）	0. 5977	1252. 415

从以上对现代服务业产业地位和结构的五个变量对地区经济差异的影响的分析来看，现代服务业的产业地位和产业专业化水平并没有促进地区经济的发展和地区经济增长率的提高，而产业结构尤其是金融业的发展对地区经济发展有一定的促进作用。

（二）东、中、西部分区域分析

1. 产业地位

东中西部现代服务业产业地位两个变量对地区经济差异的影响如表7.9所示。从表7.9中可以看出，第一，现代服务业产值占第三产业的比重作为控制变量，东部地区所有模型均有变量不能通过显著性检验。除此之外，代表产业发展地位的两个变量作为控制变量 β 均为负值，表明在东中西部内部均存在条件 β － 收敛。第二，现代服务业产值占 GDP 的比重作为控制变量，在东部地区空间滞后模型 SAR 的空间相关系数为负值并通过显著性检验，说明东部各省区市经济运行受其相邻区域经济行为的溢出影响是负向的，省区市经济间表现出的空间相关性主要是竞争关系而非互补关系。而这两个变量作为控制变量，中西部地区均为普通面板 OLS 模型，说明中西部各省区市之间不存在显著的经济发展的空间相关性。第三，这两个变量作为控制变量的通过检验的各模型，控制变量系数均为负数，说明现代服务业产业地位各变量并不是促进经济增长的主要因素，也没有造成地区经济差异的扩大。

2. 产业结构

东中西部现代服务业产业地位的变量金融业占现代服务业的比重（FMSI）和房地产业占现代服务业的比重（EMSI）对地区经济差异的影响如表7.9所示。

从金融业占现代服务业的比重对经济差异的影响来看，第一，β 为负值，说明该变量作为控制变量，东中西部各省区市之间均存在条件 β – 收敛。第二，在中东部地区空间滞后模型SAR的空间相关系数为负值并通过显著性检验，说明中东部各省区市经济运行受其相邻区域经济行为的溢出影响是负向的，省区市经济间表现出的空间相关性主要是竞争关系而非互补关系。而该变量作为控制变量，西部地区为普通面板 OLS 模型，说明西部各省区市之间不存在显著的经济发展的空间相关性。第三，控制变量系数东西部地区均为正数，中部地区为负数。说明金融业的发展在东西部是促进地区经济差异的因素，但是在中部地区是相反的影响，并不是地区经济增长的主要因素，反而在一定程度上缩小了地区之间的经济发展差距。

从房地产业占现代服务业的比重对经济差异的影响来看，第一，中部地区所有模型均有变量不能通过显著性检验。东西部地区模型中 β 为均为负值，说明该变量作为控制变量，东西部各省区市之间均存在条件 β – 收敛。第二，东西部地区内部均存在负向相关性，东部地区表现为负向的空间滞后相关，西部地区则表现为负向的空间误差相关，表明在东部地区一个省区的经济运行受其邻近省区经济行为的溢出影响是负向的，而在西部地区外生冲击对一个省区经济运行的作用与其对邻近省区经济的波及作用是负向的。说明在东西部地区内部各省区市之间经济发展是竞争关系而非互补关系。第三，控制变量系数在东部地区为负值，在西部地区为正值，表明房地产业的发展对东西部地区经济差异的影响是不同的，在东部地区没有表现为扩大地区经济差异的因素，而在西部地区则表现为扩大地区经济差距的因素。

3. 专业化水平

东中西部现代服务业区位熵对地区经济差异的影响如表7.9所示。从表7.9中可以看出，第一，β 为负值，说明现代服务业区位熵作为控制变量，东中西部各省区市之间存在条件 β – 收敛。第二，东部地区空间滞后模型SAR的相关系数为负数并通过显著性检验，表明东部地区省区市的经济运行受其相邻区域经济行为的溢出影响是负向的，东部省区市经济间表现出的空间相关性主要是竞争关系而非互补关系。而该变量作为控制变量，中西部地区为普通面板 OLS 模型，说明中西部各省区市之间不存在显著的经济发展的空间相关性。第三，东中西部控制变量现代服务业区位熵（MSLQ）系数均为负数，说明从现代服务业专业化水平看，并没有促进东中西部内部地区经济的发展和经济增长率的提高，反而是负向的影响，所以并不是扩大东中西部内部地区经济差异的因素。

表 7.9　东中西部产业结构与体系各变量模型及回归结果

变量	地区	SAR、OLS				
		β	ψ	γ	R – squared	log – likelihood
MSIP	东部	− 0.015895 （− 5.730200***）	− 0.030907 （− 2.127036＊＊）	− 0.323983 （− 4.716822***）	0.6098	488.5885
	中部	− 0.033635 （− 4.548057***）	− 0.133914 （− 3.199884***）		0.1931	
	西部	− 0.034497 （− 8.894053***）	− 0.081403 （− 3.802261***）		0.4035	
MSIT	东部	所有模型均有变量不能通过显著性检验				
	中部	− 0.046404 （− 5.876000***）	− 0.118403 （− 4.224691***）		0.2364	
	西部	− 0.029852 （− 8.070307***）	− 0.109559 （− 6.076736***）		0.4801	
FMSI	东部	− 0.029912 （− 9.940331***）	0.113599 （3.616936***）	− 0.195971 （− 2.921681***）	0.6230	494.63254
	中部	− 0.051885 （− 10.397515***）	− 0.074411 （− 3.114974***）	− 0.949985 （− 14.389686***）	0.6809	385.6191
	西部	− 0.044791 （− 13.219284）	0.183217 （9.275859）		0.5941	

变量	地区	SAR、OLS				
		β	ψ	γ	R – squared	log – likelihood
MSLQ	东部	– 0. 015540 (– 5. 635425 ***)	– 0. 009447 (– 2. 268835 * *)	– 0. 328981 (– 4. 798714 ***)	0. 6115	488. 79212
	中部	– 0. 033824 (– 4. 521327 ***)	– 0. 033069 (– 2. 723711 ***)		0. 1758	
	西部	– 0. 034573 (– 8. 882955 ***)	– 0. 022279 (– 3. 662755 ***)		0. 3994	
EMSI	东部	– 0. 022644 (– 10. 492811 ***)	– 0. 049779 (– 1. 792100 *)	– 0. 256983 (– 3. 853083 ***)	0. 6026	488. 92565
	中部	所有模型均有变量不能通过显著性检验				
		SEM				
		β	ψ	ρ	R – squared	log – likelihood
	西部	– 0. 036301 (– 9. 522656 ***)	0. 259248 (9. 771454 ***)	– 0. 535981 (– 4. 580148 ***)	0. 4464	433. 87615

在现代服务业产业结构和体系对现代服务业的影响方面，第一，从对东中西部的影响来看，有些因素对东中西部的影响不同，比如金融业的发展，对东西部地区的影响是正向的，对西部地区的影响是负向的；而房地产业对西部的影响是正向的，对东部是相反的影响。第二，从产业地位和专业化水平看，中西部内部各省区市经济发展并没有表现出空间相关性。这与本章采用莫兰指数对中西部地区空间相关性的分析得出的结论是基本一致的。

三、产业功能与创新方面的影响

（一）全国层面

1. 产业功能

现代服务业产业功能对地区经济差异的影响主要分析两个变量：现代服务业从业人员数量（MSIL）和现代服务业从业人员比重（SILP）。

表7.10 包括现代服务业从业人员数量和现代服务业从业人员比重对经济差异影响的回归结果。从表7.10 中可以看出，变量现代服务业从业人员比重作为

控制变量，所有模型均有变量不能通过显著性检验，表明该变量并不是造成地区经济差异的因素。

从现代服务业从业人员数量对地区经济差异的影响来看，第一，β 为负值，说明现代服务业从业人员作为控制变量，31 个省区市之间都存在条件 β - 收敛。第二，空间滞后模型 SAR 的相关系数为负数并通过显著性检验，表明一个省区市的经济运行受其相邻区域经济行为的溢出影响是负向的，省区市经济间表现出的空间相关性主要是竞争关系而非互补关系。第三，控制变量现代服务业从业人员数量（MSIL）系数为 0.001359，说明该变量促进了地区经济的发展和地区经济增长率的提高，是扩大地区经济差异的因素。

2. 产业创新

现代服务业产业创新对地区经济差异的影响主要分析五个变量：每万人拥有专利数量（MSPP）、技术市场技术合同金额（TMCV）、R&D 从业人员比重（PDLP）、每十万人口高等教育平均在校生人数（HEPP）和人均教育经费（PCEF）。

表 7.10 包括每万人拥有专利数量、技术市场技术合同金额、R&D 从业人员比重、每十万人口高等教育平均在校生人数和人均教育经费对经济差异影响的回归结果。从表中可以看出，变量 R&D 从业人员比重和人均教育经费对经济差异的影响，所有模型均有变量不能通过显著性检验，表明这两个变量并不是造成地区经济差异的主要因素。

从变量每万人拥有专利数量和技术市场技术合同金额对经济差异的影响结果看，第一，β 为负值，说明这两个变量作为控制变量，31 个省区市之间存在条件 β - 收敛。第二，空间滞后模型 SAR 的相关系数均为负数并通过显著性检验，表明一个省区市的经济运行受其相邻区域经济行为的溢出影响是负向的，省区市经济间表现出的空间相关性主要是竞争关系而非互补关系。第三，控制变量每万人拥有专利数量（MSPP）和技术市场技术合同金额（TMCV）系数分别为 0.000617 和 0.004126，说明这两个变量促进了地区经济的发展和地区经济增长率的提高，是扩大地区经济差异的因素。

变量每十万人口高等教育平均在校生人数对经济差异的影响也是正向的，其系数为 0.017094，并且其作为控制变量 β 也为负值，31 个省区市之间存在 β - 收敛。与其他几个产业创新变量不同的是，对于该变量选择空间误差模型 SEM

优于空间滞后模型 SAR, 空间误差相关系数 ρ 为 -0.386966 并通过显著性检验, 表明外生冲击对一个省区市经济运行的作用与其对邻近省区经济的影响是不同向的, 也就是说各省区市间表现出的空间相关性是竞争关系而非互补关系。

表 7.10 全国 31 个省区市产业功能与创新各变量模型及回归结果

变量	SAR				
	β	ψ	γ	R – squared	log – likelihood
Ln (MSIL)	−0.031634 (−22.424484***)	0.001359 (1.935969*)	−0.165978 (−3.260928***)	0.5978	1252.0177
SILP	所有模型均有变量不能通过显著性检验				
MSPP	−0.035860 (−21.486754***)	0.000617 (4.903747***)	−0.159000 (−3.266826***)	0.6161	1262.2513
Ln (TMCV)	−0.036371 (−21.240740)	0.004126 (4.953211)	−0.202961 (−4.061120)	0.6166	1261.7507
RDLP	所有模型均有变量不能通过显著性检验				
Ln (PCEF)	所有模型均有变量不能通过显著性检验				
变量	SEM				
	β	ψ	γ	R – squared	log – likelihood
Ln (HEPP)	−0.036475 (−26.607964***)	0.017094 (8.496758***)	−0.386966 (−5.452441***)	0.6101	1274.9041

从以上对现代服务业产业功能和创新的七个变量对地区经济差异影响的分析来看, 尽管不是所有的变量都对地区经济差异有显著的影响, 但产业功能和产业创新方面都有变量促进了地区经济的发展和经济增长率的提高, 成为扩大地区经济差异的因素。

(二) 东、中、西部分区域分析

1. 产业功能

东中西部现代服务业从业人员数量 (MSIL) 和现代服务业从业人员比重 (SILP) 对地区经济差异如表 7.11 所示。从现代服务业从业人员数量的影响来看, 第一, 东中西部 β 均为负值, 说明现代服务业从业人员作为控制变量, 东中西部内部各省区市之间都存在条件 β - 收敛。第二，东中西部地区内部均存在负向相关性，东西部地区表现为负向的空间滞后相关，中部地区则表现为负向的空间误差相关，表明在东西部地区一个省区的经济运行受其邻近省区经济行为的溢出影响是负向的，而在中部地区外生冲击对省区经济运行的作用与其对邻近省区经济的波及作用是负向的。说明在东中西部地区内部各省区市之间经济发展是竞争关系而非互补关系。第三，控制变量系数东西部地区均为正数，中部地区为负数。说明现代服务业从业人员数量在东西部是促进地区经济差异的因素，但是在中部地区是相反的影响，并不是地区经济增长的主要因素，反而在一定程度上缩小了地区之间的经济发展差距。

从现代服务业从业人员比重的影响来看，第一，东部地区所有模型均有变量不能通过显著性检验。西部地区 β 为负值，说明现代服务业从业人员比重作为控制变量，西部内部各省区市之间都存在条件 β - 收敛；而中部地区 β 为正值，表明在中部地区不存在条件 β - 收敛。第二，该变量作为控制变量，中西部地区均为普通面板 OLS 模型，说明中西部各省区市之间不存在显著的经济发展的空间相关性。第三，中部控制变量系数为正，而西部控制变量系数为负，说明现代服务业从业人员比重扩大了中部地区经济差异，对西部地区则是相反的影响。

2. 产业创新

东中西部代表现代服务业产业创新的每万人拥有专利数量（MSPP）、技术市场技术合同金额（TMCV）、R&D 从业人员比重（RDLP）、每十万人口高等教育平均在校生人数（HEPP）和人均教育经费（PCEF）等 5 个变量对地区经济差异的影响如表 7.11 所示。

从每万人拥有专利数量、技术市场技术合同金额和每十万人口高等教育平均在校生人数的影响来看，第一，每万人拥有专利数量和每十万人口高等教育平均在校生人数作为控制变量，中部地区所有模型均有变量不能通过显著性检验；其他模型中 β 均为负值，说明东西部内部各省区市之间都存在条件 β - 收敛。第二，对于东部地区来说，三个变量作为控制变量，均表现为负向的空间滞后相关，表明东部省区市的经济运行受其相邻区域经济行为的溢出影响是负向的，省区市经济间表现出的空间相关性主要是竞争关系而非互补关系。第三，对于中部地区来说，仅当代表技术市场交易情况的技术市场技术合同金额作为控制变量时，表现为负向的空间滞后相关，表明中部省区市的经济运行受其相邻区域经济行为的溢出影响是负向的。第四，对于西部地区来说，每万人拥有专利数量作为控制变量，通过检验的为普通面板 OLS 模型，表明西部各省区市之间没有显著的空间相关性。而技术市场技术合同金额和每十万人口高等教育平均在校生人数作为控制变量时，则表现为负向的空间滞后相关，表明这种情形下，西部省区市的经济运行受其相邻区域经济行为的溢出影响是负向的。第五，对于通过检验的各个模型，控制变量系数均为正值，表明这些变量都在一定程度上促进了东中西部内部省区市之间的经济差异。

从 R&D 从业人员比重的影响来看，仅有西部地区的普通面板 OLS 模型通过了显著性检验且 β 为负值，表明西部地区在该控制变量影响下存在条件 β - 收敛；该控制变量系数为负，表明该变量并不是扩大西部地区各省区市经济差异的因素。

从人均教育经费的影响来看，第一，东部地区存在条件 β - 收敛，且表现出正向的空间误差相关，表明外生冲击对东部地区省区市经济运行的作用与其对邻近省区经济的影响是同向的，也就是说东部各省区市间表现出的空间相关性是互补关系。控制变量系数为正，表明教育投入水平促进了地区经济增长，在一定程度上扩大了地区经济差异。第二，对于中西部地区来说，模型均为普通面板 OLS 模型，表明不存在空间相关关系，但都存在条件 β - 收敛。控制变量系数中部地区为正、西部地区为负，表明教育投入水平在中部地区是促进经济发展、扩大地区经济差异的因素，而在西部地区则在一定程度上会缩小地区经济差异。

表 7.11 东中西部产业功能与创新各变量模型及回归结果

变量	地区	模型	SAR、OLS、SEM				
			β	ψ	λ（ρ）	R - squared	log - likelihood
Ln（$MSIL$）	东部	SAR	-0.020524 (-9.840450***)	0.003675 (2.539560**)	-0.368990 (-5.323703***)	0.6157	488.35578
	中部	SEM	-0.040987 (-12.050325***)	-0.008950 (-4.073839***)	-0.956959 (-14.014008***)	0.2117	399.16404
	西部	SAR	-0.033461 (-7.915806***)	0.002426 (2.718912***)	-0.381996 (-2.020355**)	0.3847	417.3167

续表

变量	地区	模型	SAR、OLS、SEM				
			β	ψ	λ（ρ）	R－squared	log－likelihood
SILP	东部	－	所有模型均有变量不能通过显著性检验				
	中部	OLS	0.032516 (2.974076＊＊＊)	－0.388314 (－7.352510＊＊＊)		0.3917	
	西部	OLS	－0.040800 (－7.878851＊＊＊)	0.070038 (1.947538＊)		0.3586	
MSPP	东部	SAR	－0.028113 (－10.563285＊＊＊)	0.000609 (4.043876＊＊＊)	－0.246982 (－3.624280＊＊＊)	0.6334	495.86765
	中部	－	所有模型均有变量不能通过显著性检验				
	西部	OLS	－0.040455 (－11.002121＊＊＊)	0.003299 (6.549246＊＊＊)		0.4972	
Ln（TMCV）	东部	SAR	－0.026128 (－8.074715＊＊＊)	0.004308 (2.515655＊＊)	－0.332995 (－4.955608＊＊＊)	0.6145	489.31646
	中部	SAR	－0.050628 (－10.095273＊＊＊)	0.007593 (4.039217＊＊＊)	－0.919965 (－13.223758＊＊＊)	0.6898	389.30038
	西部	SAR	－0.034505 (－8.235436＊＊＊)	0.003286 (3.098914＊＊＊)	－0.423965 (－2.225864＊＊)	0.3950	418.17842
RDLP	东部	－	所有模型均有变量不能通过显著性检验				
	中部	－	所有模型均有变量不能通过显著性检验				
	西部	OLS	－0.030878 (－7.668292＊＊＊)	－13.901254 (－3.570132＊＊＊)		0.3967	
Ln（HEPP）	东部	SAR	－0.032499 (－10.797514＊＊＊)	0.015075 (4.161335＊＊＊)	－0.165980 (－2.679965＊＊＊)	0.6270	496.02155
	中部	－	所有模型均有变量不能通过显著性检验				
	西部	SAR	－0.041978 (－10.196626＊＊＊)	0.018940 (5.730749＊＊＊)	－0.434979 (－2.351589＊＊)	0.4836	429.12453

变量	地区	模型	SAR、OLS、SEM				
			β	ψ	λ（ρ）	R－squared	log－likelihood
Ln（*PCEF*）	东部	SEM	−0.040119 （−17.871509＊＊＊）	0.009858 （3.872855＊＊＊）	0.295969 （4.177226＊＊＊）	0.5657	492.13267
	中部	OLS	−0.058800 （−5.199454＊＊＊）	0.029029 （3.069616＊＊＊）		0.1882	
	西部	OLS	−0.028366 （−6.934473＊＊＊）	−0.014169 （−4.256018＊＊＊）		0.4174	

在现代服务业产业功能和创新对现代服务业的影响方面，第一，产业功能的两个变量对东中西部经济增长的作用方向是不同的；代表教育经费投入情况的变量人均教育经费也表现出类似的特征。第二，东中西部内部各省区市经济发展的空间相关性并不显著或者只有较小的负相关关系，说明东中西部内部各省区市的经济发展受临近地区的影响比较小或者表现为竞争关系。第三，东部地区人均教育经费作为控制变量，表现为正向的空间误差关系，表明在东部地区各省区市之间在某些方面存在互补关系。

四、产业基础与环境方面的影响

（一）全国层面

1. 产业基础

现代服务业产业基础对地区经济差异的影响主要分析 5 个变量：城市化率（UR）、城镇居民人均可支配收入（UCDI）、城镇居民恩格尔系数（UCEC）、城镇居民人均消费性支出（UCNE）和开放程度（DE）。

表 7.12 包括城市化率、城镇居民人均可支配收入、城镇居民恩格尔系数、城镇居民人均消费性支出和开放程度对经济差异影响的回归结果。从表 7.12 中可以看出，第一，以这五个变量作为控制变量的模型的 β 均为负值，说明代表产业基础的这五个变量分别作为控制变量，31 个省区市之间都存在条件 β － 收敛。第二，空间滞后模型 SAR 的相关系数为负数并通过显著性检验，表明一个省区市的经济运行受其相邻区域经济行为的溢出影响并不是正向的，省区市经济

间表现出的主要是空间上的竞争关系而非互补关系。第三，控制变量城市化率（UR）、城镇居民人均可支配收入（UCDI）和城镇居民人均消费性支出（UC-NE）系数均为正值，说明这些变量促进了地区经济的发展和地区经济增长率的提高，是扩大地区经济发展差异的因素。第四，控制变量城镇居民恩格尔系数（UCEC）和开放程度（DE）系数为负，表明这两个变量并没有促进地区经济的发展和经济增长率的提高，反而是负向的影响，所以并不是扩大地区经济差异的因素。

2. 产业环境

现代服务业产业环境对地区经济差异的影响主要分析四个变量：每万人拥有公共交通车辆数（PPTV）、人均拥有道路面积（PPRA）、互联网普及率（IPR）和每百户居民家庭拥有家用电脑数量（PCHC）。

表 7.12 包括每万人拥有公共交通车辆数、人均拥有道路面积、互联网普及率和每百户居民家庭拥有家用电脑数量对经济差异影响回归结果。从表中可以看出，变量互联网普及率对经济差异的影响，所有模型均有变量不能通过显著性检验，表明互联网普及率并没有显著地直接促进地区经济地增长，并不是造成地区经济差异的因素。

从其他三个代表现代服务业产业环境的控制变量对经济差异的影响结果看，第一，β 为负值，说明这三个变量分别作为控制变量，31 个省区市之间存在条件 β - 收敛。第二，空间滞后模型 SAR 的相关系数均为负数并通过显著性检验，表明一个省区市的经济运行受其相邻区域经济行为的溢出影响并不是正向的，省区市经济间表现出的主要是空间上的竞争关系而非互补关系。第三，控制变量每万人拥有公共交通车辆数（PPTV）、人均拥有道路面积（PPRA）和每百户居民家庭拥有家用电脑数量（PCHC）系数均为正，说明车辆、道路等交通基础设施和信息化水平是促进地区经济发展和地区经济增长率提高的重要因素，在一定程度上扩大了地区经济差异因素。

表 7.12　全国 31 个省区市产业基础与环境各变量模型及回归结果

变量	SAR				
	β	ψ	γ	R – squared	log – likelihood
UR	– 0.039477 (– 19.300141 ***)	0.041910 (5.500292 ***)	– 0.135969 (– 2.839318 ***)	0.6210	1265.3798
Ln (UCDI)	– 0.048170 (– 19.936622 ***)	0.049202 (8.522204 ***)	– 0.158979 (– 3.468428 ***)	0.6542	1284.9524
UCEC	– 0.031404 (– 22.624842 ***)	– 0.031855 (– 1.846762 *)	– 0.163991 (– 3.241872 ***)	0.5975	1251.9004
Ln (UCNE)	– 0.048129 (– 19.546925 ***)	0.048600 (8.375825 ***)	– 0.195968 (– 4.193482 ***)	0.6534	1283.7935
DE	– 0.027470 (– 17.938078 ***)	– 0.003147 (– 3.461472 ***)	– 0.136950 (– 2.860007 ***)	0.6049	1256.3252
Ln (PPTV)	– 0.031521 (– 22.010842 ***)	0.004621 (1.869848 *)	– 0.147982 (– 2.990815 ***)	0.5972	1252.0178
Ln (PPRA)	– 0.030135 (– 23.455416 ***)	0.005261 (2.416389 * *)	– 0.121978 (– 2.403784 * *)	0.5986	1253.121
IPR	所有模型均有变量不能通过显著性检验				
Ln (PCHC)	– 0.036574 (– 21.511530 ***)	0.014987 (5.258298 ***)	– 0.160965 (– 3.316863 ***)	0.6192	1263.9633

从以上对现代服务业产业基础和环境的九个变量对地区经济差异影响的分析来看,现代服务业发展的产业基础,如代表市场消费潜力和水平的居民收入水平、消费水平等是促进地区经济增长的重要因素;现代服务业发展的产业环境,如代表基础设施建设的交通设施、信息化普及程度的居民家庭拥有电脑情况等同样是促进地区经济增长率提高的重要因素。这些因素都在一定程度上促进了地区经济差异的扩大。

（二）东、中、西部分区域分析

1. 产业基础

东中西部代表现代服务业产业基础的城市化率（UR）、城镇居民人均可支配收入（UCDI）、城镇居民恩格尔系数（UCEC）、城镇居民人均消费性支出

（UCNE）和开放程度（DE）等五个变量对地区经济差异的影响如表7.13所示。

从城市化率的影响来看，第一，东中西部 β 均为负值，表明东中西部地区均存在条件 β - 收敛。第二，东部和中部分别表现出正向和负向的空间误差相关，表明东部地区存在正向的空间相关性，而中部地区则存在负向的空间相关性。西部地区并未表现出空间相关性。第三，东中西部控制变量系数均为正值并通过显著性检验，表明城市化水平是促进东中西部地区经济发展、扩大地区经济差异的因素之一。

从城镇居民人均可支配收入的影响来看，第一，东中西部 β 均为负值，表明东中西部地区均存在条件 β - 收敛。第二，东部和中部均表现出负向的空间滞后相关，表明东中部地区存在负向的空间相关性，东中部存在省区市之间的竞争关系。西部地区并未表现出空间相关性。第三，东中西部控制变量系数均为正值并通过显著性检验，表明城市化水平是促进东中西部地区经济发展、扩大地区经济差异的因素之一。

从城镇居民恩格尔系数的影响来看，第一，东部地区所有模型均有变量不能通过显著性检验。中西部 β 均为负值，表明中西部地区均存在条件 β - 收敛。第二，中部和西部分别表现出负向的空间滞后相关和正向的空间误差相关，表明中部地区存在负向的空间相关性，而西部地区则存在省区市之间的竞争关系。第三，中西部控制变量系数均为正值并通过显著性检验，表明城镇居民消费水平是促进中西部地区经济发展、扩大地区经济差异的因素之一。

从城镇居民人均消费支出的影响来看，第一，东中西部 β 均为负值，表明东中西部地区均存在条件 β - 收敛。第二，东中西部通过检验的均为普通面板 OLS 模型，因此均未表现出空间相关性。第三，东中西部控制变量系数均为正值并通过显著性检验，表明城市化水平是促进东中西部地区经济发展、扩大地区经济差异的因素之一。

从开放程度的影响来看，第一，中部地区所有模型均有变量不能通过显著性检验。东西部 β 均为负值，表明东西部地区均存在条件 β - 收敛。第二，东部地区表现出负向的空间滞后相关，表明东部地区存在负向的空间相关性，存在省区市之间的竞争关系。而西部地区没有表现出空间相关性。第三，东西部控制变量系数均为负值并通过显著性检验，表明开放程度并不是促进东西部地区经济差异的因素。

2. 产业环境

东中西部代表现代服务业产业环境的每万人拥有公共交通车辆数（PPTV）、人均拥有道路面积（PPRA）、互联网普及率（IPR）和每百户居民家庭拥有家用电脑数量（PCHC）对地区经济差异的影响如表 7.13 所示。

从每万人拥有公共交通车辆数的影响来看，第一，东中西部 β 均为负值，表明东中西部地区均存在条件 β - 收敛。第二，东部表现出的空间滞后关系是负向的，而中部表现为空间误差相关（负向），西部与中部表现出相反的相关关系，表明东中西部均存在空间相关性，东中西部表现为地区之间的竞争关系，而西部表现为地区之间的互补关系。第三，东中西部控制变量系数均为正值并通过显著性检验，表明城市化水平是促进东中部地区经济发展、扩大地区经济差异的因素之一。

从人均拥有道路面积的影响来看，第一，东中西部 β 均为负值，表明东中西部地区均存在条件 β - 收敛。第二，东中西部均表现为负向的空间滞后相关，表明东中西部地区存在负向的空间相关性，东中部内部存在省区市之间的竞争关系。第三，东中部控制变量系数均为正值并通过显著性检验，表明城市化水平是促进东中部地区经济发展、扩大地区经济差异的因素之一；而西部地区控制变量系数为负值，表明西部地区道路基础设施建设情况并不是造成地区经济差异的因素。

从互联网普及率的影响来看，第一，东中部地区所有模型均有变量不能通过显著性检验。西部 β 为负值，表明西部地区均存在条件 β - 收敛。第二，西部地区为普通面板 OLS 模型，没有表现出空间相关性。第三，西部控制变量系数为正值并通过显著性检验，表明互联网普及程度是促进西部地区经济发展、扩大地区经济差异的因素之一。

从每百户居民家庭拥有家用电脑数量的影响来看，第一，东中西部 β 均为负值，表明东中西部地区均存在条件 β - 收敛。第二，东部表现为空间滞后相关（负向），而中部表现为空间误差相关（负向），表明东中部均存在空间相关性，表现为地区之间的竞争关系。而西部地区没有表现出空间相关性。第三，东中西部控制变量系数均为正值并通过显著性检验，表明城市化水平是促进东中西部地区经济发展、扩大地区经济差异的因素之一。

表 7.13 东中西部产业基础与环境各变量模型及回归结果

变量	地区	模型	SAR、OLS、SEM				
			β	ψ	λ（ρ）	R – squared	log – likelihood
UR	东部	SEM	−0.041960 （−16.930338＊＊＊）	0.029946 （3.444024＊＊＊）	0.365996 （5.461863＊＊＊）	0.5268	489.89051
	中部	SEM	−0.060082 （−8.924996＊＊＊）	0.095477 （4.437876＊＊＊）	−0.973981 （−14.680732＊＊＊）	0.1352	400.56387
	西部	OLS	−0.053627 （−15.183824）	0.124089 （10.572042＊＊＊）		0.6359	
Ln（*UCDI*）	东部	SAR	−0.040514 （−9.238054＊＊＊）	0.043412 （4.736476＊＊＊）	−0.183997 （−2.694159＊＊＊）	0.6430	499.38013
	中部	SAR	−0.042182 （−9.428423＊＊＊）	0.114871 （8.179726＊＊＊）	−0.748987 （−10.108760＊＊＊）	0.7549	412.8899
	西部	OLS	−0.039797 （−10.096904＊＊＊）	0.067937 （4.762680＊＊＊）		0.4340	
UCEC	东部	–	所有模型均有变量不能通过显著性检验				
	中部	SAR	−0.030929 （−4.897398＊＊＊）	0.141257 （5.000414＊＊＊）	−0.998952 （−16.696770＊＊＊）	0.7270	390.65886
	西部	SEM	−0.033734 （−8.958247＊＊＊）	0.075539 （2.165630＊＊）	0.406981 （4.644491＊＊＊）	0.3486	421.11968
Ln（*UCNE*）	东部	OLS	−0.039984 （−7.688125＊＊＊）	0.027464 （2.452630＊＊）		0.5688	
	中部	OLS	−0.048824 （−9.526240＊＊＊）	0.137395 （13.123387＊＊＊）		0.6344	
	西部	OLS	−0.042126 （−10.053278＊＊＊）	0.048540 （4.428548＊＊＊）		0.4230	

续表

变量	地区	模型	SAR、OLS、SEM				
			β	ψ	λ（ρ）	R−squared	log−likelihood
DE	东部	SAR	−0.016973 （−7.477117***）	−0.003827 （−4.135953***）	−0.259998 （−4.176249***）	0.6353	495.97953
	中部	—	所有模型均有变量不能通过显著性检验				
	西部	OLS	−0.028597 （−6.297664***）	−0.045970 （−2.665825***）		0.3732	
Ln （*PPTV*）	东部	SAR	−0.030800 （−11.699499***）	0.022015 （5.069358***）	−0.198995 （−3.189533***）	0.6485	500.39941
	中部	SEM	−0.026982 （−9.260854***）	0.018322 （4.367216***）	−0.979994 （−14.929089***）	0.0844	400.21022
	西部	SEM	−0.033827 （−8.985770***）	0.006882 （1.946502*）	0.484991 （6.075422***）	0.3066	420.0258
Ln （*PPRA*）	东部	SAR	−0.011496 （−5.891730***）	0.018863 （7.252580***）	−0.418939 （−6.441268***）	0.7008	506.75828
	中部	SAR	−0.034340 （−7.096925***）	0.042114 （8.098527***）	−0.794981 （−10.346228***）	0.7586	411.30797
	西部	SAR	−0.021655 （−4.837129***）	−0.024994 （−5.586402***）	−0.410959 （−2.197939★★）	0.4783	428.60644
IPR	东部	—	所有模型均有变量不能通过显著性检验				
	中部	—	所有模型均有变量不能通过显著性检验				
	西部	OLS	−0.048581 （−8.970959***）	0.115335 （3.745481***）		0.4018	

变量	地区	模型	SAR、OLS、SEM				
			β	ψ	λ（ρ）	R - squared	log - likelihood
Ln（*PCHC*）	东部	SAR	-0.027516 （-9.257249***）	0.014312 （2.640404***）	-0.224981 （-3.266461***）	0.6101	491.23237
	中部	SEM	-0.023817 （-4.703444***）	0.014938 （2.100287**）	-0.946999 （-13.646807***）	0.1210	392.95019
	西部	OLS	-0.037110 （-10.099950***）	0.024982 （5.874461***）		0.4728	

在现代服务业产业基础和环境对现代服务业的影响方面，第一，对西部地区来说，产业基础方面的影响均未表现出空间相关性；第二，在某些因素的影响下，东西部地区表现出正的空间相关性。如城市化率作为控制变量的东部地区，城镇居民恩格尔系数和每万人拥有公共交通车辆数作为控制变量的西部地区。因此可以看出城市化水平和交通基础设施建设作为现代服务业发展的重要基础具有一定的正的空间外溢性。

五、综合影响

（一）全国层面

根据单因素分析的结果（主要考察模型拟合度和解释变量对被解释变量的影响程度的大小），从现代服务业发展质量4个方面、9个二级指标中各选取一个变量进行多因素分析，回归结果如表7.14所示。表中模型一为包含现代服务业固定资产投资额（SFAI）、现代服务业全员劳动生产率（STLP）、现代服务业增加值占第三产业的比重（MSIT）、金融业占现代服务业的比重（FMSI）、现代服务业区位熵（MSLQ）、现代服务业从业人员数量（MSIL）、每十万人口高等教育平均在校生人数（HEPP）、城镇居民人均可支配收入（UCDI）、每百户居民家庭拥有家用电脑数量（PCHC）等9个变量，模型二舍去了变量系数未通过显著性检验的现代服务业固定资产投资额（SFAI）、现代服务业增加值占第三产业的比重（MSIT）、现代服务业从业人员数量（MSIL）等3个变量。

表7.14 全国31个省区市现代服务业发展质量综合模型及回归结果

模型	模型一：SEM	模型二：SAR
$PGDP_{i,to}$	-0.056018 （ -26.210409 *** ）	-0.056667 （ -24.525956 *** ）
Ln （ $SFAI$ ）	-0.001512 （ -0.836617 ）	
Ln （ $STLP$ ）	0.005487 （ 1.687412 * ）	0.010059 （ 4.787386 *** ）
$MSIT$	-0.007981 （ -0.603546 ）	
$FMSI$	0.037145 （ 2.629879 *** ）	0.065998 （ 4.702070 *** ）
$MSLQ$	-0.021837 （ -4.890018 *** ）	-0.028524 （ -8.930104 *** ）
Ln （ $MSIL$ ）	0.000303 （ 0.159226 ）	
Ln （ $HEPP$ ）	0.021458 （ 10.702971 *** ）	0.019497 （ 9.504643 *** ）
Ln （ $UCDI$ ）	0.066046 （ 8.537957 *** ）	0.063944 （ 8.495517 *** ）
Ln （ $PCHC$ ）	-0.011349 （ -3.492454 *** ）	-0.171985 （ -4.526665 *** ）
$spat. aut.$	-0.526988 （ -7.573955 *** ）	
$W^* dep. var.$		-0.171985 （ -4.526665 *** ）
$R-squared$	0.7277	0.7453
$corr-squared$	0.7277	0.7338
$log-likelihood$	1360.4466	1350.995

多因素分析的综合模型的回归结果如表7.14所示。从表中可以看出，有些变量在该模型中和在单因素分析模型中对经济增长作用的影响程度不同，但作用方向大部分是一致的。如现代服务业全员劳动生产率（STLP）、金融业占现代服务业的比重（FMSI）、每十万人口高等教育平均在校生人数（HEPP）、城镇居民人均可支配收入（UCDI）等都表现出对经济增长的促进作用；现代服务业区位熵（MSLQ）的作用则是反向的；β 为负值表明这些控制变量使得全国31个省区市经济增长存在条件 β—收敛。但有些变量则表现出不同的影响，如每百户居民家庭拥有电脑数量（PCHC）在综合模型中系数为负值，与单因素分析中是相反的；现代服务业从业人员数量（MSIL）、现代服务业产值占第三产业的

比重（MSIT）和现代服务业固定资产投资额（SFAI）在综合模型中系数未通过显著性检验，表明对经济增长没有显著性影响。

（二）东、中、西部分区域分析

1. 东部地区

根据单因素分析的结果（主要考察模型拟合度和解释变量对被解释变量的影响程度的大小），从现代服务业发展质量4个方面、9个二级指标中选取了8个变量进行多因素分析，回归结果如表7.15所示。表中模型包含现代服务业固定资产投资额（SFAI）、现代服务业增加值占GDP的比重（MSIP）、金融业占现代服务业的比重（FMSI）、现代服务业区位熵（MSLQ）、现代服务业从业人员数量（MSIL）、每十万人口高等教育平均在校生人数（HEPP）、城镇居民人均可支配收入（UCDI）、人均拥有道路面积（PPRA）等8个变量。

表7.15　东部地区现代服务业发展质量综合模型及回归结果

模型	SAR	SEM
$PGDP_{i,t_0}$	-0.041227（-11.816688^{***}）	-0.056313（-13.592429^{***}）
Ln（SFAI）	-0.003733（-2.163722^{**}）	-0.006589（-3.614457^{***}）
MSIP	0.344356（5.278487^{***}）	0.334620（4.769286^{***}）
FMSI	-0.023997（-0.931678）	-0.065206（-2.312778^{**}）
MSLQ	-0.120663（-6.532789^{***}）	-0.111596（-5.557377^{***}）
Ln（MSIL）	0.008543（5.074935^{***}）	0.005641（3.283582^{***}）
Ln（HEPP）	0.033187（10.280953^{***}）	0.030877（9.418680^{***}）
Ln（UCDI）	0.052158（6.342937^{***}）	0.077621（9.346532^{***}）
Ln（PPRA）	0.015576（7.262171^{***}）	0.017630（7.410224^{***}）
spat. aut.		-0.525985（-7.907392^{***}）
W * dep. var.	-0.544960（-9.794229^{***}）	
R − squared	0.8743	0.7853
corr − squared	0.8209	0.7911
log − likelihood	565.53983	563.78309

东部地区多因素分析的综合模型的回归结果如表 7.15 所示。从表中可以看出，有些变量在该模型中和在单因素分析模型中对经济增长作用的影响程度不同，但大部分作用方向是一致的。如现代服务业区位熵（MSLQ）表现出对经济增长的负向作用，现代服务业从业人员数量（MSIL）、每十万人口高等教育平均在校生人数（HEPP）、城镇居民人均可支配收入（UCDI）、人均拥有道路面积（PPRA）等都表现出对经济增长的促进作用；β 为负值表明这些控制变量使得中部 12 省区市经济增长存在条件 β 一收敛。但有些变量则表现出不同的影响，如现代服务业固定资产投资额（SFAI）、现代服务业产值占 GDP 的比重（MSIP）、金融业占现代服务业的比重（FMSI）的作用与单变量分析中的作用方向是反向的，表明这些因素对地区经济增长的影响与其他影响作用稳定的因素相比，影响不稳定。

2. 中部地区

根据单因素分析的结果（主要考察模型拟合度和解释变量对被解释变量的影响程度的大小），从现代服务业发展质量 4 个方面、9 个二级指标中选取了 8 个变量进行多因素分析，回归结果如表 7.16 所示。表中模型一为包含现代服务业全员劳动生产率（STLP）、现代服务业增加值占第三产业的比重（MSIT）、金融业占现代服务业的比重（FMSI）、现代服务业区位熵（MSLQ）、现代服务业从业人员数量（MSIL）、技术市场技术合同金额（TMCV）、城镇居民人均可支配收入（UCDI）、人均拥有道路面积（PPRA）等 8 个变量，模型二舍去了变量系数未通过显著性检验的现代服务业全员劳动生产率（STLP）、现代服务业增加值占第三产业的比重（MSIT）、现代服务业区位熵（MSLQ）、现代服务业从业人员数量（MSIL）等 4 个变量。

表 7.16　中部地区现代服务业发展质量综合模型及回归结果

模型	模型一：SAR	模型二：SAR
$PGDP_{i,t_0}$	−0.037227（−4.072363***）	−0.040148（−11.097712***）
Ln（STLP）	0.004992（0.708323）	
MSIT	0.007328（0.282335）	
FMSI	−0.099655（−4.861221***）	−0.118362（−7.190170***）
MSLQ	−0.001256（−0.103576）	

续表

模型	模型一：SAR	模型二：SAR
Ln (MSIL)	-0.014120 (-0.285315)	
Ln (TMCV)	0.005119 (3.338178***)	0.005140 (3.555959***)
Ln (UCDI)	0.061677 (3.268340***)	0.075113 (5.977334***)
Ln (PPRA)	0.019160 (3.961712***)	0.022084 (5.112962***)
W * dep. var.	-0.859985 (-13.222658***)	-0.833955 (-13.396194***)
R - squared	0.8810	0.8744
corr - squared	0.6889	0.6937
log - likelihood	445.15886	444.42951

中部地区多因素分析的综合模型的回归结果如表 7.16 所示。从表中可以看出，有些变量在该模型中和在单因素分析模型中对经济增长作用的影响程度不同，但作用方向是一致的。如技术市场技术合同金额（TMCV）、城镇居民人均可支配收入（UCDI）、人均拥有道路面积（PPRA）等都表现出对经济增长的促进作用；金融业占现代服务业的比重（FMSI）的作用则是反向的；β 为负值表明这些控制变量使得中部九省区市经济增长存在条件 β—收敛。但有些变量则表现出不同的影响，如现代服务业全员劳动生产率（STLP）、现代服务业增加值占第三产业的比重（MSIT）、现代服务业区位熵（MSLQ）、现代服务业从业人员数量（MSIL）等在综合模型中系数未通过显著性检验，表明对经济增长没有显著性影响。

3. 西部地区

根据单因素分析的结果（主要考察模型拟合度和解释变量对被解释变量的影响程度的大小），从现代服务业发展质量 4 个方面、9 个二级指标中各选取一个变量进行多因素分析，回归结果如表 7.17 所示。表中模型一为包含现代服务业固定资产投资额（SFAI）、现代服务业全员劳动生产率（STLP）、现代服务业增加值占第三产业的比重（MSIT）、金融业占现代服务业的比重（FMSI）、现代服务业区位熵（MSLQ）、现代服务业从业人员数量（MSIL）、每十万人口高等教育平均在校生人数（HEPP）、城市化率（UR）、互联网普及率（IPR）等9个变量，模型二舍去了变量系数未通过显著性检验的现代服务业增加值占第三产业的比重（MSIT）、现代服务业区位熵（MSLQ）、现代服务业从业人员数量（MSIL）等3个变量。

表7.17　西部地区现代服务业发展质量综合模型及回归结果

模型	模型一：SAR	模型二：SAR
$PGDP_{i,t_0}$	-0.071499（-16.786515***）	-0.069463（-22.866485***）
Ln（SFAI）	0.002740（3.602164***）	0.002816（3.970496***）
Ln（STLP）	0.020759（5.615181***）	0.017556（10.715939***）
MSIT	-0.010670（-0.745188）	
FMSI	0.114909（6.746248***）	0.115102（6.831853***）
MSLQ	-0.002586（-0.301120）	
MSIL	0.040509（1.256630）	
Ln（HEPP）	0.012052（5.510025***）	0.012542（5.983669***）
UR	0.101270（7.110124***）	0.104854（7.930067***）
IPR	0.060789（3.428982***）	0.065175（3.964340***）
W * dep. var.	-0.994975（-5.682331***）	-0.998985（-5.845850***）
R - squared	0.8823	0.8802
corr - squared	0.8509	0.8469
log - likelihood	518.66109	517.46853

西部地区多因素分析的综合模型的回归结果如表7.17所示。从表中可以看出，有些变量在该模型中和在单因素分析模型中对经济增长作用的影响程度不同，但作用方向大部分是一致的。如现代服务业固定资产投资额（SFAI）、金融业占现代服务业的比重（FMSI）、每十万人口高等教育平均在校生人数（HEPP）、城市化率（UR）、互联网普及率（IPR）等都表现出对经济增长的促进作用；β为负值表明这些控制变量使得西部10省区市经济增长存在条件β—收

敛。但有些变量则表现出不同的影响，如现代服务业全员劳动生产率（STLP）在综合模型中系数为正值，与单因素分析中是相反的；现代服务业增加值占第三产业的比重（MSIT）、现代服务业区位熵（MSLQ）、现代服务业从业人员数量（MSIL）在综合模型中系数未通过显著性检验，表明对经济增长没有显著性影响。

六、综合分析

（一）全国层面

通过对现代服务业产业发展质量所包括的产业规模与效率、产业结构与体系、产业功能与创新、产业基础与环境等 4 大方面 24 个变量对地区经济增长和单因素分析和综合分析，对各影响因素作用的总结如表 7.18 所示。

表 7.18　全国 31 个省区市经济差异成因总结表

变量维度	引起经济差异扩大的因素	促使经济差异缩小的因素	影响不显著的因素
产业规模与效率	现代服务业增加值、现代服务业固定资产投资额▲、现代服务业全员劳动生产率***		
产业结构与体系	金融业占现代服务业的比重***	现代服务业产值占 GDP 的比重、现代服务业产值占第三产业的比重▲、现代服务业区位熵***	房地产业占现代服务业的比重
产业功能与创新	现代服务业从业人员数量▲、每万人拥有专利数量、技术市场技术合同金额、每十万人口高等教育平均在校生人数***		现代服务业从业人员比重、R&D 从业人员比重、人均教育经费

变量维度	引起经济差异扩大的因素	促使经济差异缩小的因素	影响不显著的因素
产业基础与环境	城市化率、城镇居民可支配收入***、城镇居民人均消费性支出、每万人拥有公共交通车辆数、人均拥有道路面积、每百户家庭拥有家用电脑▲	城镇居民恩格尔系数、开放程度	互联网普及率

注：表中***表示影响稳定的变量；▲表示影响不稳定的因素。

通过现代服务业发展质量相关变量对影响我国 31 个省区市经济差异的单因素分析和综合分析，可以得出以下几个结论。

第一，我国省域经济存在条件 β - 收敛。凡是模型中所有变量系数均通过显著性检验的模型，β 值均为负数，说明现代服务业发展质量相关变量作为控制变量，使我国省域经济之间存在条件 β - 收敛。但存在条件 β - 收敛表示一个省区市可以在一定时期内收敛到一个自己的稳定状态，但并不表明经济相对不发达的省区市一定能够赶上甚至超过经济发达的地区。本书所研究的现代服务业发展质量相关因素作为控制变量的条件收敛模型中则由这些控制变量来体现。因此，如果想要从现代服务业发展质量方面缩小地区经济发展差距，可以从现代服务业发展的基础、环境、体系、结构、效率等方面采取措施，使落后省区市的经济稳态更加接近于发达省区的经济稳态。

第二，各省区市之间主要是竞争关系而非互补。凡是通过 LM 检验的模型，无论是空间滞后模型还是空间误差模型，都表现为负相关。各省区市之间主要表现为竞争关系，其实反映了目前我国省域经济发展的实际情况。笔者曾对我国经济最为发达的长三角经济区做过相关研究，研究表明上海目前作为长三角地区的核心城市，目前对周边城市的辐射、带动作用还没有发挥出来，因此对周边地区的经济增长并没有显著的促进作用，相反，在某些方面，包括资源、产业等方面，甚至与周边地区还存在较为激烈的竞争，存在重复建设的情况。

第三，反映现代服务业发展质量的间接因素对地区经济增长影响更大。从表7.18 可以看出，产业创新条件、发展基础、市场潜力、发展环境等现代服务业发展的间接因素对地区经济的增长影响更大。如反映现代服务业市场潜力和居民消费能力的城镇居民可支配收入，稳定地表现出对经济增长的正向促进作用。

第四，和人力资源相关的变量对地区经济增长表现出稳定的正向促进作用。如现代服务业全员劳动生产率、每十万人口高等教育平均在校生人数。现代服务业全员劳动生产率反映了产业现有劳动力市场的人力资源水平状况，而高校在校生人数则反映了未来适应地区现代服务业发展所需要的高素质人力的供给和储备情况。近几年，我国各省区市出现的"抢人大战"充分说明了这一点，而"抢人"的主要对象恰恰是以高校毕业生为主。因此，高校数量和高校在校生人数多的省区市在这一点上占据了很大的优势。

第五，地区金融业的发展对地区经济增长有促进作用，但房地产业的发展并未表现出显著的影响。作为典型的现代服务业，金融业更容易在大城市、经济发达地区集聚，因此我国各省区市金融业发展水平差距比较大，是造成地区经济差异的因素之一。比如 2016 年，我国金融业增加值最高的广东省为 6127.05 亿元，而最低的西藏自治区仅为 93.05 亿元。而房地产业对于每个省区市来说都是重要的经济增长点，所以对扩大地区经济差异的作用不显著。如 2016 年，房地产业占现代服务业比重排名第一的是江西省，而北京仅位列 21。

（二）东中西部

东中西部内部省区市经济差异各影响因素作用的总结如表 7.19 所示。

表 7.19 东中西部省区市经济差异成因总结表

变量维度	地区	引起经济差异扩大的因素	促使经济差异缩小的因素	影响不显著的因素
产业规模与效率	东部	现代服务业增加值、现代服务业固定资产投资额▲		现代服务业全员劳动生产率
	中部	现代服务业全员劳动生产率▲		现代服务业增加值、现代服务业固定资产投资额
	西部	现代服务业固定资产投资额***	现代服务业全员劳动生产率▲	现代服务业增加值

变量维度	地区	引起经济差异扩大的因素	促使经济差异缩小的因素	影响不显著的因素
产业结构与体系	东部	金融业占现代服务业的比重▲	现代服务业产值占GDP的比重▲、房地产业占现代服务业的比重、现代服务业区位熵***	现代服务业产值占第三产业的比重
	中部	现代服务业产值占GDP的比重、现代服务业产值占第三产业的比重▲、金融业占现代服务业的比重***、现代服务业区位熵▲	房地产业占现代服务业的比重	
	西部	金融业占现代服务业的比重***、房地产业占现代服务业的比重	现代服务业产值占GDP的比重、现代服务业产值占第三产业的比重▲、现代服务业区位熵▲	
产业功能与创新	东部	现代服务业从业人员数量***、每万人拥有专利数量、技术市场技术合同金额、每十万人口高等教育平均在校生人数***、人均教育经费		现代服务业从业人员比重、R&D从业人员比重
	中部	技术市场技术合同金额***、人均教育经费	现代服务业从业人员数量▲、现代服务业从业人员比重	每万人拥有专利数量、R&D从业人员比重、每十万人口高等教育平均在校生人数

续表

变量维度	地区	引起经济差异扩大的因素	促使经济差异缩小的因素	影响不显著的因素
产业功能与创新	西部	现代服务业从业人员数量▲、现代服务业从业人员比重、每万人拥有专利数量、技术市场技术合同金额、每十万人口高等教育平均在校生人数***	R&D从业人员比重、人均教育经费	
产业基础与环境	东部	城市化率、城镇居民可支配收入***、城镇居民人均消费性支出、每万人拥有公共交通车辆数、人均拥有道路面积***、每百户家庭拥有家用电脑	开放程度	城镇居民恩格尔系数、互联网普及率
	中部	城市化率、城镇居民可支配收入***、城镇居民恩格尔系数、城镇居民人均消费性支出、每万人拥有公共交通车辆数、人均拥有道路面积***、每百户家庭拥有家用电脑		开放程度、互联网普及率
	西部	城市化率、城镇居民可支配收入***、城镇居民恩格尔系数、城镇居民人均消费性支出、每万人拥有公共交通车辆数、互联网普及率***、每百户家庭拥有家用电脑	开放程度、人均拥有道路面积	

注：表中***表示影响稳定的变量；▲表示影响不稳定的因素。

通过现代服务业发展质量相关变量对影响我国东中西部省区市经济差异的单因素分析和综合分析，可以得出以下几个结论：

第一，东中西部内部经济存在条件 β – 收敛。凡是模型中所有变量系数均通过显著性检验的模型，β 值均为负数（除中部地区控制变量为现代服务业从业人员比重时，β 为正值），说明现代服务业发展质量相关变量作为控制变量，使东中西部省域经济之间存在条件 β – 收敛。但存在条件 β – 收敛表示一个省区市可以在一定时期内收敛到一个自己的稳定状态，但并不表明经济相对不发达的省区市一定能够赶上甚至超过经济发达的地区。东中西部地区内部经济发展差距仍然比较大，尤其是西部地区。如 2016 年，东部地区人均 GDP 最高的为天津（115013 元，全国第 1 位），最低的是广西壮族自治区（37876，第 26 位），地区内部基尼系数为 0.345；中部地区人均 GDP 最高的为内蒙古自治区（74069 元，全国第 6 位），最低的是山西（35198，第 27 位），地区内部基尼系数为 0.212；西部地区人均 GDP 最高的为重庆（57904 元，全国第 10 位），最低的是甘肃（27458，第 31 位），地区内部基尼系数为 0.415。因此，因地制宜大力发展现代服务业，提高现代服务业发展质量，也是缩小东中西部地区内部经济差异的重要途径之一。

第二，东西部地区在教育、交通基础设施、居民基本生活水平等现代服务业发展基础和环境方面表现出地区之间正的溢出效应。具体表现为，东部地区当人均教育经费和城市化率为控制变量时，均表现为正向的空间误差关系，表明在东部地区，地区城市化率的提高和教育投入的增加，存在正的溢出效应；西部地区当城镇居民恩格尔系数和每万人拥有公共交通车辆数作为控制变量时，也均表现为正的空间误差关系，表明在西部地区，地区城镇居民生活水平的提高和交通等公共基础设施的建设表现出正外部性，可以惠及临近省区。因此，虽然目前在很多方面我国省域经济发展仍然处于竞争状态，如产业发展、招商引资的竞争等，但是加强经济以及产业发展基础和环境方面的投入和建设，在一定程度上还是可以产生正向的溢出效应，把省域经济的发展提高到一个新的稳态。

第三，影响东中西部地区经济增长和地区差异的因素有所不同，但又表现出一些共性。从表7.19可以看出，显著影响东部地区经济增长的因素包括现代服务业区位熵（负向）、现代服务业从业人员数量、每十万人口高等教育平均在校生人数、城镇居民可支配收入和人均拥有道路面积等；显著影响中部地区经济增长的因素包括金融业占现代服务业的比重（负向）、技术市场技术合同金额、城镇居民可支配收入和人均拥有道路面积等；显著影响西部地区经济增长的因素包括现代服务业固定资产投资额、金融业占现代服务业的比重、每十万人口高等教育平均在校生人数、城镇居民可支配收入和互联网普及率等。通过对比发现，对东中西部来说，同样显著影响地区经济增长的因素是城镇居民可支配收入，现代服务业是经济发展到比较高的阶段人们对较高层次需求的体现，因此城镇居民收入水平的提高是影响现代服务业发展从而影响经济发展最重要的因素之一。对西部地区来说，经济发展、现代服务业发展水平相对比较落后，因此现阶段最重要的就是加大投入，包括公共基础资源的投入（如交通基础设施、教育、信息化建设等）、产业的投入（如现代服务业的固定资产投资），为产业的发展夯实基础。

第四，中西部地区内部省区市之间空间相关性较小。从以上分析可以看出，在单变量分析过程中发现，中西部地区超过一半以上的变量作为控制变量时，没有所有变量都通过检验的模型或者模型未通过 LM 检验而进行了普通面板 OLS 分析，说明与全国 31 个省区市和东部地区相比，中西部地区内部省区市之间的空间相关性比较小，即使存在相关性，影响也比较小而且表现为负的空间相关性。

第五，在所研究的所有变量中，促进地区经济增长和差异扩大的因素，东西部地区要多于中部地区，表明东西部地区现代服务业发展质量对地区经济增长的影响更大一些。这与之前本研究对于现代服务业发展质量评价结果基本是一致的。如 2016 年综合评价前 10 名的省区市中，东部 7 个，西部 2 个，中部 1 个；排名后 10 名的省区市中，东部 2 个，西部 3 个，中部 5 个。因此，在通过现代服务业的发展促进经济增长方面，中部地区应该在产业规划制定、体制机制设计方面提出更多切实可行的措施和方案。

第八章

现代服务业发展与地区经济协调发展的政策建议

本章将根据之前的研究结果，从现代服务业发展质量提升、建立现代服务业发展质量跟踪机制以及如何促进地区经济协调发展方面提出政策建议。

第一节 促进我国各省区市现代服务业发展质量提升的政策建议

一、因地制宜，发挥区域优势，合理发展现代服务业

每个省区市的产业发展基础、资源优势不同，因此各地区之间要错位发展现代服务业，避免形成恶性竞争的局面。产业发展不一定要规模至上，而要符合区域特色及产业发展的阶段要求。现代服务业发展的规模经济及集聚效应会对产业发展产生良好的促进作用，但集聚既要符合区域特色，也要符合自身的阶段特征，产业发展的不同阶段对集聚和规模的要求是不同的。2017 年 4 月科技部关于印发《"十三五"现代服务业科技创新专项规划》的通知中指出，我国现代服务业的产业布局要不断优化，建设现代服务业产业集群。结合经济、社会、文化发展的实际需求，突出区域特色，批准建设北京、武汉、上海等 7个示范城市以及 62 个现代服务业产业化示范基地和 34 个文化与科技融合示范基地，形成了"一轴两带多中心"的现代服务业区域布局，即包括北京、上海、广州在内的东部临海中心轴、北部发展带、南部发展带、沈阳—大连—长春东北中心、郑州—武汉—长沙中部中心和重庆—成都—西安西部中心。专项规划为各省区市现代服务业的发展和布局提供了方向性的指导。

二、加快城市化进程，提高居民收入水平，促进现代服务业的发展

研究表明，城市化率、城镇居民收入水平、消费水平是现代服务业发展的重要基础，是促进地区经济增长的重要动力。从城市化角度来讲，第一，城市化进程的推进必须要以产业的发展为基础，而不仅仅是人口从农村进入城市。在这个过程中，户籍制度改革和农村土地制度改革是两个关键问题，因此，必须处理好这些问题，使农民稳定地在第二、第三产业就业，并能够在城市没有后顾之忧地永久留下来。第二，城市是现代服务业发展的主要载体，人口聚集并且有足够的有效消费需求才能推动现代服务业的发展，而居民的有效消费需求需要以一定的收入水平为基础，因此人口的聚集主要靠市场化的推动来实现。第三，城市化的发展需要形成大中小城市共同发展又各具特色的多层次的格局。只有居民收入水平不断提高基础上的城市化才能真正为现代服务业提供发展的空间和保障。

三、构建创新政策体系，为现代服务业发展提供创新的环境

一个地区或城市的创新元素包括创新资源、创新机构、创新机制和创新环境，正是这些创新元素推动地区产业发展、经济增长，并且能够对周边区域产生辐射和带动作用。因此对政府来说，如何构建创新政策体系，为现代服务业的发展创造良好的环境，对现代服务业的发展至关重要。目前，我国经济发展处于转型升级的关键时期，各级各地政府都在逐步建立和完善现代服务业相关的创新政策体系，包括知识产权的保护、审判和侵权查处机制；现代服务业新技术、新产品、新商业模式的准入管理等。武汉作为中部地区城市，目前已跻身一线城市行列，近些年在建设创新环境、提升创新服务方面取得了不错的成绩。在 2018 年 11 月首都科技发展战略研究院在"创新北京"国际论坛发布的《构建创新之城——中国创新城市 TOP10 的启示》中，武汉名列第六（前五名为北京、深圳、上海、广州和南京）。课题组曾对武汉光谷进行了专题调研[①]，通过实地调研，印证了我们的研究结论：产业发展是促进经济发展的直接动力，

---

① 参见专题调研二。

而体制机制的优化和创业生态体系的不断完善为产业健康发展提供了有力的支撑和保障。

四、增加教育投入，推进户籍制度改革，为现代服务业发展储备人才

研究表明，与人力资源这一产业和经济发展最重要的因素相关的高校在校生人数、教育投入等变量对产业发展和地区经济增长有重要的促进作用，因此各地区应该在提高教育投入水平、吸引人才等方面采取措施，做好人力资源的储备工作。近几年，各级政府已经意识到人才的重要性，2017年初以来，一二三四线的约60个城市先后掀起"抢人大战"，纷纷制定各种优惠的"抢人"政策，如表8.1所示。从表中可以看到，在二线、三四线城市中不少都是中西部省区的城市，而表中所列的6个省区中有4个是中西部省区，表明中西部地区在这场人才大战中已经积极行动起来。

表 8.1 出台人才新政的城市和省份（不完全统计）

城市级别	出台人才新政的城市或省份
一线城市	深圳、广州、北京、上海
二线城市	成都、福州、贵阳、杭州、宁波、合肥、济南、昆明、兰州、南昌、南京、青岛、厦门、沈阳、石家庄、太原、天津、武汉、西安、长沙、郑州、重庆、呼和浩特、无锡、东莞
三四线城市	济宁、聊城、临沂、潍坊、烟台、淄博、保定、沧州、承德、廊坊、秦皇岛、唐山、邢台、张家口、新余、洛阳、徐州、扬州、滁州、佛山、中山、珠海
省份	海南、江西、吉林、四川、山东、云南

资料来源：恒大研究院。

而阻碍人才流动重要障碍之一的户籍制度也在不断松绑，2019年2月21日，国家发展改革委发布《关于培育发展现代化都市圈的指导意见》，提出"放开放宽除个别超大城市外的城市落户限制"，这意味着阻碍人才自由流动的行政壁垒和体制机制障碍将基本消除。

五、加强交通基础设施建设，为现代服务业发展奠定良好的发展基础

从对现代服务业发展产业基础和环境方面的评价以及相关变量对地区经济发展的影响结果看，加强道路交通等基础设施建设将为现代服务业发展和地区经济增长创造良好的产业基础和环境，对中西部地区的正向影响尤为明显。近些年，我国高铁建设成效显著①，到 2018 年底，我国高铁营业里程已经超过 2.9 万公里，高铁动车组运输旅客累计超过 90 亿人次。根据我国《中长期铁路网规划》（2016 年版），到 2020 年，高速铁路将达 3 万公里，覆盖 80% 以上的大城市。在高速铁路网建设方面，将以原规划"四纵四横"主骨架为基础，形成"八纵八横"主骨架的高速铁路网。尤其是中西部地区将收益颇多，从"2018 年全国各省区市高通车铁里程排行榜"来看，西部除西藏自治区和宁夏回族自治区没有高铁通车外，其余均有高铁通车，其中贵州省以 1200 公里名列第 9 位。课题组曾到中部地区的旅游城市洛阳对高铁建设对地区经济社会的带动作用做过专项调研②，调研结果表明，高铁的开通对洛阳现代服务业尤其是旅游业和房地产业的发展具有较强的带动作用。

六、推进新一代信息基础设施布局，加快形成现代服务业发展需要的技术体系

研究表明，随着信息化水平的提高，信息基础设施的建设对产业发展、地区经济增长有较显著的促进作用，尤其是经济发展相对落后的西部地区。现代服务业的发展更多地依赖新兴技术驱动，因此各级政府和相关部门要不断完善信息网络一体化布局、推进新一代信息基础设施布局，加快发展以移动互联网、物联网、务联网和新型终端技术等为代表的新技术体系，满足服务业创新的需求，提升服务业产品、产业创新的整体水平。

---

① 注：由于高铁相关统计数据的可得性，尤其是有统计数据的时间比较短，因为本研究在评价指标体系中没有选择高铁相关的指标。但近些年，高铁对地区经济发展的影响越来越大。

② 调研结果参见专项调研案例一。

第二节　建立我国现代服务业发展质量跟踪机制

自 2002 年党的十五大报告首次提到"现代服务业"，十六大报告中提出"加快发展现代服务业，提高第三产业在国民经济中的比重"，意味着大力发展现代服务业已经成为国民经济发展的重要战略任务之一。各省区市高度重视，2000 年至今均制定了服务业、现代服务业相关的发展意见、实施纲要等，如2005 年 4 月天津市人民政府印发的《关于印发天津市加快发展现代服务业实施纲要的通知》；2014 年 6 月，贵州省人民政府印发的《省人民政府关于加快现代服务业发展的意见》；2017 年 11 月山西省人民政府办公厅印发的《关于印发山西省支持现代服务业发展政策措施（2017 年版）的通知》等。同时各省区市也出台了许多现代服务业相关行业的具体发展规划、实施意见等，包括金融业、科技服务业、旅游业、房地产业、物流业、文化产业、健康服务业等方面，特别是金融业、旅游业、物流业、文化产业、房地产业等几个行业是各省区市发展的重点。在制定这些规划、实施意见之后，执行情况如何？现代服务业及相关行业发展情况如何？包括发展的规模、效益，产业的集聚情况、产业发展环境的改善等方面。这些都需要进行合理客观的评价以及持续的跟踪，才能真正促进现代服务业相关产业的持续健康发展，从而促进地区产业结构的升级和经济的稳定健康增长。因此，本研究建议成立自下而上的相关机构负责现代服务业发展质量的跟踪评价小组，及时发现问题，促进产业的良性健康发展，主要包括组织机构的设立、监督考核和跟踪评价机制的建立。

一、组织机构

建议成立专门跟踪评价小组，建议由国家发改委产业司及各省区市发改委产业发展相关负责机构牵头。加强对全国及各省区市现代服务业发展的持续跟踪研究，各省区市还要进行与国内外其他地区的对比研究，对本省区市的现代服务业发展质量做出客观的评价，以季度分析报告和年度分析报告的形式，向向省区市政府和相关部门提供产业发展的动态评估意见和有针对性的可执行的对策建议。

二、监督考核

按照政府部门职能分工，分解落实各项工作任务，明确责任主体，进一步提高各个部门的时代责任感与使命感。加强监督检查指导，保证工作稳步推进。根据实施方案确定的工作任务与目标，严格对实施效果进行定期或者不定期的考核。

进一步加强方案实施的民主监督，扩大政务公开，强化信息引导，面向企业和公众，积极广泛地组织好宣传，形成全社会关心产业竞争力提升、参与实施和共同监督的良好氛围。

三、跟踪评价机制

关于跟踪评价机制，包括几方面的内容：一是评价的程序要有可操作性。包括跟踪评价的相关通知、评价的时间（包括时点和时期）等，负责部门应该按时按要求准备好待评价材料，并及时反馈评价情况，完成最终的评价报告。二是需要建立一支专门从事跟踪评价的工作队伍。该队伍中应该包括跟踪评价所涉及的懂产业知识的人员以及法律法规相关人员。三是建立明确的工作责任制。相关部门各司其职，包括负责产业管理的执行部门和负责监督管理的相关部门。四是要有严格的跟踪评价纪律。要对现代服务业发展的实际情况进行客观的评价，并在一定范围内公开评价结果，能够真正起到促进产业健康发展的目的。

第三节 促进我国地区经济协调发展的政策建议

地区经济差异问题不仅仅是一个经济问题，同时也是一个社会问题和政治问题。这也是为什么我国政府自 1990 年"八五"计划开始一直把缩小地区差异，实现经济协调发展作为国民经济和社会发展的重要指导方针。因为现代经济学研究的中心问题之一，就是如何在平等（或公平）与效益之间寻找某种平衡，效率与公平是经济发展中的一对矛盾，只讲公平，不讲效率，不利于经济的发展，不利于人民生活水平的提高；而只讲效率，不讲公平，虽然可以使国民经济增长速度短期内得到提高，但很可能使区域间不平衡发展超出社会可承受的界限，从而影响社会的安定，最终影响国民经济的持续、快速、和谐的发展。通过之前的研究发现，全国 31 个省区市之间经济差异仍然处于较大的状态；农民收入水平之间的差距在不断扩大且处于"差异较大"的状态；农民收入水平差距大于城镇居民收入水平差距。从东中西部的比较来看，无论是经济差异还是农民收入差异、城镇居民收入差异，均表现为西部最大、东部次之、中部最小。从城乡差异的角度看，全国 31 个省区市、东中西部内部各省区市之间的绝对差异都在扩大，相对差异也维持了较高的水平，因此城乡差异是值得引起注意的问题。实现地区经济协调发展，包括如建立和完善共同市场；发挥各地比较优势，产业合理分工；各地区以及城乡居民之间收入和享受基本公共产品和服务的人均差距能够限定在合理范围内，走向共同富裕的问题。除此以外，还应注意各地区经济增长与人口、资源、环境之间实现协调、和谐的发展模式的问题。因此，我国 31 个省区市及东中西部地区实现经济协调发展任重而道远。

一、进一步提高不同层级中心城市的辐射和带动作用，缩小地区经济差异

缩小地区经济差异的重要途径之一就是不断提高不同层级中心城市的辐射和带动作用，而目前是中心城市的辐射带动作用还不够，甚至中心城市对周边地区的虹吸效应还大于辐射作用。以上海为例，作为长三角地区的核心城市，其经济总量和产业能级尚未达到像纽约、东京等城市那样发挥很强的辐射带动作用，其他各个层级的城市现代城市功能发挥的作用就更加有限。在这种情况下，要想通过提高中心城市的"扩散作用"来缩小地区经济差异，各级政府应该在国家相关产业、区域规划的指导下，做好具体的本地区产业发展和空间布局的规划和引导工作，如可以列出鼓励、限制发展的产业目录；同时强化相关法律、制度、政策的规范性和透明度。最终不断提高不同层级中心城市的辐射和带动作用。但是只有当经济进入成熟阶段，经济扩散过程才开始占据主导地位，资本才会为寻找廉价的土地和劳动力而从经济中心流向外围地区。当然这一过程的实现可以是市场自发的，也可以由政府在符合市场经济规律的前提下，进行合理的产业规划或给予一定的财政支持或政策上的扶持。

根据国务院 2011 年 6 月 8 日发布的《全国主体功能区规划》的通知，该规划的编制就是为了"推进形成人口、经济和资源环境相协调的国土空间开发格局，加快转变经济发展方式，促进经济长期平稳较快发展和社会和谐稳定"。规划中确定了构建"两横三纵"为主体的城市化战略格局，即构建以陆桥通道、沿长江通道为两条横轴，以沿海、京哈京广、包昆通道为三条纵轴，以国家优化开发和重点开发的城市化地区为主要支撑，以轴线上其他城市化地区为重要组成的城市化战略格局。推进环渤海、长江三角洲、珠江三角洲地区的优化开发①，形成三个特大城市群；推进哈长、江淮、海峡西岸、中原、长江中游、北部湾、成渝、关中—天水等地区的重点开发②，形成若干新的大城市群和区域性的城市群。这些国家层面的优化开发区域和重点开发区域是未来带动地区经济增长的重要节点。

二、发挥政府的引导和服务功能，以市场为主体，形成良性的竞争环境

国家优化开发区是指区域一体化基础良好的城市化区域；国家重点开发区是指具备经济一体化条件的城市化区域。区域经济一体化的实现可以通过市场机制自发实现，可以通过政府的推动去完成，也可以二者结合共同作用来达到目标，无论采取哪种途径，最终的目标都是实现地区经济的协调发展。因此，无论从全国层面还是东中西部地区内部，经济差异是客观存在的，如何在不同层面上处理好这些差异与经济协调发展的关系，经济一体化目前处于市场逐步形成的过程中，更是政府高度重视的事情。我们看到政府每批复一个地区经济发展规划都非常慎重，因为在市场经济体制下，市场应该是起主导作用的，政

---

① 国家优化开发区域是指具备以下条件的城市化地区：综合实力较强，能够体现国家竞争力；经济规模较大，能支撑并带动全国经济发展；城镇体系比较健全，有条件形成具有全球影响力的特大城市群；内在经济联系紧密，区域一体化基础较好；科学技术创新实力较强，能引领并带动全国自主创新和结构升级。

② 国家重点开发区域是指具备以下条件的城市化地区：具备较强的经济基础，具有一定的科技创新能力和较好的发展潜力；城镇体系初步形成，具备经济一体化的条件，中心城市有一定的辐射带动能力，有可能发展成为新的大城市群或区域性城市群；能够带动周边地区发展，且对促进全国区域协调发展意义重大。

府应该扮演怎样的角色在不同的国家不同的经济发展阶段始终是一个比较难把握的事情。

但是，毋庸置疑，政府主要应该发挥引导和服务功能，为企业竞争与合作创造良好的环境。各级政府应该努力在吸引人才、规划用地等方面为企业和产业发展创造条件，主动引导，促进竞争，积极创新机制，改善法制环境，提高政府的施政水平，保持社会稳定，全方位拓展投资、商务环境，重视各种优惠措施的连续性和兑现度。

三、发挥企业和非正式组织的作用，推进跨区域政府合作进程

无论是《长江经济带发展规划纲要》《长江三角洲地区区域规划》《长江三角洲城市群发展规划》，还是《京津冀协同发展规划纲要》，无论是国家层面的还是省区市层面的地区发展规划，在具体执行和推动过程中都会遇到很多问题。以长三角地区为例，长三角27个市之间虽然有固定的合作联系，并且已经在科技、信息、产权、旅游、港口、海关、人才等领域取得了一些进展，但实质性的合作并不多，而相关城市的一些政策反而阻碍了要素的自由流动，如上海市的户籍制度。因此，要想推进地区跨区域政府合作的进程，必须找到突破口。笔者认为可以从两个角度来共同推进，一是通过不同地区企业之间的合作来实现产业的合理布局和产业集群的发展，从而推动政府间实质性的合作。二是发挥非正式组织的作用，大力推动非政府组织的成长。在法律和法规上明确政府可以通过政府间服务转移的形式，即将一个政府的一部分职责长期转让给另一个实体、私人公司或非政府组织、非营利组织，通过向它们购买服务的方式来满足社会民众的需求，以竞争来促进合作与发展，如可以建立在政府指导下的城市联合商会和行业协会，大企业联合会和企业联谊会，产权交易联合中心和证券交易分中心、区域发展研究中心、产业协调联合会、产业合作发展咨询委员会以及产业一体化促进会等，由此推进地区跨区域政府合作的发展进程。

四、继续大力发展县域经济，缩小差异，努力实现城乡一体化

党的十九大报告指出，新时代的主要矛盾是人民日益增长的美好生活需要和不平衡不充分的发展之间的矛盾。而城乡差异是地区经济差异中非常重要的

方面。党的十七大报告就曾指出，解决好农业、农村、农民问题，以促进农村增收为核心，壮大县域经济。县域经济作为国民经济的基本单元、连接城乡的研究对象，研究视角非常重要。发展县域经济有利于协调城乡发展，发展县域经济是最基本、最有效也是最根本的协调城乡发展的举措。因为县域经济的发展，一方面，其内部有一个城乡关系问题，县域经济由农村经济和城镇经济组成，发展县域经济首先就要协调好县域内农村经济与城镇经济、农业经济与工业经济的关系；另一方面，目前我国县域经济与市域经济的差距在逐渐扩大。因此加速县域经济发展本身就成为协调城乡发展、缩小地区经济差异的根本性举措。

我们的研究表明，无论是 31 个省区市还是东中西部内部省区市，不仅存在城乡差异，而且城乡之间的绝对差异在不断扩大，相对差异也处于较大的状态。在农村工业化的初期阶段，作为反哺农业主要途径的以工补农的反哺阶段已经基本完成，在这一过程中，乡镇政府是反哺的主体之一。随着城市化进程的不断推进，农民对于与城镇居民同等享用公共产品和服务的要求也越来越高，而此时乡镇政府已经不具备这样的能力，县级政府成为反哺农业和农村的最重要的主体，反哺的方式包括对农村环境的治理和增加义务教育、医疗、文化等农村公共设施的投入和建设，从而不断提升农村公共产品的有效供给。因此，解决城乡差异扩大的问题，工业反哺农业应该尽快进入以县级政府为主体的城市全面反哺农业和农村的新阶段，努力向城乡一体化迈进。

五、转变经济增长方式，提高人民生活水平，实现经济增长与资源、环境协调发展

在研究中发现，我国 31 个省区市人均 GDP 增长速度无一例外地高于同期居民收入的增长速度，说明各级政府仍然是以 GDP 作为衡量经济发展最重要的指标，但是这样的 GDP 含金量究竟有多少？是否真正使人民群众得到实惠了呢？例如，苏州是我国最强地级市，2017 年 GDP 高达 1.73 万亿元，居江苏省之首。但据苏州市 2017 年薪资报告，苏州市月薪平均 4755 元，工资分布比例如图 8.1 所示，68.9% 的居民月薪资在 6000 元以下，而 2017 年苏州市的平均房价是 18851 元/平方米，面对日益高涨的房价，苏州百姓的生活并不轻松。

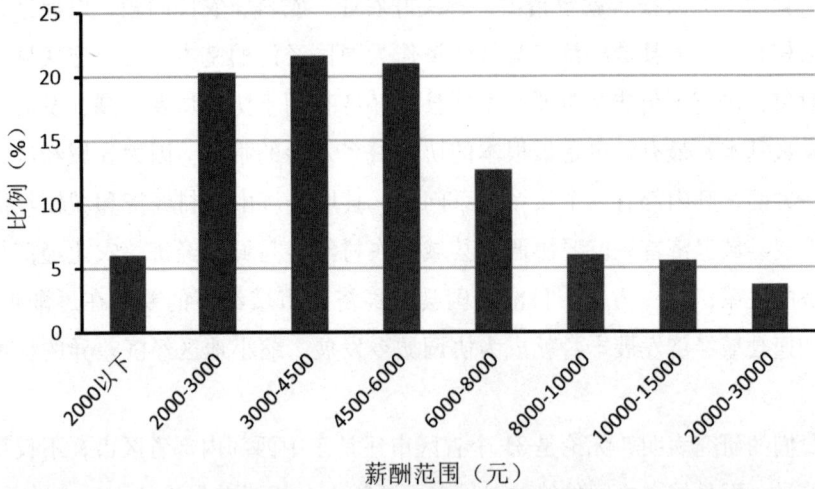

图 8.1　苏州市 2017 年薪资报告

为什么会这样？这有一个逐级递进，环环相扣的传递过程，首先是各级政府对以"GDP 增长率为主"的政绩观的崇拜（这与政绩评价指标体系有很大的关系），这必然使得各级政府官员寻找可以最快提高 GDP 增长率的经济发展方式，这必然导致两方面的后果，一是人民生活水平不能得到同步提高，二是能源、原材料和土地等资源短缺，环境污染加重。2007 年全国百强县评比取消，因为我国经济发展存在的四大制约因素日益加剧，分别是资源能源约束、城乡差距、社会事业滞后和对外依存度。而这四大制约因素，在百强县身上无一例外都存在着，经济发展转型是不得不做出的唯一选择。因此，各级政府应该逐渐转变以往的政绩观，以"以人为本"的科学发展观为指导，在确定经济发展战略、目标的时候，把人民生活水平的提高和我们赖以生存的环境放到重要位置，实现经济协调发展、稳步推进建立和谐社会的进程。

典型调研案例

【典型调研案例一：高铁对洛阳旅游业、房地产业的影响】

1. 高铁对洛阳旅游业的影响

洛阳是著名的旅游城市，国际历史文化名城，旅游资源丰富。作为郑西高铁的节点城市，具有较强的旅游竞争力。郑西高铁的开通大大降低了游客赴洛阳旅游的旅游交通时间成本，这在很大程度上促进了洛阳旅游业的发展。来自洛阳市旅游部门的统计数据显示，截至2017年末，洛阳市有A级旅游景区45处，其中4A级以上景区26处；星级酒店55家，国际国内旅行社92家。2017年洛阳市共接待国内外游客1.24亿人次，旅游总收入达1043.0亿元，其中创汇收入4.0亿美元。

高铁开通前，2004—2009年洛阳市游客总人数和旅游总收入如图8.2、图8.3所示，此时期游客总人数年均环比增长701万人，旅游总收入年均环比增长35亿元；高铁开通后的2010—2017年，这两个指标值分别上升到903万人和106亿元（图8.4、图8.5和表8.2）。

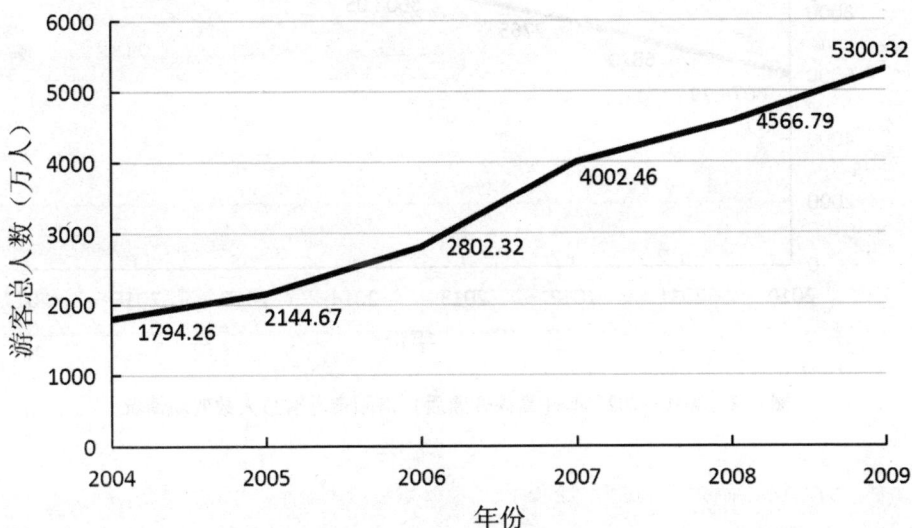

图8.2　2004—2009年（高铁开通前）洛阳市游客总人数变动情况

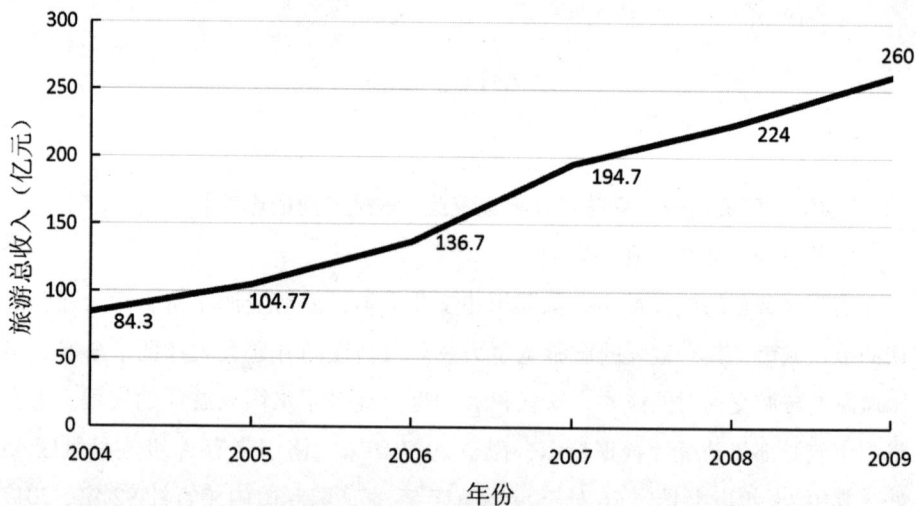

图 8.3 2004—2009 年（高铁开通前）洛阳市旅游总收入变动情况

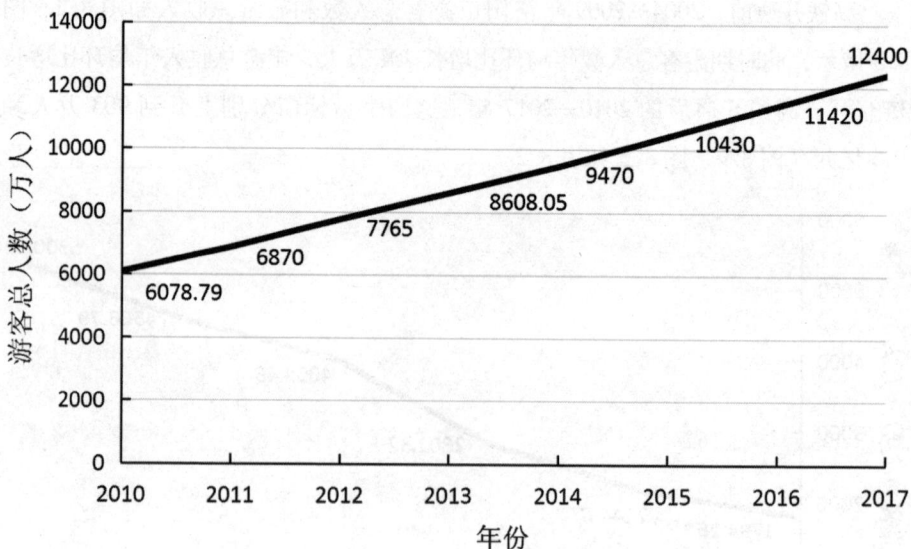

图 8.4 2010—2017 年（高铁开通后）洛阳市游客总人数变动情况

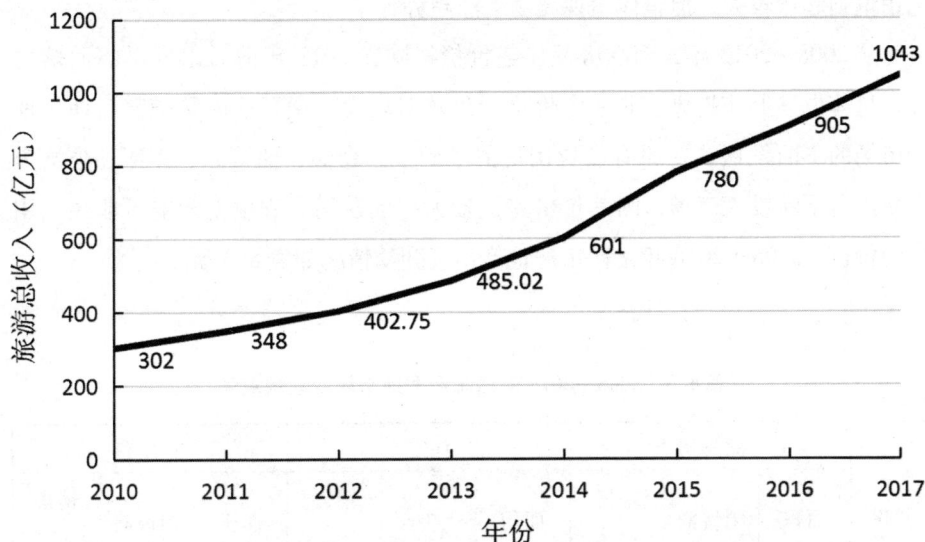

图 8.5　2010—2017 年（高铁开通后）洛阳市旅游总收入变动情况

表 8.2　高铁开通前后洛阳市旅游总人数和总收入年均环比变动情况

高铁开通前后	高铁开通前 （2004—2009）	高铁开通后 （2010—2017）
年均旅游总人数环比增加量（万人）	701	903
年均旅游总收入环比增加量（亿元）	35	106

2. 高铁对洛阳房地产业的影响

房地产业也是受高铁开通影响比较大的行业，主要表现在以下几个方面：第一，对高铁周边房价的影响是最直接、相对也是最大的；第二，高铁周边房价的上涨带动高铁所在区及洛阳市房价的变动；第三，高铁的开通所带来的可达性的增强，带动了洛阳郊县和外地人到洛阳购房。

（1）洛阳市房地产市场发展情况

从 2008 年开始，洛阳市商品住房销量除 2012 年出现小幅回落以外，整体呈上涨趋势，到 2016 年，受去库存政策的影响，全年商品房销量达到峰值的 686.97 万平方米，随后开始出现回落。其中住宅的销售趋势基本与商品房相符，也是在 2012 年出现小幅回落后，于 2016 年达到峰值的 623.38 万平方米。非住宅销量则起伏较大，但整体呈现震荡上涨趋势。

从2008—2018年，商品房及住宅价价格除在2013年前后出现小幅回落之外，整体也呈上涨趋势。非住宅价格变化相对较大，主要原因是随着后期房地产市场的不断发展，在原有商业用房的基础上，仓储、储藏间、车库、公寓等性质用房不断投入市场，因其价格差别较大，也在很大程度上影响了非住宅用房的价格。2008—2018年洛阳市房地产市场变动情况如表8.3所示。

表8.3　2008—2018年洛阳市房地市场变动情况表

年份	商品房			住宅			非住宅		
	面积（万m²）	销售额（亿元）	销售均价（元/m²）	面积（万m²）	销售额（亿元）	销售均价（元/m²）	面积（万m²）	销售额（亿元）	销售均价（元/m²）
2008	297.63	70.53	2370	255.82	57.88	2263	41.81	12.65	3026
2009	342.37	107.57	3142	320.13	93.79	2930	22.24	13.78	6196
2010	292.04	110.33	3778	269.55	97.4	3613	22.49	12.93	5749
2011	311.62	143.71	4611	293.3	127.31	4340	18.32	16.4	8952
2012	299.46	140.89	4705	263.52	110.27	4184	35.94	30.62	8520
2013	401.24	210.3	5241	356.91	176.67	4950	44.33	33.63	7586
2014	358.98	185.65	5171	327.65	158.39	4834	31.33	27.26	8701
2015	465.45	218.6	4697	422.03	189.58	4492	43.42	29.02	6684
2016	686.97	345.8	5034	623.38	308.69	4952	63.59	37.11	5836
2017	465.45	275.31	5915	406.54	234.31	5764	58.91	41	6960
2018	97.75	62.01	6344	80.23	50.42	6284	17.52	11.59	6615

（2）高铁站所在洛龙区房地产市场情况

从2008年开始，洛龙区商品住房整体呈震荡上涨趋势，销量较高的为2013年129.65万平方米和2016年130.06万平方米。其中住宅的销售趋势基本与商品房相符，整体呈震荡上涨趋势，销量较高的年份也是2013年和2016年。

商品房及住宅价格方面，从2008年至今，除2012年出现小幅回落以外，整体呈上涨趋势。2010 年高铁站建成投入使用，2010 年商品房的价格较 2008 年每平方米上涨了 926 元，涨幅为 30.89%；商品住宅每平方米也上涨了 926 元，涨幅为 33.31%。2018 年 4 月份的商品房价格较 2010 年每平方米上涨了 3933 元，涨幅 100.23%；商品住宅每平方米上涨了 4985 元，涨幅为 134.51%。高铁建成后的房价涨幅远高于高铁建成以前。2008—2018 年洛阳市洛龙区房地市场变动情况如表 8.4 所示。

表 8.4　2008—2018 年洛阳市洛龙区房地市场变动情况表

年份	商品房			住宅			非住宅		
	面积（万 m^2）	销售额（亿元）	销售均价（元/m^2）	面积（万 m^2）	销售额（亿元）	销售均价（元/m^2）	面积（万 m^2）	销售额（亿元）	销售均价（元/m^2）
2008（7—12 月）	46.76	14.02	2998	42.56	11.83	2780	4.2	2.19	5214
2009	93.37	27.59	2955	84.60	23.78	2811	8.77	3.81	4339
2010	88.24	34.63	3924	76.03	28.18	3706	12.21	6.45	5281
2011	101.65	47.81	4703	88.15	38.88	4410	13.51	8.93	6612
2012	100.82	45.23	4486	86.19	35.54	4123	14.63	9.69	6626
2013	129.65	66.36	5118	103.76	49.94	4813	25.90	16.42	6339
2014	102.55	56.93	5551	79.91	38.84	4860	22.64	18.09	7991
2015	108.49	58.10	5356	88.98	45.45	5108	19.51	12.66	6486
2016	130.06	73.11	5621	105.77	58.88	5566	24.29	14.23	5860
2017	108.04	71.03	6575	86.05	56.14	6523	21.98	14.90	6777
2018	28.30	22.23	7857	18.21	15.82	8691	10.09	6.41	6352

（3）高铁站周边项目销售情况

以高铁站周边的建业龙城为例（表 8.5），2012 年该项目商品房销售均价为

5312 元/m²，2017 年上涨到 7467 元/m²，每平方米上涨 2155 元，涨幅高达 40.59%。

表 8.5　2012—2017 年建业龙城房地产销售情况

年份	商品房			住宅			非住宅		
	面积 （万 m²）	销售额 （亿元）	销售 均价 （元/m²）	面积 （万 m²）	销售额 （亿元）	销售 均价 （元/m²）	面积 （万 m²）	销售额 （亿元）	销售 均价 （元/m²）
2012	45592	24218.06	5312	45592	24218.06	5312	0	0	
2013	88110	49820.95	5654	88110	49820.95	5654	0	0	
2014	51984	31918.31	6140	47512	26887.75	5659	4472	5030.56	11248
2015	63681	36906.05	5795	60729	33245.42	5474	2953	3660.64	12398
2016	113037	65188.37	5767	112382	64443.49	5734	655	744.88	11381
2017	72800	54361.10	7467	67853	47698.66	7030	4947	6662.44	13468

（4）洛阳郊县和外地人购房情况

高铁的开通，在一定程度上带动了洛阳郊县和外地人到洛阳购房，从表 8.6 可以看出，高铁开通前的 2009 年，外地人到洛阳购房的总金额为 9.31 亿元，到 2017 年，该指标增加到 91.06 亿元，是 2009 年的 9.78 倍；周县居民购房的总金额也从 2009 年的 11.82 亿元增加到 2017 年的 95.5 亿元。从年平均增速看，2009—2017 年，外地人到洛阳购房增速高达 32.98%，高于周县农民的 29.84% 和洛阳市平均水平的 12.54%，说明高铁所带来的通达性的提高在一定程度上促进了洛阳房地产业的发展。

表 8.6　2009—2017 年洛阳市各类商品房成交额变动情况表（亿元）

年份	商品房成交量金额	外地人来洛购房金额	周县农民购房金额
2009	107.55	9.31	11.82
2010	110.33	12.11	7.83
2011	132.95	13.45	9.82

年份	商品房成交量金额	外地人来洛购房金额	周县农民购房金额
2012	140.89	14.73	9.78
2013	205.96	17.94	12.92
2014	189.93	13.57	11.11
2015	218.6	29.29	22.36
2016	345.79	76.31	86.3
2017	276.75	91.06	95.5
年平均增速（%）	12.54	32.98	29.84

【典型调研案例二：武汉·光谷①】

东湖高新区于1988年创建成立，1991年和2001年分别被国务院和原国家计委、科技部批准为首批国家级高新区和国家光电子产业基地，称为"武汉·中国光谷"，2007年被国家发改委批准为国家生物产业基地，2009年被国务院批准为全国第二个国家自主创新示范区，2011年被中组部、国务院国资委确定为全国四家"中央企业集中建设人才基地"之一，2016年获批为中国（湖北）自贸试验区武汉片区。

一、经济保持较快增长

东湖高新区自创办以来，经济保持快速增长。2017年完成规上工业总产值2350.81亿元，增长9.8%；完成规模以上服务业企业营业收入610.18亿元，增长17.0%。完成固定资产投资975.56亿元，增长12.1%，其中工业投资360.08亿元，增长17.9%。

二、产业加快培育壮大

光谷目前已成为全球最大的光通信研发生产基地。光谷生物城综合实力目前位列中国108个生物产业园区第3名，其中基础竞争力和可持续发展竞争力

---

① 资料来源：武汉东湖区管委会，2018年。

全国第一。高端装备制造业获批"中国制造 2025"试点示范城市核心区域，数控机床取得突破进展，数控系统打破国际垄断，3D 技术在国内率先产业化，智能制造达到国内先进水平。新能源和节能环保产业形成了生物能源、光伏太阳能、大气污染防治等七大特色细分领域。高技术服务业获批国家现代服务业综合试点，动漫设计与文化创意、软件服务外包与信息服务以及移动互联等新兴领域快速发展。在数字经济领域，网络直播、大数据、云计算、人工智能、AR/VR 等新兴产业不断培育壮大，高新区加快发展成为我国互联网产业"第四极"、新民营经济发展高地。

三、体制机制不断优化

近年来，对标上海自贸区等改革开放前沿，大胆先行先试，从政务服务、科技创新、科技金融、对外开放等方面，全方位深化改革，积极探索有利于创新发展的体制机制。政务服务、科技创新等方面的改革经验在全国推广。政务服务改革方面，推动出台《东湖国家自主创新示范区条例》，健全管理机构，按照"马上办、网上办、一次办"的要求，成立政务服务局，实现"一枚印章管审批"，出台权力清单、审批事项清单、服务事项清单，推出"互联网 + 政务服务"，延伸服务窗口至园区企业、街道百姓身边，为企业、群众提供精简、高效的政务服务。健全事中事后监管体系。"三办"政务服务改革被中央深改办纳入全国推广的 30 个案例。推出科技成果混合所有制改革，推动股权激励改革试点，成功推动武汉大学研发的"数字摄影测量软件系统"等一批单项价值过千万的科技成果实现转移转化。东湖高新区的积极探索为国家科技成果转化法修订和出台提供了宝贵经验。科技金融改革方面，2015 年 7 月，获批武汉城市圈科技金融改革创新试验区核心区。出台了"科技金融十五条"，促进投贷联动试点正式进入实施阶段，汉口银行等三家银行为奋进电力等三家科技企业发放投贷联动贷款 1.15 亿元；组建光谷科技金融研究院，打造光谷科技金融智库；建立覆盖企业 7 万余家、信息数据总量超过 500 万条的信用平台。对外开放改革方面，对标上海自贸区，以建促批，成功推动中国（湖北）自贸区武汉片区获批建设，2018 年 4 月 1 日，自贸区武汉片区挂牌成立，成立了武汉片区管委会，管委会与东湖高新区管委会合署办公，设立自贸区政务服务专区。大力推进投资自由化、贸易便利化和服务业对外开放，改革加快释放红利，目前，高新区有外资企业 700 多家，其中世界 500 强企业 87 家。

四、创新体系不断完善，创新成果涌现

创新生态体系不断完善，对接大学生和科技人员创业，目前已经建成企业为主体的省级以上技术创新平台 290 家（国家级 29 家），建成院士工作站数量达到 21 家（占全市的 40%）。创新要素资源加快集聚，实施"四大资智聚汉"、3551 人才计划等招才引智举措，聚集诺奖得主 2 名、国家"千人计划"392 人、"万人计划"123 人，省"百人计划"164 人，光谷"3551 人才"1477 人（外籍人才 275 人），海内外人才团队 5000 多个。目前已有独角兽企业 4 家（斗鱼网络、奇米网络、斑马快跑和德尚机构），中部地区最多。2017 年申请专利突破 2.5 万件。其中国内首个 560Tb/s 超大容量波分复用及空分复用光传输系统、32 层 3D NAND 存储芯片等具有自主知识产权。

参考文献

[1] 安虎森. 区域经济学通论 [M]. 北京: 经济科学出版社, 2004: 250 - 264.

[2] 白雪梅. 中国区域经济发展的比较研究 [M]. 北京: 中国财政经济出版社, 1998: 99.

[3] 白重恩, 杜颖娟, 陶志刚, 等. 地方保护主义及产业地区集中度的决定因素和变动趋势 [J]. 经济研究, 2004 (4): 29 - 40.

[4] 蔡昉, 都阳. 中国地区经济增长的趋同与差异——对西部开发战略的启示 [J], 经济研究, 2000 (10): 30 - 37.

[5] 曹建云. 现代服务业竞争力评价体系构建及其评价 [J]. 西北人口, 2012 (6): 111 - 115.

[6] 陈金标, 彭勇, 胡婷婷. 厦门市现代服务业发展指标体系研究 [J]. 厦门特区党校学报, 2008 (6): 45 - 51.

[7] 陈立泰, 张祖妞. 服务业集聚与区域经济差距: 基于劳动生产率视角 [J]. 科研管理, 2011 (12): 126 - 133.

[8] 陈良文, 杨开忠. 我国区域经济差异变动的原因: 一个要素流动和集聚经济的视角 [J]. 当代经济科学, 2007 (5): 35 - 42.

[9] 陈秀山, 徐瑛. 我国区域差距的结构性特征与发展趋势 [J]. 教学与研究, 2004 (6): 24 - 31.

[10] 陈秀山, 徐瑛. 中国区域差距影响因素的实证研究 [J]. 中国社会科学, 2004 (5): 117 - 129.

[11] 陈秀山, 张可云. 区域经济理论 [M]. 北京: 商务印书馆, 2004: 325 - 339.

[12] 陈雪梅, 梁锦铭. 中国省际现代服务业竞争力评价 [J]. 商业研究,

2013（12）：27-32.

[13] 戴广. 政府规模和经济收敛 [J]. 经济学（季刊），2004（4）：639-656.

[14] 单晓娅，张冬梅. 现代服务业发展环境条件指标体系的建立及评价——以贵阳市为例 [J]. 贵州财经学院学报，2005（1）：66-70.

[15] 邓泽霖，胡树华，张文静. 我国现代服务业评价指标体系及实证分析 [J]. 技术经济，2012（10）：60-63，105.

[16] 董先安. 浅释中国地区收入差距：1952—2002 [J]. 经济研究，2004（9）：48-59.

[17] 范剑勇，张涛. 结构转型与地区收敛：美国的经验及其对中国的启示 [J]. 世界经济，2003（1）：42-48.

[18] 范剑勇，朱国林. 中国地区差距演变及其结构分解 [J]. 管理世界，2002（7）：37-44.

[19] 范剑勇. 长三角一体化、地区专业化与制造业空间转移 [J]. 管理世界，2004（11）：77-84（96）.

[20] 范剑勇. 市场一体化、地区专业化与产业集聚趋势——兼谈对地区差距的影响 [J]. 中国社会科学，2004（6）：39-51.

[21] 高敏芳. 陕西省现代服务业发展现状与对策研究 [J]. 渭南师范学院学报，2017（6）：72-79.

[22] 龚六堂，谢丹阳. 我国省份之间的要素流动和边际生产率的差异分析 [J]. 经济研究，2004（1）：45-53.

[23] 管卫华，林振山，顾朝林. 中国区域经济发展差异及其原因的多尺度分析 [J]. 经济研究，2006（7）：117-125.

[24] 郭庆旺，贾俊雪. 中国区域经济趋同与差异的因素贡献分析 [J]. 财贸经济，2006（2）：11-17（89）.

[25] 郭熙保. 发展经济学经典论著选 [M]. 北京：中国经济出版社，1998：225-23.

[26] 郭玉清，杨栋. 人力资本门槛、创新互动能力与低发展陷阱——对1990年以来中国地区经济差距的实证检验 [J]. 财经研究，2007（6）：77-89.

[27] 贺灿飞，梁进社. 中国区域经济差异的时空变化：市场化、全球化与城市化 [J]. 管理世界，2004（8）：8-17.

[28] 洪银兴. 工业和城市反哺农业、农村的路径研究——长三角地区实践的理论思考 [J]. 经济研究, 2007 (8): 13 - 20.

[29] 侯守国, 杜子芳. 现代服务业的发展评价研究 [J]. 调研世界, 2013 (11): 47 - 50.

[30] 胡霞, 胡伟. 服务业发展与我国地区经济差异分析 [J]. 岭南学刊, 2008 (5): 92 - 95.

[31] 胡艳君, 莫桂青. 区域经济差异理论综述 [J]. 生产力研究, 2008 (5): 137 - 139, 143.

[32] 胡艳君, 陶秋燕, 李锡玲. 北京16区县经济差异分析: 2005—2011 年 [J]. 资源开发与市场, 2014 (8): 947 - 951, 960.

[33] 胡勇, 黄新建. 江西省现代服务业竞争力评价——基于中部四省数据 [J]. 特区经济, 2011 (1): 191 - 192.

[34] 胡玉霞. 甘肃省现代服务业发展水平及竞争力综合评价 [J]. 兰州学刊, 2015 (8): 200 - 208.

[35] 胡祖光. 基尼系数理论最佳值及其简易计算公式研究 [J]. 经济研究, 2004 (9): 60 - 69.

[36] 黄涛, 胡宜国, 胡宜朝. 地区人均 GDP 分布的基尼系数分析 [J]. 管理世界, 2006 (5): 45 - 51.

[37] 江小涓, 李辉. 我国地区之间实际收入差距小于名义收入差距——加入地区间价格差异背后的一项研究 [J]. 经济研究, 2005 (9): 11 - 18.

[38] 金碚. 中国工业国际竞争力——理论、方法与实证研究 [M]. 北京: 经济管理出版社, 1997.

[39] 金碚. 论企业竞争力的性质 [J]. 中国工业经济, 2001 (10): 5 - 10.

[40] 金碚. 竞争力经济学 [M]. 广州: 广东经济出版社, 2003: 32 - 39, 235 - 254.

[41] 来有为. 当前我国需大力发展现代服务业 [J]. 改革, 2004 (5): 40.

[42] 刘重. 现代服务业发展与预测 [M]. 天津: 天津社会科学院出版社, 2005: 25 - 26.

[43] 李宝仁, 李鲁辉, 李晓晨. 我国区域间现代服务业综合实力比较研究——基于组合评价模型的分析 [J]. 北京工商大学学报, 2008 (9): 5-10.

[44] 李大明, 肖全章. 现代服务业区域发展差异因素研究 [J]. 中南财经政法大学学报, 2011 (4): 17-22.

[45] 李国平, 范红忠. 生产集中、人口分布与地区经济差异 [J]. 经济研究, 2003 (11): 79-86.

[46] 李辉. 供给侧改革背景下中国现代服务业发展对策研究 [J]. 黑龙江社会科学, 2017 (2): 54-58.

[47] 李江帆. 中国第三产业发展研究 [M]. 北京: 人民出版社, 2005: 288-291.

[48] 李茹兰, 张晶. 货币政策区域效应对我国区际经济差距影响的实证分析 [J]. 北京师范大学学报 (社会科学版), 2008 (6): 124-129.

[49] 李善同, 侯永志, 冯杰, 等. 我国地区差距的历史、现状和未来 [J]. 改革, 2004 (5): 5—18.

[50] 李实, 赵人伟. 中国居民收入分配再研究 [J]. 经济研究, 1999 (4): 3-17.

[51] 李小建, 乔家君. 20世纪90年代中国县际经济差异的空间分析 [J]. 地理学报, 2001 (2): 136-14.

[52] 李彦欣, 孙永波. 北京现代服务业发展水平评价体系研究 [J]. 和田师范专科学校学报, 2017 (6): 97-104.

[53] 林广平, 龙志和, 吴梅. 我国地区经济收敛的空间计量实证分析: 1978—2002 年 [J]. 经济学 (季刊), 2005 (10): 67-82.

[54] 林晓薇, 陈忠. 我国31个省现代服务业发展潜力的水平特征及分布动态 [J]. 深圳大学学报 (人文社会科学版), 2017 (7): 43-49.

[55] 林毅夫, 刘培林. 中国的经济发展战略与地区收入差距 [J]. 经济研究, 2003 (3): 19-25.

[56] 林毅夫, 蔡昉, 李周. 中国经济转型时期的地区差距分析 [J]. 经济研究, 1998 (6): 3-10.

[57] 刘木平, 舒元. 我国地区经济的收敛与增长决定力量: 1978—1997 [J]. 中山大学学报 (社会科学版), 2000 (5): 11-16.

[58] 刘乃全,郑秀君,贾彦利. 中国区域发展战略政策演变及整体效应研究 [J]. 财经研究, 2005 (1): 25 - 3.

[59] 刘强. 中国经济增长的收敛性分析 [J]. 经济研究, 2001 (6): 70 - 77.

[60] 刘夏明,魏英琪,李国平. 收敛还是发散? ——中国区域经济发展争论的文献综述 [J]. 经济研究, 2004 (7): 70 - 81.

[61] 刘义成. 高端产业发展质量评价指标体系构建 [J]. 兰州学刊, 2009 (6): 78 - 82.

[62] 刘志彪. 现代服务业发展与供给侧结构改革 [J]. 南京社会科学, 2016 (5): 10 - 15, 21.

[63] 刘志彪. 发展现代生产者服务业与调整优化制造业结构 [J]. 南京大学学报 (社会科学版), 2005: 36 - 41.

[64] 陆铭,陈钊,严冀. 收益递增、发展战略与区域经济的分割 [J]. 经济研究, 2004 (1): 54 - 63.

[65] 陆铭,陈钊. 城市化、城市倾向的经济政策与城乡收入差距 [J]. 经济研究, 2004 (6): 50 - 58.

[66] 罗守贵,高汝熹. 改革开放以来中国经济发展及居民收入区域差异变动研究——三种区域基尼系数的实证及对比 [J]. 管理世界, 2005 (11): 45 - 49.

[67] 迈克尔·波特. 竞争优势 [M]. 陈小悦,译. 北京: 华夏出版社, 2001: 185 - 190.

[68] 迈克尔·波特. 竞争战略 [M]. 陈小悦,译. 北京: 华夏出版社, 2001: 267 - 284.

[69] 迈克尔·波特. 国家竞争优势 [M]. 李明轩,邱如美,译. 北京: 华夏出版社, 2002: 65 - 123.

[70] 孟健军,川田康治. 中国地区经济趋同研究——横断面以及时间序列分析的统计检验 [J]. 开发研究, 2003 (4): 12 - 15 (42).

[71] 庞毅,宋东英. 北京现代服务业发展研究 [J]. 经济与管理研究, 2005 (10): 40.

[72] 裴长洪. 利用外资与产业竞争力 [M]. 北京: 社会科学文献出版社, 1998: 24 - 52.

［73］彭朝晖，杨开忠．区域经济差异演化的一个空间均衡模型［J］．当代经济科学，2006（1）：81 - 86，127.

［74］彭国华．中国地区经济增长及差距的来源［J］．世界经济，2005（9）：42 - 50.

［75］彭国华．中国地区收入差距、全要素生产率及其收敛分析［J］．经济研究，2005（9）：19 - 29.

［76］任英华，邱碧槐，朱凤梅．现代服务业发展评价指标体系及其应用［J］．统计与决策，2009（1）：31 - 33.

［77］荣晓华．大连市现代服务业的发展现状及对策分析［J］．辽宁师范大学学报，2006（1）：42 - 44.

［78］申海．中国区域经济差距的收敛性分析［J］．数量经济技术经济研究，1999（8）：55 - 57.

［79］沈坤荣，马俊．中国经济增长的"俱乐部收敛"特征及其成因研究［J］．经济研究，2002（1）：33 - 39.

［80］盛建新，范欲晓，邹小伟，等．湖北现代服务业统计体系的构建［J］．统计与决策，2016（12）：56 - 58.

［81］施琳．差异、差距与不平衡发展——兼论引起我国区域经济不平衡发展的主要因素［J］．中央民族大学学报（社会科学版），1998（3）：93 - 96.

［82］石风光，李宗植．要素投入、全要素生产率与地区经济差距——基于中国省区数据的实证分析［J］．数量经济技术经济研究，2009（12）：19 - 31.

［83］石磊，高帆．地区经济差距：一个基于经济结构转变的实证研究［J］．管理世界，2006（5）：35 - 44.

［84］石书德，高建．知识流动、创业活动对经济增长的影响——一种解释中国区域经济差异的观点［J］．科学学与科学技术管理，2009（11）：134 - 140.

［85］时峰，刘辉煌．中国地区现代服务业综合发展水平评价［J］．技术与创新管理，2009（3）：328 - 331.

［86］舒元，徐现祥．中国经济增长模型的设定：1952—1998［J］．经济研究，2002（11）：3 - 11.

［87］宋德勇．改革以来中国经济发展的地区差距状况［J］．数量经济技术经济研究，1998（3）：15 - 18.

[88] 宋学明. 中国区域经济发展及其收敛性 [J]. 经济研究, 1996 (9) 38 - 44.

[89] 孙久文. 我国区域经济问题研究的未来趋势 [J]. 中国软科学, 2004 (1): 102 - 106.

[90] 孙靓. 区域就业结构对我国区域经济差异影响的实证分析 [J]. 商业时代, 2012 (22): 131 -133.

[91] 孙冶宇, 刘星, 樊士德. 江苏现代服务业发展综合竞争力评价研究 [J]. 现代管理科学, 2013 (12): 56 -58.

[92] 天津市委党校课题组. 关于促进天津市现代服务业发展的几点思考 [J]. 城市, 2016 (12): 34 -38.

[93] 田伟, 田红云. 晋升博弈、地方官员行为与中国区域经济差异 [J]. 南开经济研究, 2009 (1): 133 -152.

[94] 万广华. 中国农村区域间居民收入差异及其变化的实证分析 [J]. 经济研究, 1998 (5) 36 -41, 49.

[95] 万广华. 解释中国农村区域间的收入不平等: 一种基于回归方程的分解方法 [J]. 经济研究, 2004 (8): 117 -127.

[96] 王成岐, 张建华, 安辉. 外商直接投资、地区差异与中国经济增长 [J]. 世界经济, 2002 (4): 15 -23.

[97] 王洪亮, 徐翔. 收入不平等孰甚: 地区间抑或城乡间 [J]. 管理世界, 2006 (11): 41 -50.

[98] 王培刚, 周长城. 当前中国居民收入差距扩大的实证分析和动态研究——基于多元线性回归模型的阐释 [J]. 管理世界, 2005 (11): 34 -44.

[99] 王瑞丹. 高技术性现代服务业的产生机理与分类研究 [J]. 北京交通大学学报, 2006 (1): 50 -54.

[100] 王小鲁, 樊纲. 中国地区差距的变动趋势和影响因素 [J]. 经济研究, 2002 (1): 33 -44.

[101] 魏后凯. 中国地区间居民收入差异及其分解 [J]. 经济研究, 1996 (11): 66 -73.

[102] 魏后凯. 中国地区经济增长及其收敛性 [J]. 中国工业经济, 1997 (3): 31 -37.

[103] 吴三忙, 李善同. 中国地区经济差距演变特征及其形成结构分解: 1978—2007 [J]. 贵州社会科学, 2010 (1): 103 - 109.

[104] 徐国祥, 常宁. 现代服务业统计标准的设计 [J]. 统计研究, 2004 (12): 10 - 12.

[105] 徐建华, 鲁凤, 苏方林, 等. 中国区域经济差异的时空尺度分析 [J]. 地理研究, 2005 (1): 57 - 68.

[106] 徐现祥, 李郇. 市场一体化与区域协调发展 [J]. 经济研究, 2005 (12): 57 - 67.

[107] 徐现祥, 李郇. 中国省区经济差距的内生制度根源 [J]. 经济学 (季刊), 2005 (10): 83 - 100.

[108] 徐现祥, 舒元. 中国省区经济增长分布的演进 (1978—1998) [J]. 经济学 (季刊), 2004 (4): 619 - 638.

[109] 徐晓虹. 中国区域经济差距分析和政策建议 [J]. 浙江大学学报 (人文社会科学版), 2006 (3): 103 - 11.

[110] 许召元, 李善同. 近年来中国地区差距的变化趋势 [J]. 经济研究, 2006 (7): 106 - 11.

[111] 严浩坤, 徐朝晖. 农村劳动力流动与地区经济差距 [J]. 农业经济问题, 2018 (6): 52 - 58.

[112] 杨宏伟, 郑洁. "一带一路" 战略下新疆现代服务业的影响因素分析——基于因子分析及面板数据回归 [J]. 新疆社科论坛, 2017 (3): 22 - 28.

[113] 杨开忠. 中国区域经济差异变动研究 [J]. 经济研究, 1994 (12): 28 - 33 (12).

[114] 杨敏. 区域差距与区域协调发展 [J]. 中国人民大学学报, 2005 (2): 26 - 32.

[115] 尹宗成、丁日佳. 中国区域金融发展水平与区域经济差异的协整检验 [J]. 广东金融学院学报, 2008 (5): 92 - 99.

[116] 袁峰, 陈俊婷. "一带一路" 中国区域现代服务业发展水平评价——基于面板数据及突变级数法的分析 [J]. 华东经济管理, 2016 (1): 93 - 99.

[117] 袁志刚, 范剑勇. 1978 年以来中国的工业化进程及其地区差异分析 [J]. 管理世界, 2003 (7): 59 - 65.

[118] 张光南，张海辉，杨全发. 中国"交通扶贫"与地区经济差距——来自1989—2008年省级面板数据的研究 [J]. 财经研究，2011 (8)：26 - 35.

[119] 张红宇. 关于城乡统筹推进过程中若干问题的思考 [J]. 管理世界，2005 (9)：59 - 69 (98).

[120] 张华平. 河南省现代服务业发展评价及对策研究 [J]. 经济经纬，2011 (2)：65 - 69.

[121] 张焕明. 扩展的 Solow 模型的应用——我国经济增长的地区性差异与趋同 [J]. 经济学（季刊），2004 (4)：605 - 618.

[122] 张平. 中国农村居民区域间收入不平等与非农就业 [J]. 经济研究，1998 (8)：59 - 66.

[123] 张曙光. 关于地区经济差异变动的另一种解释 [J]. 经济研究，1993 (9)：19 - 26.

[124] 张晏，龚六堂. 地区差距、要素流动与财政分权 [J]. 经济研究，2004 (7)：59 - 69.

[125] 章奇. 中国地区经济发展差距分析 [J]. 管理世界，2001 (1)：105 - 110.

[126] 章义，赵惠芳，王冲. 基于主成分分析的安徽省现代服务业发展评价 [J]. 合肥工业大学学报，2008 (8)：48 - 52.

[127] 赵慧芳，王冲，闫安，等. 中部省份现代服务业发展水平评价 [J]. 统计与决策，2007 (21)：83 - 85.

[128] 赵永，王劲峰. 中国市域经济发展差异的空间分析 [J]. 经济地理，2007 (5)：357 - 362.

[129] 郑涛，李达，石岩璞，等. 京津冀区域经济差异时空特征分析 [J]. 工业技术经济，2017 (1)：93 - 101.

[130] 周振华. 现代服务业发展：基础条件及其构建 [J]. 上海经济研究，2005 (9)：21 - 29.

[131] 朱春明. 关于我国服务业发展中的几个战略问题的思考 [J]. 中国经贸导刊，2004 (13)：24 - 25.

[132] 朱晓青，林萍. 北京现代服务业的界定与发展研究 [J]. 北京行政学院学报，2004 (4)：41 - 46.

［133］邹亚军，顾江，王明成．南京服务业竞争力评价与对策研究［J］．地方经济社会发展研究，2005（11）：127－133．

［134］LEVY A，CHOWDHURY K．A geographical decomposition of intercountry income inequality［J］．Comparative Economic Studies，1995，37（4）：1－17．

［135］MATHUR A．Regional development and Income Disparities in India：A Sectoral Analysis［J］．Economic Development and Cultural Change，1983（3）：475－505．

［136］ABECASSIS－MOEDAS C，MAHMOUD－JOUINI S B，DELL'ERA C，et al．Key Resources and Internationalization Modes of Creative Knowledge－Intensive Business Services：The Case of Design Consultancies［J］．Creativity and Innovation Management，2012，21（3）：315－331．

［137］LEIPONEN A．Managing Knowledge for Innovation：The Case of Business－to－Business Services［J］．Journal of Product Innovation Management，2006，23：238－258．

［138］ANSELIN L．A test for spatial autocorrelation in seemingly unrelated regressions［J］．Economics Letters，1988（4）：335－341．

［139］ANSELIN L．Some robust approaches to testing and estimation in spatial econometrics［J］．Regional Science and Urban Economics，1990，20：141－163．

［140］BARRO R J，SALA－I－MARTIN X．Economic Growth［M］．Sec. ed. New York：McGraw Hill Inc.，2002：462－464．

［141］BARRO R J，SALA－I－MARTIN X．Regional Growth and Migration：A Japan－U. S. Comparison［J］．Journal of the Japanese and International Economies，1992（6）：312－346．

［142］BRUN J F，COMBES J L，RENARD M F．Are there spillover effects between coastal and noncoastal regions in China［J］．China Economic Review，2002，13（2/3）：161－169．

［143］CAI F，WANG D，DU Y．Regional disparity and economic growth in China：the impact of labor market distortions［J］．China Economic Review，2002，13（2/3）：197－212．

［144］CASELLI F，ESQUIVEL G，LEFORT F．Reopening the Convergence Debate: A New Look at Cross – Country Growth Empirics ［J］. Journal of Economic Growth , 1996 (3): 363 – 389.

［145］ CHEN J, FLEISHER B M. Regional Income Inequality and Economic Growth in China ［J］. Journal of Comparative Economics, 1996, 22 (2): 141 – 164.

［146］ MCKEE D L. Services, Growth Poles and Advanced Economies ［J］. Service Business, 2008 (2): 99 – 107.

［147］ DE LONG J B. Productivity Growth, Convergence and Welfare: Comment ［J］. American Economic Review, 1988, 78 (5): 1138 – 1154.

［148］ FU F, LI C. Disparities in mainland China's regional economic development and their implications for central – local economic relations ［J］. Issues and Studies, 1996, 31 (11): 1 – 30.

［149］ FUJITA M , HU D. Regional disparity in China 1985 – 1994: the effects of globalization and economic liberalization ［J］. Annals of Regional Science , 2001, 35 (1): 3 – 38.

［150］ HITCHENS D M W N, O'FARRELL P N, CONWAY C D. The competitiveness of business services in the Republic of Ireland, Northern Ireland, Wales, and the South East of England ［J］. Environment and Planning A, 1996, (28) 7: 1299 – 1313.

［151］ ALAM I. An Exploratory Investigation of User Involvement in New Service Development ［J］. Journal of the Academy of Marketing Science, 2002, 30 (3): 50 – 261.

［152］ SCHWARZE J. How Income Inequality Changed in Germany Following Reunification: An Empirical Analysis Using Decomposable Inequality Measures ［J］. Review of Income and Wealth, 1996, 42 (1): 1 – 11.

［153］ JIAN T, SACHS J D , WARNER A M. Trends in regional inequality in China ［J］. China Economic Review, 1996, 7 (1): 1 – 21.

［154］ TSUI K Y. Decomposition of China's Regional Inequalities ［J］. Journal of Comparative Economics , 1993, 17 (3): 600 – 627.

［155］ KANBUR R, ZHANG X B. Which regional inequality? The evolution of rural – urban and inland – coastal inequality in China from 1983 to 1995 ［J］. Journal of Comparative Economics , 1999, 27 (4): 686 – 701.

［156］KUZNETS S. Economics Growth and Income Inequality ［J］. American Economic Review, 1955, 45 (1): 18.

［157］LU D. Rural – urban income disparity: impact of growth, allocative efficiency and local growth welfare ［J］. China Economic Review, 2002, 13 (4): 419 – 429.

［158］LU M , WANG E. Forging ahead and falling behind: changing regional inequalities in post reform China ［J］. Growth and Change , 2002, 33 (1): 42 – 71.

［159］ARAMAND M. Software products and services are high tech? New product development strategy for software products and services ［J］. Tech novation, 2008, 28 (3): 154 – 160.

［160］MANSURY M A, LOVE J H. Innovation, productivity and growth in US business services: A firm – level analysis ［J］. Technovation, 2008, 28: 52 – 62.

［161］MULLER E, ZENKER A. Business services as actors of knowledge transformation: the role of KIBS inregional and national innovation systems ［J］. Research Policy, 2001, 12 (30): 1501 – 1516.

［162］AMARA N, LANDRY R, DOLOREUX D. Patterns of innovation inknowledge – intensive business services ［J］. Service Industries Journal, 2008, 29 (4): 407 – 430.

［163］GALOR O. Convergence? Inferences from Theoretical Models ［J］. The Economic Journal, 1996, 106: 1056 – 1069.

［164］PONCET S. Measuring Chinese domestic and international integration ［J］. China Economic Review, 2003, 14 (1): 1 – 21.

［165］QUAH D. Galton's fallacy and tests of the convergence hypothesis ［J］. Scandinavian Journal of Economics , 1993, 95 (4): 427 – 443.

［166］QUAH D. Twin Peaks : Growth and Convergence in Models of Distribution Dynamics ［J］. Economic Journal , 1996, 106: 1045 – 1055.

［167］RENARD M F. A pessimistic view on the impact of regional inequalities ［J］. China Economic Review, 2002, 13 (4): 341 – 344.

［168］RUBALCABA L, GAGO D. Relationship between Services and Competitiveness: The Case of Spanish Trade ［J］. Service Industries Journal, 2001, 21

(1): 35 –62.

[169] ROZELLE S. Rural Industrialization and Increasing In equality: Emerging Patterns in China's Reforming Economy [J]. Journal of Comparative Economics, 1994, 19 (3): 362 –391.

[170] SHAN J. A macroeconomic model of income disparity in China [J]. International Economic Journal, 2002, 16 (2): 47 –63.

[171] TIAN X W. Market orientation and regional economic disparities in China [J]. Post – Communist Economies, 1999, 11 (2): 161 –172.

[172] TSUI K Y. Decomposition of China's Regional Inequalities [J]. Journal of Comparative Economics, 1993, 17 (3): 600 –627.

[173] TSUI K Y. Economic reform and interprovincial inequalities in China [J]. Journal of Development Economics, 1996, 50: 353 –368.

[174] TSUI K Y. Factor decomposition of Chinese rural inequality: new methodology, empirical findings and policy implications [J]. Journal of Comparative Economics, 1998, 26: 502 –528.

[175] TSUI K Y. China's Regional Inequality: 1952 – 1985 [J]. Journal of Comparative Economics, 1991, 15: 1 –21.

[176] VASTA G, MONTABON F. Linkages among Manufacturing Concepts, Inventories, Delivery Services and Competitiveness [J]. International Journal of Production Economics, 2001, 71 (1/3): 195 –204.

[177] WAN G H. Changes in regional inequality in rural China: decomposing the Gini index by income sources [J]. The Australian Journal of Agricultural and Resource Economics, 2001, 45 (3): 316 –381.

[178] WEI Y D. Regional inequality in China [J]. Progress in Human Geography, 1999, 23 (1): 49 –59.

[179] WEI Y Q, LIU X M, SONG H Y, et al. Endogenous Innovation Growth Theory and Regional Income Convergence in China [J]. Journal of International Development, 2001, 13 (2): 153 –168.

[180] WU Y R. Regional disparities in China : An alternative view [J]. International Journal of Social Economics, 2002, 29 (7): 575 –598.

[181] Xu X P. Have the Chinese provinces become integrated under reform [J]. China Economic Review, 2002, 13: 116 – 133.

[182] Yang D. T. What has caused regional inequality in China ? [J]. China Economic Review, 2002, 13: 331 – 334.

[183] YAO S J, ZHANG Z Y. On regional inequality and diverging clubs: A case study of contemporary China [J]. Journal of Comparative Economics, 2001, 29 (3): 466 – 484.

[184] YING L G. Measuring the Spillover Effects: Some Chinese Evidence [J]. Papers in Regional Science, 2000, 79: 75 – 89.

[185] ZHANG Q , FELMINGHAM B. The role of FDI, exports and spillover effects in the regional development of China [J]. Journal of Development Studies, 2002, 38 (4): 157 – 178.

[186] ZHANG W. Rethinking regional disparity in China [J]. Economics of Planning, 2001, 34 (1/2): 113 – 138.

[187] ZHANG X B, ZHANG K H. How does globalization affect regional inequality within a developing country? Evidence from China [J]. Journal of Development Studies, 2003, 39 (4): 47 – 67.

[188] ZHENG F, XU L D, TANG B Y. Forecasting regional income inequality in China [J]. European Journal Operational Research, 2000, 124: 243 – 254.

后　记

　　本书是在国家社科基金项目《现代服务业发展质量评价对省区经济差异的影响研究》（13CJL060）结项成果的基础上完成的。出版之际，仿佛又回到了刚刚获批国社科项目的 7 年前的六月，当时女儿还不到 1 岁，得知获批的消息，意外、激动……本想着可以 3 年内完成，但是由于课题内容、团队、个人生活等各方面的原因项目迟迟未能有大的进展，尽管其间也有一些相关调研和研究，但直到 2018 年才开始有重要的进展，忘不了 2019 年的那个寒假天天泡在图书馆的日子，终于能够在 2019 年 5 月顺利结项。

　　承担这个项目的 7 年，经历了太多的事情，女儿已经成为一名二年级的小学生，我最尊敬的导师于 2015 年永远地离开了我们……这 7 年，要感谢太多的人，感谢女儿带给我的快乐，感谢家人的支持和陪伴，感谢学院领导和同事的支持和帮助，感谢我的第一个研究生歆悦对课题完成付出的努力，感谢国社科项目评审专家的中肯评价和修改建议。未来我会继续努力工作，真诚面对生活。

　　本书的出版要特别感谢国家社科基金的资助，感谢光明日报出版社光明社科文库项目的资助。

　　此时全球已经遭受新冠疫情半年之久，并且还在继续蔓延，疫情的出现对世界经济造成了很大的影响，也在一定程度上改变了人们的生活和交往方式，希望疫情尽快过去，祝福所有的人。

胡艳君

2020 年 7 月于北京

240